Beck'sche Reihe
BsR 1022

Das Jahrbuch Dritte Welt

- informiert in Übersichten und Einzelbeiträgen über die wichtigsten Ereignisse, Tendenzen und Probleme der Entwicklungsländer im Berichtszeitraum

- zeigt Zusammenhänge auf, analysiert Ursachen und weist auf Folgeprobleme hin

- gibt geographische, ethnologische, historische, wirtschaftliche, ökologische, gesellschaftliche, kulturelle und politische Hintergrundinformationen

- konzentriert und veranschaulicht die Informationen durch Tabellen, Chroniken, Schaubilder und Karten

- weist für die gezielte Weiterarbeit auf ausgewählte Literatur hin

- entwickelt sich mit jedem Band zu einem umfassenderen, jeweils auf dem neuesten Stand befindlichen Handbuch der Dritten Welt

- enthält deshalb jeweils ein Gesamtregister der in den bisherigen Jahrbüchern erschienenen Beiträge sowie eine Chronik der wichtigsten Dritte-Welt-Ereignisse im Berichtszeitraum

- wendet sich an alle, die fundierte und aktuelle Informationen über die Entwicklungsländer – über ihr Verhältnis untereinander und zur übrigen Welt – suchen: Entwicklungsfachleute und Entwicklungshelfer, Politiker, Geschäftsleute, Journalisten, Wissenschaftler und Lehrer, Studenten und Schüler, an die gesamte breite entwicklungspolitisch interessierte Öffentlichkeit.

Jahrbuch Dritte Welt 1994

Daten · Übersichten · Analysen

Herausgegeben von
Joachim Betz und Stefan Brüne
Deutsches Übersee-Institut, Hamburg

VERLAG C. H. BECK MÜNCHEN

Mit Karten und Tabellen

Die Deutsche Bibliothek – CIP-Einheitsaufnahme

Jahrbuch Dritte Welt...: Daten, Übersichten, Analysen / hrsg.
v. Joachim Betz und Stefan Brüne,
Deutsches Übersee-Institut, Hamburg. – München: Beck.
  Erhielt früher eine ff.-Aufnahme
  ISSN 0724-4762
  1994. – Orig.-Ausg. – 1993 (Beck'sche Reihe; 1022)
  ISBN 3 406 37412 3

NE: GT

Originalausgabe
ISBN 3 406 37412 3
ISSN 0724-4762

Einbandentwurf von Uwe Göbel, München
© C. H. Beck'sche Verlagsbuchhandlung (Oscar Beck), München 1993
Gesamtherstellung: Appl, Wemding
Gedruckt auf säurefreiem,
aus chlorfrei gebleichtem Zellstoff hergestelltem Papier
Printed in Germany

Inhalt

Joachim Betz/Stefan Brüne
Die Dritte Welt im Überblick (1992/93) 9

I. Forum

Rainer Tetzlaff
Die deutsche Entwicklungspolitik nach dem Ende des
  Ost-West-Konflikts 29

II. Überregionale Beiträge

Philip Kunig
Humanitäre Intervention 47

Frank Sandvoss
Friedensdividende oder Neue Arbeitslosigkeit?
  Demobilisierungsprogramme im subsaharischen Afrika 64

III. Aktuelle Entwicklungsprobleme

Clemens Kronenberg
Die Entwicklungspolitik der Kirchen 81

Volker Kasch
Die Sozialen Notfonds der Weltbank: Strukturanpassung
  mit menschlichem Antlitz? 91

IV. Regionale Beiträge

Kathrin Eikenberg
Testfall Somalia: Läßt sich Frieden erzwingen? 99

Peter Körner
Zaire: Von der Kleptokratie zur Demokratie? 114

Marina Peter
Krieg im Sudan – ein vergessener Konflikt? 129

Rolf Hofmeier
Mühsame Demokratisierung in Kenya 148

Gudrun Krämer
Die fundamentalistische Bedrohung Ägyptens 167

Thomas Koszinowski
Vereinigung und Demokratisierung im Jemen 183

Hartmut Sangmeister
Regionale Integration und Kooperation in den beiden
 Amerikas: Auf dem Weg zu einer gesamtamerikanischen
 Freihandelszone? 200

Gilberto Calcagnotto
Brasilien: Dauerkrise vor dem Ende? 221

Yu-Hsi Nieh
Taiwan im politischen Umbruch 233

V. Aktuelle Süd-Süd-Ereignisse

Lateinamerika

Sabine Kurtenbach
Regionale Kooperation für die Demokratie in Lateinamerika 252

Asien

Klaus-A. Pretzell
Regionale Kooperation in Asien-Pazifik 259

Peter Schier
Die UN-Friedensmission in Kambodscha 262

Orient

Abidin Bozdağ
Ethnische Konflikte und territoriale Ansprüche im
   Kaukasus 267

Afrika

Rolf Hofmeier
Das afrikanische Staatensystem vor neuen Herausforderungen 279

VI. Anhang

Chronik der wichtigsten Dritte-Welt-Ereignisse 1992/93   289

Gesamtregister 1983–1994 295

Verzeichnis der Karten

Sudan 132
Jemen 184
Taiwan 235
Die Kaukasus-Länder 268

Verzeichnis der Übersichten und Tabellen

Waffenexporte in die Dritte Welt 27
Tabelle 1: Veränderungen der Truppenstärke
    ausgewählter Staaten Afrikas 69
Chronik Zaire 128
Tabelle 2: Bilanz ausgewählter regionaler
    Handelsvereinbarungen in Lateinamerika. 202
Tabelle 3: Verhandlungsetappen auf dem Weg zum
    Nordamerikanischen Freihandelsabkommen. 204
Tabelle 4: NAFTA – Basisdaten 1991................. 205
Tabelle 5: Verhandlungsetappen auf dem Weg zu dem
    Gemeinsamen Markt im Cono Sur. 209
Tabelle 6: MERCOSUR – Basisdaten 1991 210
Chronik Taiwan................................. 250

Joachim Betz/Stefan Brüne
Die Dritte Welt im Überblick (1992/93)

1. Wirtschaftliche Entwicklungen

Das Weltprodukt ist im Jahre 1992 um 1,8 % gewachsen; in den Industrieländern um 1,5 %, in den Entwicklungsländern um erstaunliche 6,1 %. Erstaunlich, weil die Absatzchancen auf den westlichen Märkten unverändert schwach waren und sich die Rohstoffpreise kaum erholen konnten. In der dynamischen Wirtschaftsentwicklung, die sich auch im ersten Halbjahr 1993 fortsetzte, erkennt man auch die Früchte der anhaltenden Strukturanpassungsprogramme. Obwohl das Wachstum regional wiederum uneinheitlich war, läßt sich doch eine, wenn auch bescheidene Annäherung der Wachstumsraten der Drittweltregionen aneinander erkennen.

Beeindruckend war das Wachstum wieder in Asien (7 %), dessen Dynamik vor allem der Entwicklung in China (12,8 %), der Wachstumsbeschleunigung in Indien (4,2 statt 1,2 %), sowie den nach wie vor hohen Zuwächsen in den ostasiatischen Staaten geschuldet waren, die allerdings eine leichte Wachstumsabschwächung erlebten, bewußt herbeigeführt, um konjunkturelle Überhitzung zu vermeiden. Das Wachstum in Asien wurde ganz wesentlich vom rasch expandierenden intraregionalen Handel gestützt. Die Inflationsraten gingen nochmals zurück, das Leistungsbilanzdefizit nahm allerdings zu.

Erfreulich blieb auch die Entwicklung in Lateinamerika. Hier lag das Wachstum bei 2,4 %, ohne das krisengeschüttelte Brasilien allerdings bei 4,3 %. Besonders hohe Wachstumsraten erzielten Chile, Argentinien und Venezuela. Die Investitionsquote ist in der Region wieder deutlich gestiegen, der Kapitalzufluß hat sich deutlich gesteigert und die Auslandsschulden stagnierten. Die Verringerung der Inflationsraten hat sich auf breiter Front durchgesetzt. Lediglich das Leistungsbilanzdefizit erhöhte sich deutlich. Ausländische Investitionen, die sich allerdings auf wenige Länder konzentrieren, übertrafen volumenmäßig deutlich die auf Lateinamerika entfallende Entwicklungshilfe.

In Afrika blieb das Wachstum (2,5 %) erneut, aber diesmal nur gering, unter dem Bevölkerungswachstum. Bedingt durch Mehrimporte und sinkende Preise für einige Hauptexportgüter (Kakao, Kaffee) nahmen das Handelsbilanzdefizit und die Verschuldung zu und erreichten kritische Werte. Zum schlechten Wachstumsergebnis trug insbesondere der dürre- und bürgerkriegsbedingte Produktionsausfall in der Landwirtschaft bei.

Der Welthandel nahm 1992 um 5,5 % (wertmäßig) zu. Der wachsende Handel mit und zwischen den asiatischen und lateinamerikanischen Ländern spielte dabei eine wesentliche Rolle, ebenso die Zunahme der Exporte von Dienstleistungen. Gedrückt blieb der Außenhandel der afrikanischen und nahöstlichen Länder. Die Handelsliberalisierung in der Dritten Welt hielt an. Kennzeichen hierfür waren sich mehrende Beitritte von Entwicklungsländern zum GATT. Negativ schlugen ausbleibende Abkommensfortschritte in der Uruguay-Runde zu Buche. Dies führte auch dazu, daß das protektionistische Welttextilabkommen, das 80 % des Welthandels mit Textilien regelt, zur Jahreswende 1992/93 um ein Jahr verlängert wurde.

Die Rohstoffpreise erholten sich in den beiden letzten Quartalen 1992, um in der ersten Jahreshälfte 1993 erneut zu fallen. Preissteigerungen gab es zunächst bei den Metallen, insbesondere bei den Edelmetallen, während Kaffee, Kakao und (zunächst) Tee sehr schwach tendierten. Die letztgenannten Produkte konnten sich bald schon wieder erholen, die Metallpreise fielen angesichts ausbleibender Nachfrage im ersten Halbjahr 1993 in den Keller. Eine Ausnahme bildeten lediglich die Edelmetalle.

Angesichts dieser Entwicklung hatten es die bestehenden Rohstoffabkommen und -kartelle nicht leicht. Die OPEC war bei ihrer Herbsttagung 1992 nicht einmal in der Lage, nationale Förderquoten zu vereinbaren. Die Ansichten der Hauptproduzenten (Iran und Saudi-Arabien) über die anzustrebende Fördermenge gingen weit auseinander. Nach dem Treffen bekundete erstmals ein Mitglied (Ecuador) seinen Wunsch, aus dem Kartell auszuscheiden. Im November erfolgte dann der Austritt tatsächlich. Im Februar 1993 konnte sich die OPEC zu einer deutlich geringeren Gesamtförderung durchringen und Kuwait, das seine Produktion besonders stark ausdehnte, eine gewisse Beschränkung abnötigen. Gleich nach der Tagung schoß die Produktion aber wieder deutlich über das vereinbarte Ziel hinaus. Auch bei den Neuverhandlungen zu einem Kaffee- bzw. Kakaoabkommen konnten kaum Fortschritte erzielt werden. Bei Kakao scheiterte ein Abkommen an unterschiedlichen Vorstellungen der Produzenten- und Konsumentenländer über Preise, Lagermengen und Produktionskontrollen, bei Kaffee an der von den Konsumentenländern gewünschten selektiven Behandlung einzelner Kaffeesorten.

Die weltweite Nahrungsmittelproduktion verbesserte sich 1992 deutlich, und die Getreidevorräte wuchsen wieder über den Mindestbestand hinaus, der die Ernährung der Weltbevölkerung zu sichern in der Lage wäre. Allerdings stieg die Produktion in den Entwicklungsländern deutlich langsamer als weltweit, bedingt vor allem durch die Dürre im südlichen Afrika. Erhebliche Ernährungsschwierigkeiten gab es nach wie vor in Kriegs- und Bürgerkriegszonen.

Trotz konjunktureller Schwächen im Norden hat sich der Nettokapitalzustrom in die Entwicklungsländer im Berichtszeitraum deutlich erhöht (1991: 130 Mrd. $, 1992: 176 Mrd.). Ursächlich waren stark zunehmende private Transfers, insbesondere Bankkredite, deren Volumen sich gegenüber dem Vorjahr vervierfachte. Von diesen Krediten (und den nach wie vor hohen Direktinvestitionen) konnte allerdings nur eine Minderheit von kreditwürdigen Drittweltstaaten profitieren. Das Wachstum der öffentlichen Entwicklungshilfe nahm sich dagegen bescheiden aus; ihr Anteil am Bruttoinlandsprodukt der Industriestaaten verharrte bei 0,33 %.

Die Geberstaaten einigten sich Ende 1992 auf die Refinanzierung der Internationalen Entwicklungsagentur, der damit 22 Mrd. $ für die nächsten drei Jahre als Mittel für Entwicklungsprojekte in den ärmsten Ländern zur Verfügung stehen.

Die Mittel der Agentur bleiben allerdings so knapp, daß vor allem Indien und die VR China weniger bekommen werden. Bei der Jahrestagung der Asiatischen Entwicklungsbank im Mai 1993 konnte keine Einigung über eine Kapitalaufstockung erzielt werden, da die USA die Projektqualität der Bank beanstandeten.

Die Auslandsschulden der Entwicklungsländer stiegen im Berichtszeitraum nur noch bescheiden (um 3%) bei allerdings deutlich wachsenden Zahlungsrückständen. Die Schuldenindikatoren verbesserten sich weiter, die internationalen Zinsraten sanken. Trotzdem hält die Verschuldungskrise an. Viele Entwicklungsländer (vornehmlich in Afrika) bedürfen noch stärkerer Anpassungsbemühungen und Schuldenerleichterungen.

In Lateinamerika hielten wirtschaftspolitische Reformbemühungen an. Selbst das einst sozialistische Guyana verschrieb sich marktwirtschaftlichen Reformen und begann Staatsbetriebe zu privatisieren. In Ecuador, das sich Reformen lange verschlossen hatte, wurde ein neues Gesetz für ausländische Investitionen erlassen, ein Privatisierungsprogramm verabschiedet und die baldige Aufhebung des Zahlungsmoratoriums (an die ausländischen Gläubiger) verkündet. In Chile brachten die Reformen 1992 gar eine Überhitzung der Konjunktur (bei starkem Rückgang der Arbeitslosigkeit), so daß sich die Regierung zum Bremsen genötigt sah. Probleme mit den marktorientierten Reformen gab es in Argentinien, wo die Gewerkschaften (im November 1992) zu einem (erfolglosen) Generalstreik aufriefen, in Uruguay, wo das recht zahme Stabilisierungsprogramm (Sommer 1993) auf erheblichen Widerstand bei Gewerkschaften und Unternehmern traf, und in Bolivien, das einst als Musterknabe galt. Schwierigkeiten gab es auch in Brasilien, dessen Regierung wegen des Amtsenthebungsverfahrens gegen den Präsidenten zeitweise blockiert war. Ein erfolgloses Stabilisierungsprogramm hetzte dort das nächste (vgl. Beitrag Brasilien). In Kuba, dessen Wirtschaft im Berichtszeitraum völlig am Boden lag, kündigte Fidel Castro bescheidene Reformen an.

Wirtschaftspolitische Rückschläge waren auch in Afrika zu verzeichnen: In Nigeria beschränkte sich die Strukturanpassung bislang auf Abwertungen. Große Teile der Staatseinnahmen „verschwinden", und die Infrastruktur verkommt. Die kenianische Regierung machte nach heftigem Streit mit Weltbank und IWF im März 1993 eine Reihe von Wirtschaftsreformen rückgängig. Im Mai forderten die Gewerkschaften eine Verdoppelung der Löhne. Die sambische Regierung, die an der Kritik des Währungsfonds an den hohen Rüstungsausgaben Anstoß nahm, erhält bis auf weiteres keine Finanzierungshilfe aus Washington.

Die asiatischen Länder hatten eher mit konjunktureller Überhitzung zu kämpfen: In Südkorea trat die Regierung Anfang 1992 auf die Bremse und erreichte – bei allerdings deutlichem Konjunktureinbruch – eine Verringerung der Inflation und des Leistungsbilanzdefizits. Erhebliche Auseinandersetzungen über die Fortsetzung des Wachstumskurses, für den vor allem die prosperierenden südchinesischen Provinzen eintraten, gab es in der VR China. Gegen Widerstände setzte Deng Xiao Ping ein Wachstumsziel von 12 % durch. Wachsende regionale Ungleichgewichte, hohe Inflationsraten, marode Staatsbetriebe und Bauernunruhen trübten das Gesamtbild. Im Sommer 1993 entschloß sich die Regierung zu einem Sparprogramm, das die Kredit- und Inflationsausweitung eindämmen soll. Hohe Inflationsraten plagten auch die Türkei, deren neue Premierministerin im Frühjahr 1993 die Privatisierung von Staatsbetrieben ankündigte. In Indien blieben wichtige Reformvorhaben um die Jahreswende 1992/93 wegen der religiösen Unruhen liegen; im Frühjahr setzte die Regierung ihren Reformkurs fort und präsentierte ein Budget, das bei Kürzung der unproduktiven Ausgaben eine deutliche Steigerung der Sozialausgaben vorsieht. Vorher wurden die volle Konvertibilität der Rupie sowie weitere Erleichterungen für ausländische Investitionen beschlossen. In Pakistan wurde die überfällige Steuerreform, die die landwirtschaftlichen Großbetriebe stärker zur Ader lassen würde, aufgeschoben, da sich die gerade wieder eingesetzte Regierung von Nawaz Sharif keine neuen Feinde machen wollte.

2. Politische Entwicklungen

a) Afrika

Obgleich es sich keine der 53 afrikanischen Regierungen mehr leisten kann, den internationalen Demokratisierungsdruck zu ignorieren, bieten die Reformbemühungen kein einheitliches Bild. Die durch das Ende des Ost-West-Konfliktes genährte Euphorie der frühen neunziger Jahre ist einem zähen Tauziehen und Fingerhakeln um künftige Machtanteile gewichen. In zahlreichen Ländern suchten etablierte Regime trotz formaler Zugeständnisse ihre Macht zu konservieren. Auch die wachsende Bereitschaft, internationale Wahlbeobachter zuzulassen, vermochte Alibi-Wahlen und gezielte Manipulationen (Kenia, Äthiopien, Kamerun, Djibouti, Kongo) nicht zuverlässig zu verhindern. Umstrittene, abgebrochene, annullierte und von oppositionellen Gruppierungen boykottierte Wahlen führten zu Demonstrationen, Streiks und Massenunruhen, die zahlreiche Menschenleben kosteten. Mitte 1993 standen Länder wie Zaire (siehe Beitrag), Kongo, Togo, die Côte d'Ivoire und Nigeria am Rande des Bürgerkriegs. Direkte zwischenstaatliche Konflikte größeren Ausmaßes gab es in Afrika nicht.

In der Zentralafrikanischen Republik annullierte der Oberste Gerichtshof die Präsidentschaftswahlen, nachdem sich ein für Staatspräsident Kolingba negatives Ergebnis abgezeichnet hatte. Im ostafrikanischen Djibouti, wo Führer der Afar-Volksgruppe zum Wahlboykott aufgerufen hatten, konnte der seit sechzehn Jahren im Amt befindliche Präsident Hassan Gouled Aptidon sechzig Prozent der abgegebenen Stimmen auf sich vereinigen. Die Präsidentschaftswahlen in Ghana sahen im Dezember 1992 Jerry Rawlings als Sieger, der Ende 1981 durch einen Militärputsch an die Macht gekommen war. Die anschließenden Parlamentswahlen erbrachten einen Sieg von Rawlings' Nationaldemokratischer Partei, die 73 von 74 Parlamentssitzen erringen konnte. Teile der Opposition hatten die Wahlen wegen angeblicher Manipulationen bei den Präsidentschaftswahlen boykottiert. Im westafrikanischen Niger wurde im Frühjahr 1993 Mahadame Ousmane als erster demokratisch gewählter Präsident vereidigt. Ousmane will sich um eine politische Lösung des Konflikts mit den Tuaregs bemühen, die seit bald zwei Jahren für größere Autonomierechte im Rahmen moderner staatlicher Strukturen kämpfen. Bei den Präsidentschaftswahlen im Senegal ist Präsident Abdou Diouf wiedergewählt worden. Hier droht sich der wenig beachtete Konflikt in der südlichen Casamance-Region, wo Anschläge von Separatisten zur Schließung der bekannten Urlaubszentren führten, zum Bürgerkrieg auszuweiten.

In Nigeria hat Militärpräsident Babangida die von internationalen Beobachtern als vergleichsweise „frei und fair" eingeschätzten Präsidentschaftswahlen vom Juli 1993, aus denen der Kandidat der Sozialdemokratischen Partei, Abiola, als inoffizieller Sieger hervorgegangen war, annulliert. In Lagos zeichnet sich jetzt die Bildung einer Regierung des nationalen Übergangs ab, die mindestens ein Jahr im Amt bleiben soll.

Zu einer bedeutenden Zäsur kam es in Burundi, wo die Ära diktatorischer Tutsi-Herrschaft zu Ende gegangen sein könnte. Bei den ersten freien Präsidentschaftswahlen in der Geschichte des Landes siegte der Hutu-Geschäftsmann Melchior Ndadaye über seinen Gegenspieler, Präsident Pierre Boyoya. Damit stellen die Hutus, drei Jahrzehnte nach der Unabhängigkeit, erstmals den Präsidenten. Ein Putschversuch enttäuschter Armeeeinheiten verlief Anfang Juli erfolglos. Wie in Gabun und Äquatorialguinea sollen auch in Togo, wo sich die Mehrheit der Abgeordneten des Übergangsparlaments inzwischen im Untergrund oder im Exil befindet, noch in diesem Jahr Präsidentschaftswahlen stattfinden.

Weitreichende internationale Bedeutung könnte die jüngste Entwicklung in Eritrea und Somalia haben. Nach einem von der UNO überwachten Referendum wurde die ehemalige italienische Kolonie Eritrea im Mai 1993 unabhängig. Die in einem dreißigjährigen Krieg gegen vielfachen internationalen Widerstand erkämpfte staatliche Unabhängigkeit des zu Beginn der sechziger Jahre vom Kaiserlichen Äthiopien völkerrechtswidrig annektierten Landes könnte sich langfristig als Präzedenzfall für die staatliche Neuordnung eines Kontinents erweisen, dessen

Konflikte auch auf willkürliche Grenzziehungen aus der Kolonialzeit zurückgehen. Besonderes öffentliches Interesse provozierte die UNO-Intervention im zerfallenden Somalia. Es handelte sich um die erste humanitär begründete Militärintervention, die ohne ausdrückliche Zustimmung der Konfliktparteien erfolgte (siehe Beiträge Somalia/Humanitäre Intervention).

In Angola, wo Rebellenführer Savimbi in der ersten Runde der Präsidentschaftswahlen im September 1992 seinem Gegenspieler dos Santos knapp unterlag, kam es erneut zu bewaffneten Auseinandersetzungen. Savimbis Weigerung, den zweiten Wahlgang abzuwarten und der von ihm neu entfachte Bürgerkrieg soll bislang über 20 000 Menschen das Leben gekostet haben. Die neue US-Administration unter Präsident Clinton hat im Mai 1993 die Regierung in Luanda unter Präsident dos Santos diplomatisch anerkannt. Savimbis UNITA, die von den USA lange großzügig mit Geld und Waffen bedacht worden war, soll etwa drei Viertel des Landes kontrollieren. Diplomatisch ist die UNITA, die offen nur noch von Zaire, der Côte d'Ivoire und Marokko unterstützt wird, weitgehend isoliert. Auch Südafrika soll inzwischen um bessere Beziehungen zu Luanda bemüht sein.

Auch das südostafrikanische Mosambik bleibt ein Krisenherd. Nachdem sich Präsident Chissano und Rebellenführer Dhlakama im Oktober 1992 nach siebzehn Jahren Bürgerkrieg auf einen Waffenstillstand, Entmilitarisierung und Wahlen verständigt hatten, hat sich zumindest der hierfür vorgesehene Zeitplan als unrealistisch erwiesen. Die zunächst für Oktober 1993 geplanten Wahlen sollen jetzt zu einem späteren Termin stattfinden. Da bislang weder die Truppen der Regierung noch der RENAMO ihre Waffen abgegeben haben, drohen neue Konflikte. Bei den Anfang Juli 1993 in Maputo aufgenommenen Verhandlungen zwischen der RENAMO und der Regierung standen Einzelheiten der Demobilisierung, die Bildung einer gemeinsamen Armee und Wahlvorbereitungen auf der Tagesordnung.

In Liberia, wo seit dem Sturz Samuels Does durch Rebellenführer Charles Taylor (1990) mehrere zehntausend Menschen umgekommen und Hunderttausende ins benachbarte Ausland geflohen sind, hielten die Kämpfe an. Auch die Friedenstruppe der Westafrikanischen Wirtschaftsgemeinschaft ECOWAS hat die Kämpfe zwischen Taylor und rivalisierenden Rebellengruppen nicht beenden können. Ende Juli 1993 haben die liberianischen Konfliktparteien in Cotonou ein Friedensabkommen unterzeichnet, das eine Waffenruhe zum 1. August und freie Wahlen für Februar 1994 vorsieht. Bis dahin soll ein zu gleichen Teilen aus Vertretern der drei liberianischen Konfliktparteien, der ECOMOG (ECOWAS Monitoring Group) und der UNO zusammengesetztes Komitee die Einhaltung des Waffenstillstands überwachen.

Auch die Befriedung des Tschad läßt weiter auf sich warten. Zwar hat die Nationalkonferenz einen Ministerpräsidenten gewählt und eine Übergangscharta verabschiedet. Präsidentschafts- und Parlamentswahlen sind für spätestens April 1994 vorgesehen. Ob es auf diese Weise dauerhaft gelingen kann, den Gegensatz zwischen dem arabisierten Norden und afrikanischem Süden zu überbrücken, ist offen.

Gering scheinen die Aussichten auf ein baldiges Kriegsende auch im benachbarten Sudan, nachdem Verhandlungen in Abuja und Nairobi ohne Ergebnis blieben. Die Staatsführung des muslimischen „Norden" unter General Omar Hassan al Bashir, die das islamische Recht eingeführt hat und von iranischen Militärberatern unterstützt wird, scheint nach militärischen Erfolgen weniger denn je bereit, dem „Süden" Zugeständnisse zu machen (siehe Beitrag Sudan).

In Südafrika, wo die Gewalt in den *Townships* angesichts einer maroden Wirtschaft ein bisher nur aus Lagos und Nairobi bekanntes Ausmaß anzunehmen droht, bleibt die auf der Basis einer nichtrassistischen Verfassungsordnung geplante Machtteilung zwischen Schwarzen und Weißen von Sorgen überschattet. Bislang unlösbar scheinende Streitpunkte über die Form der Machtverteilung und der künftigen Staatsstruktur sollen auf dem Umweg über eine gewählte verfassungsgebende Versammlung gelöst werden. Im März 1993 sprachen sich bei einem Referendum über zwei Drittel der weißen Wähler für eine Fortsetzung der Reformpolitik aus. Trotz massiver Störversuche rechtsextremer Weißer (Ermordung des KP-Chefs Chris Hani) und radikaler schwarzer Gruppierungen gehen die wiederaufgenommenen Gespräche zwischen dem Afrikanischen Nationalkongress (ANC) und der Regierung de Klerk über eine Übergangsverwaltung und eine Neugliederung des Landes weiter. Strittig ist unter anderem, ob es eine einheitstaatliche oder bundesstaatliche Verfassung geben soll. In Lesotho übergab der regierende Militärrat Anfang April die Regierungsgewalt an den im März mit überwältigender Mehrheit gewählten neuen Ministerpräsidenten Ntsu Mokhele. In Malawi, wo Staatspräsident Banda seit 1964 an der Macht ist, sprachen sich bei einem Referendum zwei Drittel der Wähler für die Einführung eines Mehrparteiensystems aus.

In Marokko ergab ein von den großen Oppositionsparteien boykottiertes Referendum eine 99,96 %ige Mehrheit für die von König Hassan II. vorgeschlagene Verfassungsreform, die dem vom König ernannten Ministerpräsidenten künftig einige zusätzliche Befugnisse sichert. Anschließend fanden, erstmals seit 1984, Parlamentswahlen statt, bei denen die Opposition erhebliche Stimmengewinne erzielen konnte.

Ob und wann es in der Westsahara zu dem bereits mehrfach verschobenen Referendum, das ursprünglich für Anfang 1992 vorgesehen war, kommen wird, ist offen. Strittig ist vor allem, wer abstimmungsberechtigt sein wird. Unterdessen hat die POLISARIO mit der Wiederaufnahme von Kampfhandlungen gedroht, falls Marokko fortfahre, den Friedensplan der Vereinten Nationen zu unterlaufen.

In ganz Nordafrika verschärfte sich der Druck islamistischer Gruppen und Parteien. In Tunesien und Ägypten, wo Präsidentschaftswahlen bevorstehen, haben sich die Auseinandersetzungen zwischen radikalen islamistischen Gruppierungen und der Regierung so zugespitzt, daß „algerische Verhältnisse" nicht mehr ausgeschlossen werden können (siehe Beitrag Ägypten).

b) Asien

Asien blieb jene Region, die von dem internationalen Trend zur politischen Öffnung in relativ geringem Maße erfaßt wurde. Positiv neu war, daß sich im einstmals autoritär regierten Taiwan mit den Wahlen im Dezember 1992 und den Rückschlägen für die Kuomintang ein echtes Zweiparteiensystem etablierte. In Südkorea scheint die Demokratie nun ebenfalls fester verankert: Bei den Wahlen stimmten die Wähler für den Präsidentschaftskandidaten des Regierungslagers (Kim Young Sam) und damit für Kontinuität. In Malaysia suchte Premier Mahatir die Macht der Sultane zu brechen. Er brachte eine Gesetzesvorlage ein, die ihnen die Freiheit vor strafrechtlicher Verfolgung nehmen sollte, stieß dabei allerdings auf erheblichen Widerstand traditioneller malaysischer Schichten. Ähnlich begann die thailändische Regierung den Einfluß der Militärs einzudämmen: Im Sommer 1992 wurden Offiziere, die in den Putsch vom Februar verwickelt waren, abgeschoben und dem Offizierskorps der Zugang zu wirtschaftlichen Pfründen versperrt. Die Wahlen im September brachten einen Sieg des militärfeindlichen Blocks.

In Indochina herrschte nach wie vor politische Erstarrung. Der nationale Konvent von Myanmar (Birma) wurde im Januar 1993 nach Hause geschickt. Vorher hatte aber eine gewisse Liberalisierung stattgefunden. In Laos setzte sich die Herrschaft verknöcherter Altkommunisten fort, die aber marktorientierte Reformen einleiteten. Auch die vietnamesische Regierung setzte die wirtschaftliche Reform fort, hielt aber gleichzeitig das Monopol der KP aufrecht. Sie orientierte sich dabei an der VR China, in der im Herbst 1992 das Politbüro und das Zentralkomitee neu bestellt werden mußten. Die reformerischen Kräfte erhielten dabei die Mehrheit. Bei der Wahl des Staats- und Ministerpräsidenten durch den Volkskongreß im März 1993 hielten sich die Volksdeputierten an die Vorgaben der KP. Neuer, mit erheblicher Machtfülle ausgestatteter Staatspräsident wurde Jiang Zemin. Nordkorea zeigte keinerlei Öffnungstendenzen, und seine Regierung machte sich mit der Aufkündigung des Nichtweiterverbreitungsvertrages im März 1993 vollends zum internationalen Außenseiter.

In Südasien nahm die politische Instabilität bedrohliche Dimensionen an. In Pakistan wurde im November 1992 Oppositionsführerin Benazir Bhutto auf dem Höhepunkt landesweiter Proteste festgenommen. Nachlassende Unterstützung des pakistanischen Premiers Nawaz Sharif in den meisten Provinzen und angebliche Korruption der Regierung nahm der machtbewußte Staatspräsident Ghulum Islaq Khan zum Anlaß, um im April 1993 die gewählte Regierung ihres Amtes zu entheben und die Nationalversammlung aufzulösen. Die Regierung Sharif wurde allerdings wenig später durch Order des Obersten Gerichts wieder eingesetzt. Indien erlebte den vorläufigen Höhepunkt politisch geschürter, religiöser Auseinandersetzungen. Im Dezember stürmten von Hinduorganisationen aufgestachelte Massen die Moschee in Ayodya; landesweite Unruhen und die Entlassung der diesen Organisationen nahestehenden BJP-Regierungen folgten. Die zentrale Kongreßregierung, die den Konflikt auszusitzen versucht hatte, wurde in der Folge mit zahlreichen Mißtrauensanträgen überzogen, die sie allerdings (mühsam) überstand. Die separatistischen Konflikte im Punjab und in Kashmir konnten mit überzogener Härte eingedämmt werden, schwelen aber nach wie vor. In Sri Lanka verbuchten terroristische Kräfte mit Anschlägen auf den Verteidigungsminister und den Präsidenten Premadasa im Frühjahr 1993 ihre größten „Erfolge" und gefährdeten die weitere Befriedung des Landes.

Im Nahen und Mittleren Osten machte die Demokratisierung nur mäßige Fortschritte. Im Iran fand im Juni mit der Wiederwahl von Staatspräsident Rafsanjani eine regelrechte Wahlkomödie statt. Auf der Arabischen Halbinsel harrten die Partizipationsversprechungen der Herrschenden noch immer der Verwirklichung. Im Jemen fanden allerdings die ersten demokratischen Wahlen nach der Vereinigung statt, die die bisherigen Machthaber wieder ans Ruder brachten. Kongreß und Sozialisten bekundeten im Anschluß an die Wahlen (April 1993) ihren Willen zur Vereinigung (siehe Beitrag Jemen). In der Türkei wurde der bisherige Regierungschef Süleyman Demirel im Mai 1993 zum neuen Staatspräsidenten gewählt. Neue Regierungschefin wurde Tansu Ciller, die eine Regierung der Toleranz und der Arbeit versprach.

Auch in Asien, ist das regionale politische Gefüge durch das Ende des Ost-West-Konflikts nachhaltigen Veränderungen unterworfen. Ausdruck eines gewandelten politischen Klimas sind die „halboffiziellen" Gespräche, zu denen, erstmals seit vier Jahrzehnten, Regierungsbeauftragte der VR China und des nationalchinesischen Taiwan in Singapur zusammentrafen. Auch das lange gespannte Verhältnis der VR China zu Südkorea ist nach der Aufnahme diplomatischer Beziehungen in Bewegung geraten.

In Kambodscha ist, nachdem unter UNO-Aufsicht Wahlen zur Bestellung einer Verfassungsgebenden Versammlung durchgeführt wurden, eine Übergangskoalition unter Staatspräsident Sihanouk gebildet worden (siehe Beitrag Kambodscha).

Unterdessen hat sich der „Krieg der Worte" zwischen der VR China und britischen Kronkolonie Hongkong, die nach einem 1984 geschlossenen Abkommen 1997 an China zurückgegeben werden soll, verschärft.

In Lhasa ist es Ende Mai zu den schwersten Unruhen seit 1989 gekommen. Eine ursprünglich gegen die starke Verteuerung der Lebenshaltungskosten gerichtete Demonstration wuchs sich zu einer politischen Demonstration für die Unabhängigkeit Tibets aus.

In Afghanistan, wo über 1,5 Mio. der insgesamt 6 Millionen Flüchtlinge aus Iran und Pakistan zurückgekehrt sind, zeichnet sich kein Ende des Bürgerkriegs ab, halten die brutalen Machtkämpfe verfeindeter und rivalisierender Mujahedin-Fraktionen an. Aus dem weitgehend ausgestorbenen und zerstörten Kabul, das an Mogadischu vor den UNO-Interventionen erinnert, sind Tausende in den Norden geflohen, wo der usbekische General Dostom mit einer 200 000 Mann starken Armee rund ein Drittel des Landes kontrolliert.

Der nicht erklärte Krieg zwischen türkischen Sicherheitskräften und der illegalen Arbeiterpartei Kurdistans (PKK) in Südostanatolien weitete sich zunehmend zu einem regelrechten Bürgerkrieg aus und provozierte grenzüberschreitende Aktionen der türkischen Armee, die die militärische Infrastruktur der PKK weitgehend zerstörte.

c) Lateinamerika

In Lateinamerika zeigte sich, welche Hypotheken Demokratien abarbeiten müssen und wie schmal der Grat ist, auf dem sie sich bislang noch bewegen. Der brasilianische Präsident Collor de Mello war als Saubermann aus der Provinz angetreten, sah sich aber infolge von Korruptionsvorwürfen mit einem Amtsenthebungsverfahren konfrontiert, dem er mit seinem eigenen Rücktritt zuvorkam (siehe Beitrag Brasilien). Sein Nachfolger zeichnete sich bislang eher durch Zaudern gegenüber den drängenden politischen Problemen des Landes aus. In Venezuela fand im November 1992 ein mißglückter Putsch von Teilen des Militärs statt, der eine Verhaftungswelle auslöste. Die Regierungspartei von Präsident Perez erlitt bei den nachfolgenden Gouverneurs- und Gemeindewahlen eine schwere Schlappe. Korruptionsvorwürfe endeten im Mai mit der Amtsenthebung. Verstärkte Aktivitäten der Guerilla und der Drogenmafia veranlaßten den kolumbianischen Präsidenten Gaviria zum Jahresende 1992 zur Erklärung des Ausnahmezustandes, der auch die geplante Neuaufnahme der Friedensverhandlungen mit der Guerilla zum Opfer fiel.

Das autoritäre Regime des peruanischen Präsidenten Fujimori erzielte mit der Verhaftung des Chefs der Untergrundorganisation Sendero Luminoso im September 1992 einen bedeutsamen Erfolg im Kampf gegen den Terrorismus. Dies gab dem Regime auch einen Publizitätsschub für die Wahlen zum Verfassunggebenden Kongreß, die die etablierten Parteien boykottierten. Mit den gelenkten Wahlen verschaffte sich die Regierung eine gewisse Legitimität. Das Notstandsregime wurde aufgehoben. Der Kongreß arbeitete bis zum Sommer 1993 eine neue Verfassung aus, die dem Präsidenten eine starke Stellung verschafft und plebiszitäre Elemente (Volksbefragung) vorsieht. Ähnlich wie Fujimori inszenierte der guatemaltekische Präsident Serrano im Frühjahr 1993 mit Unterstützung des Militärs einen Selbstputsch und löste den Kongreß sowie die obersten Gerichte auf. Begründet wurde dies mit dem Kampf gegen die Korruption und den Rauschgifthandel. Der Oberste Gerichtshof erklärte den Staatsstreich für illegal. Internationale Proteste und die Aussetzung der Entwicklungshilfe erhöhten den Druck auf das Regime und führten Anfang Juni zur Wahl eines neuen Staatsoberhauptes. Eher kosmetische Korrekturen erlebte die kommunistische Einparteienherrschaft in Kuba, wo es bei den Wahlen im Dezember 1992 zumindest gewisse Auswahlmöglichkeiten innerhalb der Einheitslisten gab. Im März 1993 wurde Fidel Castro für fünf weitere Jahre im Amt bestätigt.

In Haiti zeichnete sich eine schrittweise Rückkehr zur Demokratie ab. Ein im Juli vom Militärmachthaber General Céras und dem gestürzten Präsidenten Aristide unterzeichneter Plan sieht vor, daß Letzterer Ende Oktober nach Haiti zurückkehren kann. Im einstmals extrem autoritär regierten Paraguay fand die zunehmende Normalisierung ihren Ausdruck in freien Präsidentschafts- und Parlamentswahlen im Mai 1993, bei denen sich die Regierungspartei durchsetzte. In Jamaika siegte die Partei des Präsidenten P.J. Patterson, der die wirtschaftliche Lage seines Landes durch konsequente Reformen stark verbessern half.

3. Nord-Süd- und Süd-Süd-Beziehungen

Der schon in den vergangenen Jahren zu beobachtende „Neue Realismus" der Entwicklungsländer in der internationalen Arena schlug sich auch in den wirtschaftlichen und politischen Süd-Süd-Beziehungen nieder.

Die zehnte Gipfelkonferenz der Blockfreien fand im September 1992 im indonesischen Jakarta statt. 31 Jahre nach ihrer Gründung ist die Bewegung, die durch das Ende des Ost-West-Konfliktes ihre ursprüngliche Daseinsberechtigung eingebüßt hat, auf der Suche nach einer neuen Rolle. Sie will sich künftig verstärkt Themen wie der UN-Reform, der Überwindung des wirtschaftlichen Nord-Süd-Gefälles und der Süd-Süd-Kooperation widmen. Die Mehrheit der Blockfreien wehrt sich gegen „nichtwirtschaftliche" Bedingungen (Einhaltung der Menschenrechte, Demokratisierung, Reduzierung der Verteidigungsausgaben) der Entwicklungshilfe und lehnt Konzepte wie „beschränkte Souveränität" und „humanitäre Intervention" ab.

Starke Fortschritte machte die wirtschaftliche Süd-Süd-Kooperation. Nach zähen Verhandlungen wurde im August 1992 ein Freihandelsabkommen (NAFTA) zwischen den USA, Kanada und Mexiko vereinbart, das völligen Zollabbau vorsieht und daher einen beachtlichen Wirtschaftsraum schaffen wird (siehe Beitrag). Im restlichen Lateinamerika und in den asiatischen Ländern wurde dieser Verhandlungserfolg mit gemischten Gefühlen aufgenommen, da er die eigenen Exporte zu vermindern droht. Im August ließen die vier Partner des südamerikanischen MERCOSUR-Handelsblockes (Argentinien, Brasilien, Paraguay und Uruguay) verlauten, daß sie sich der NAFTA anschließen wollten. Ende 1992 einigten sich die MERCOSUR-Mitgliedstaaten auf die Erhebung einheitlicher Zölle für Einfuhren aus Drittländern ab 1995. Um mittelamerikanische Befürchtungen über ihre handelspolitische Diskriminierung zu zerstreuen, unterzeichnete Mexiko im August 1992 ein Rahmenabkommen mit fünf mittelamerikanischen Staaten (Costa Rica, El Salvador, Guatemala, Honduras, Nicaragua) zur Bildung einer gemeinsamen Freihandelszone. Auch Mexiko, Venezuela und Kolumbien (die sogenannte Gruppe der Drei) verhandelten im Januar 1993 erneut über die Bildung einer gemeinsamen Freihandelszone und dehnten diese Verhandlungen im Februar auf die mittelamerikanischen Staaten aus. Die daraus hervorgehende Deklaration von Caracas sieht eine Zollunion für 170 Mio. Menschen vor. Umrißhaft wird eine gesamtamerikanische Freihandelszone erkennbar.

Etwas langsamer ging die wirtschaftliche Integration im asiatisch-pazifischen Raum voran. Im September 1992 vereinbarten die 15 Mitgliedstaaten der Asia-Pacific Economic Cooperation (APEC), zu der auch die USA, Japan und Australien zählen, die Einrichtung eines gemeinsamen Sekretariats und die Bildung von Arbeitsgruppen, die Vorschläge für Handelserleichterungen unterbreiten sollen. Angesichts der erheblichen Entwicklungsunterschiede der Mitgliedstaaten und ihrer Präferenz für eine weltweite Liberalisierung waren diese Schritte mehr als Versicherungsstrategie gegen ein weiteres Zerfallen der Welt in Handelsblöcke zu sehen. Eine direkte Reaktion auf die Integrationsfortschritte in Europa und Amerika stellt die zum Jahresbeginn 1993 ins Leben gerufene Freihandelszone (AFTA) der ASEAN-Staaten dar. Die Mitglieder vereinbarten einen recht langsamen und vorsichtigen Abbau der innergemeinschaftlichen Zollschranken. Im April 1993 schlossen schließlich die sieben Mitglieder der südasiatischen Gemeinschaft SAARC ein Handelsabkommen, das im internen Warenaustausch Zollermäßigungen von 10 % vorsieht. Die SAARC blieb aber weiter durch die Weigerung Indiens blockiert, bilaterale Probleme in der Gemeinschaft zu diskutieren. Mäßige Fortschritte machte die wirtschaftliche Integration in Afrika, das mit einer Vielzahl einschlägiger, aber wenig wirkungsvoller Organisationen gesegnet ist. Immerhin gründeten im August 1992 zehn Staaten des südlichen Afrika eine Wirtschaftsgemeinschaft (SADC), die die 1982 gegründete Gemeinschaft dieser Staaten (SADCC) ersetzen und die Volkswirtschaften der Mitgliedsländer einander angleichen soll. Hauptproblem der SADC ist die Art einer künftigen Teilnahme der Republik Südafrika.

Auch auf den wenigen verbliebenen Nord-Süd-Konferenzen setzte sich der Trend zu konkreten Themen und weg von globalen Entwürfen fort. Nach über 18 jährigen Verhandlungen wurden die Verhandlungen über einen UN-Verhaltenskodex für multinationale Unternehmen im Juli 1992 endgültig ergebnislos abgebrochen. Der Beschluß fand auch die Zustimmung der Gruppe der 77, die sich anfänglich geschlossen für einen solchen Kodex eingesetzt hatte. Mit der Erarbeitung neuer „Richtlinien für Auslandsinvestitionen" wurde die UN-Abteilung für Transnationale Unternehmen und Management beauftragt.

Ein weiteres Anliegen zahlreicher Entwicklungsländer bleibt eine UN-Reform, die den Entwicklungskontinenten mehr Mitspracherechte sichern soll. Als Kandidaten für einen ständigen Platz im UN-Sicherheitsrat sind weiterhin Brasilien, Indien und Nigeria im Gespräch.

Das mit Abstand wichtigste Nord-Süd-Ereignis war – 25 Jahre nach der Internationalen Menschenrechtskonferenz von Teheran – die erste UN-Menschenrechtskonferenz, die vom 15.–25. Juni 1993 in Wien stattfand. Nach schleppendem Verhandlungsverlauf und kontroversen Diskussionen wurde eine „Wiener Erklärung" verabschiedet, die ein „Aktionsprogramm" enthält. Als wichtigstes Konferenzergebnis gilt die im Schlußdokument unterstrichene Universalität der Menschenrechte. An der Konferenz nahmen 180 UN-Mitgliedstaaten und über 2000 Nichtregierungsorganisationen teil.

Im Vorfeld der Konferenz waren erhebliche Meinungsunterschiede offenbar geworden, nachdem Anfang 1993 einunddreißig asiatische/blockfreie Länder ein Vorbereitungstreffen zum Anlaß genommen hatten, die „westliche" Vorstellung von universalen Menschenrechten als kultur- und interessengebunden zu kritisieren. Dabei stand, zumindest nach außen, die Sorge vor einer Beschneidung staatlich-politischer Souveränitätsrechte im Vordergrund. Zahlreiche Drittweltregierungen neigen vor dem Hintergrund kolonialer Erfahrungen einer Argumentation zu, die in der Sanktionierung von Menschenrechtsverletzungen durch die internationale Staatengemeinschaft eine neue Qualität der Einmischung sieht.

In Wien brachte die Delegation der VR China einen Antrag ein, nach dem der Schutz der individuellen Menschenrechte hinter den Erfordernissen staatlicher Ordnung zurücktreten müsse und die Kultur und der Entwicklungsstand eines Landes zu berücksichtigen seien. Ähnliche Positionen vertraten Delegierte aus Mexiko, Kolumbien, Jemen, Indien, Malaysia und Indonesien.

Der Vorschlag, einen UN-Hochkommissar für Menschenrechte einzusetzen, blieb bis zuletzt heftig umstritten. Vor allem Vertreter islamischer Staaten äußerten Bedenken. Auf Druck der westlichen Länder und der nichtstaatlichen Menschenrechtsorganisationen empfahlen die Teilnehmer der UN-Generalversammlung schließlich, die Frage der Einsetzung eines UNO-Hochkommissars für Menschenrechte als „vorrangige Angelegenheit" zu behandeln und die Mittel für Menschenrechtsprogramme „substantiell" aufzustocken.

Die erwartete große Nord-Süd-Konfrontation blieb aus, nachdem die USA einlenkten und die Industrieländer erstmals bereit waren, das Recht auf Entwicklung als fundamentales Menschenrecht anzuerkennen. In der 32 seitigen „Wiener Erklärung" findet nebem dem Recht der Frauen auf Gleichbehandlung auch der Schutz von Minderheiten Erwähnung. Auch den Rechten der Kinder – hier geht es vor allem um die Festsetzung eines Mindestalters für die Rekrutierung zu den Streitkräften – will die UNO künftig mehr Beachtung schenken.

Dem jüngsten, Anfang Juli vorgelegten Jahresbericht der Menschenrechtsorganisation Amnesty International zufolge werden in 161 Staaten die Menschenrechte verletzt. AI schätzt die Zahl der in 62 Staaten inhaftierten politischen Gefangenen auf 300 000. Aus 110 Staaten liegen Berichte über Folter und Mißhandlungen in Gefängnissen oder durch die Polizei vor. 1992 „verschwanden" 950 Menschen, 1708 wurden hingerichtet.

1992 lag der Anteil der Entwicklungsländer an den weltweiten Rüstungsausgaben, die um 15 % zurückgingen, bei 20 %. Die Zahl der Kriege lag – wie 1991 – bei dreißig. Während einige asiatische Länder – Philippinen, Indonesien, VR China und Singapur – kostspielige Modernisierungsprogramme für alle Waffengattungen auflegten, mahnte die UNDP weitere Kürzungen an: Eine Stabilisierung der Rüstungsausgaben auf dem Niveau von 1990 würde Mittel in Höhe von 100 Mrd. $ für Entwicklung freisetzen.

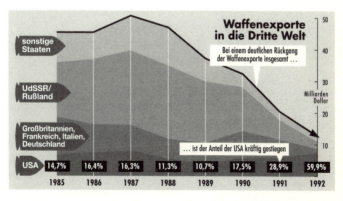

Aus Spiegel 30/1993, S. 109

Die Rüstungsexporte in die Dritte Welt gingen auch 1992, wie schon in den Vorjahren, deutlich zurück. Hauptwaffenlieferant blieben mit großem Abstand die USA. Von den rd. 12,6 Mrd. $, die Entwicklungsländer für Rüstungskäufe im Ausland ausgaben, gingen Aufträge in Höhe von 7,6 Mrd. $ in die USA, die damit 57 % des internationalen Waffengeschäftes mit Entwicklungsländern bestritten. Zweitgrößter Waffenlieferant der Dritten Welt bleibt Frankreich, das seine Rüstungsexporte an Entwicklungsländer von 2,8 auf 3,8 Mrd. $ steigerte. Es folgen Großbritannien (2,5 Mrd.), Rußland (2,3 Mrd.), Deutschland (700 Mio.), Spanien (600 Mio.), Italien (400 Mio.), Israel (300 Mio.), Iran (200 Mio.) und China (100 Mio.).

Stark zugenommen hat das militärische Engagement der Vereinten Nationen in Krisen- und Kriegsgebieten. Waren 1987–1991 jährlich zwischen 10 000 und 15 000 UN-Soldaten im Einsatz, so waren es 1992 bereits 62 000.

Bei der von FAO und WHO im Dezember 1992 in Rom gemeinsam durchgeführten Internationalen Ernährungskonferenz verpflichteten sich die 162 Teilnehmerstaaten, bis Ende 1994 nationale Aktionspläne zur Beseitigung von Mangel- und Unterernährung vorzulegen. Trotz der weltweit ausreichenden Nahrungsmittelproduktion sind noch immer 786 Mio. Menschen chronisch unterernährt.

I. FORUM

Rainer Tetzlaff
Die deutsche Entwicklungspolitik nach dem Ende des Ost-West-Konflikts

1. Entwicklungshilfe nach der Wende 1989

Im Juli 1993 verkündete in Paris der Vorsitzende des Development Assistance Committee (DAC) der OECD-Staaten, Alexander R. Love, die frohe Botschaft, daß im Jahr 1992 die Staaten der OECD, einschließlich der multilateralen westlichen Geberorganisationen, mit 176 Milliarden Dollar den bisherigen Jahresrekord an Entwicklungsleistungen erzielt hätten. Das entsprach dem Zuwachs von Mitteln in realen Preisen und Wechselkursen von 23 % gegenüber dem Vorjahr. Dieses überraschend positive Ergebnis war aber nicht etwa der neuen Großzügigkeit der Regierungen des Westens zu verdanken, sondern zum einen der intensivierten Kreditvergabe der Privatbanken, und zum anderen dem größeren Engagement der privaten Direktinvestoren. Hingegen verharrte der relative Anteil der ODA (also der staatlichen Entwicklungshilfe der OECD-Staaten) im Durchschnitt aller Mitgliedsländer bei 0,33 % vom Volkseinkommen (60,8 Mrd.$ für 1992), wobei die bilaterale Hilfe real um 6 % sank und die multilaterale Kreditvergabe um 16 % zunahm. Deutschland stand mit 7,6 Mrd.$ Entwicklungshilfe an vierter Stelle der Geberstaaten – hinter den USA mit 11,7 Mrd.$, Japan (11,1 Mrd.$) und Frankreich (8,3 Mrd.$). Mit einem Anteil von 0,39 % am BSP erreichte Deutschland das schlechteste Ergebnis seiner Geschichte als Geberstaat. Noch im Fünfjahreszeitraum 1979–1983 hatte Bonn einen 0,46 %-Anteil realisieren können. Im Jahr 1996 wird der Anteil vermutlich unter die 0,3 %-Grenze gefallen sein.

In zwanzig Jahren hat (West-)Deutschland seine gesamten ODA-Mittel (in realen Preisen von 1990) nur gut verdoppelt, was im Vergleich zu Italien, zu Dänemark oder zu Spanien ein schlechtes Abschneiden bedeutet. Daher überraschte Bonn die Weltöffentlichkeit mit der Erklärung auf der UNCED im Juni 1992, daß Deutschland „so rasch wie möglich" seine Selbstverpflichtung einlösen würde, 0,7 % seines BSP für ODA-Zwecke zur Verfügung zu stellen. Überraschend war diese Erklärung insofern, als Mitte 1992 schon deutlich geworden war, daß die Kosten der Wiedervereinigung und die Transfers nach Mittel- und Osteuropa immer größere Haushaltsanteile in Anspruch nehmen würden. Die mittelfristige Planung des Bundeshaushalts sieht für 1992 eine Erhöhung des Bundeshaushalts von 5,8 % gegenüber dem Vorjahr vor, während die Veränderung im Einzelplan 23 (der Haushaltsplan für die Entwicklungshilfepolitik) nur eine Steigerung von 2,6 % in Aussicht stellt. Für die Jahre 1993 bis 1996 war die Erhöhung des Bundeshaushalts von insgesamt 6,6 % vorgesehen (was inzwischen infolge von Finanzminister Waigels Spardiktaten nach unten korrigiert werden muß), während Einzelplan 23 im gleichen Vierjahreszeitraum um 7,9 % wachsen sollte. Realistischerweise wird also nicht mit einer Erhöhung des realen Ressourcentransfers von Bonn in die Entwicklungsländer zu rechnen sein. Auf diesem Hintergrund betrachtet bleibt die Entwicklungshilfepolitik ein Paradebeispiel für „symbolische Politik": sie tut so, als ob sie viel bewirken könnte, als ob propagierte Ziele und eingesetzte Mittel in einem rationalen Verhältnis zueinander stehen würden. Dieser Sachverhalt ist jedoch keine deutsche Spezialität.

Daß die produktiv verwendbaren Mittel für Entwicklungspolitik in den Haushalten der OECD-Staaten in den 90er Jahren nicht erhöht werden können, muß befremden und ist vielleicht erstmalig wirklich bedauerlich, weil sich die Bedeutung von Entwicklungspolitik seit dem Ende des Kalten Krieges grundsätzlich verändert hat, und zwar zum einen in Richtung auf mehr Realismus bei der Erkennung von Ursachen des Versagens bisheriger Entwicklungshilfepolitik und zum anderen in Richtung auf wachsende Einsicht in die Notwendigkeit politischer Reformen bei den Empfängerländern als Konsequenz aus den Mißerfolgen. Die umstrittene politische Konditionalität als Bedingung und Begleiterscheinung von ODA ist daher eine logische Folge der veränderten internationalen Rahmenbedingungen, durch die der politische Handlungsspielraum der Regierungen der Entwicklungsländer für „eigensinnige" Ziele geringer geworden ist: alternativlos sind sie heute – soweit sie Auslandskredite benötigen – auf den „Dialog" mit den westlichen Industriestaaten angewiesen. Die viel gescholtene (und relativ erfolglose) Strukturanpassungspolitik (SAP) mit ihren großen sozialen Härten für städtische Beamte, Angestellte und Arbeiter gehörte bislang zu den Kernelementen des Nord-Süd-Dialogs, bei dem Fragen der Finanzierung und Verschuldung im Mittelpunkt standen. Daß es auch noch andere Aspekte und auch neue – politische – Funktionszuweisungen der staatlichen Entwicklungspolitik gibt, soll im folgenden dargestellt und diskutiert werden.

2. Entwicklungshilfe als präventives Krisenmanagement

Seit ihrer Erfindung in den 50er Jahren als Kind des Kalten Krieges ist die staatliche Entwicklungshilfe Kritik aus verschiedenen Lagern ausgesetzt gewesen. Zum einen kritisierten „anti-imperialistische" Gruppen den verschleierten kommerziellen Eigennutz der Geberstaaten, der die Länder der Dritten Welt in Abhängigkeit und Armut halten würde, zum anderen kritisierten humanitäre und kirchliche Institutionen sowie Solidaritätsbewegungen die Habgier und Knauserigkeit der Industriestaaten beim Transfer von Ressourcen von Nord nach Süd. Neben der Kritik von links, gab es – wenn auch meist nicht so lautstark und medienwirksam – eine Entwicklungskritik von rechts, vorgetragen in den USA von Kongreßabgeordneten und Senatoren, in Deutschland und anderen EWG-Staaten von Geschäftsleuten und marktwirtschaftlich orientierten Sozial- und Wirtschaftswissenschaftlern, die über die zu starken Interventionen des Staates besorgt waren. Diese Gruppe von Kritikern fürchtet den künstlichen Aufbau von nicht-lebensfähigen Produktionsstrukturen und die Korrumpierung von Politik und Gesellschaft durch Zahlung von „Entwicklungsrenten" an parasitäre Staatsklassen.

All diese Argumente konnten unter Hinweis auf konkrete Beispiele von verfehlten Entwicklungsprojekten jeweils empirisch belegt werden, konnten letztlich aber niemals eine breitere Öffentlichkeit in den OECD-Staaten davon überzeugen, daß Entwicklungshilfe als zentrales Instrument der Nord-Süd-Politik ganz aufgegeben werden sollte. Der Gedanke der solidarischen Hilfe seitens der relativ reichen Industriestaaten des Westens zum Nutzen der ökonomisch weniger erfolgreichen Staaten ist auch nach Ende des Ost-West-Konflikts nicht verblaßt, im Gegenteil, er hat durch die Einbeziehung der einst sozialistischen Republiken der früheren Sowjetunion und der übrigen RGW-Staaten in den Empfängerkreis der ODA eine enorme Aktualität und konkrete Bedeutung für Politik und Gesellschaft Westeuropas gewonnen.

Wenn es nicht gelingt – so lautet ein immer energischer vorgebrachtes Argument in der besorgten Öffentlichkeit –, die Produktions- und Lebensverhältnisse in den Staaten der „Vierten Welt" wie auch Mittel- und Osteuropas in absehbarer Zeit spürbar zu verbessern, so daß die dort lebenden Menschen zuversichtlich in eine bessere Zukunft im Rahmen der für sie neuen marktwirtschaftlichen und demokratischen Ordnung blicken können, wird die Ost-West-Migration in Europa (wie die globale Süd-Nord-Migration) anhalten und möglicherweise hier Fremdenfeindlichkeit und die Festungsmentalität der Privilegierten (Stichwort: Festung Europa) noch weiter verschärfen. In den Metropolen geht die Furcht vor einer neuen Völkerwanderung um, die keineswegs unbegründet ist.

Zwischen 1980 und 1992 sind nach Westeuropa fünfzehn Millionen Menschen zugewandert, und hundert Millionen Menschen sind zur Zeit auf dem Globus unterwegs: als Kriegs- und Hungerflüchtlinge, auf der Suche nach Arbeit oder nach einem Stück Land, das sie ernährt. Die weltweite Migration, heißt es im neuen Weltbevölkerungsbericht der UN, könnte zur „Menschheitskrise unserer Zeit" werden. Daraus sei zu schließen: wer die Zuwanderung kanalisieren wolle, müsse notleidenden Menschen die Möglichkeit schaffen, dort zu bleiben, wo sie aufgewachsen seien und wo sie zumeist auch lieber bleiben würden, ließen die Umstände es zu.

Ganz im Sinne dieser Öffentlichkeitsforderung soll nun Bonner Entwicklungshilfe zur Beseitigung solcher Fluchtgründe eingesetzt werden: „Es liegt in unserem ureigensten Interesse" – verriet jüngst Entwicklungsminister Carl-Dieter Spranger – „daß wir Entwicklungsarbeit angemessen unterstützen. Asyl zum Beispiel ist ein globales Problem, genauso wie Drogenkonsum und -anbau, die Bevölkerungsexplosion und die weltweite Umweltzerstörung. Ich bemühe mich, hier das Bewußtsein zu schärfen." Entwicklungspolitik erhält so die Funktion einer neuen Sicherheitspolitik – eine Politik zur Sicherung des Statusquo und des Wohlstands bei den Reicheren.

3. Das neue Sicherheitskonzept

Der Minister für wirtschaftliche Zusammenarbeit hat 1992/93 nach Reisen in die Mongolei, nach Usbekistan, Turkmenistan, nach Kirgistan und Kasachstan Hilfen bei der schwierigen Systemtransformation einst sozialistischer Kommandowirtschaften zu kapitalistischen Marktsystemen versprochen: „Aus den sichtbaren Resultaten entschlossener Reformbereitschaft [bei unseren neuen Partnerstaaten] leitet sich ein erfolgsorientierter Leitbegriff für den Handel ab: die Unterstützung der Eigenanstrengungen. Angesichts der Übergangsschwierigkeiten, die mit der Einführung demokratischer Regierungsformen, situationsgerechter marktwirtschaftlicher Systeme und mit Privatisierungsbemühungen in den Entwicklungsländern verbunden sind, aber auch und insbesondere mit der Verwirklichung verantwortungsvoller sozialer Politik und wichtiger ökologischer Belange, müssen wir aber auch zu „Durchhaltehilfe" bereit sein. Wir müssen unsere Partner ermutigen, den dornigen langen Weg der Umgestaltung weiterzugehen." Im Jahr 1993 will die Bundesregierung 322 Millionen DM für die wirtschaftliche Beratung der osteuropäischen Reformländer ausgeben, wobei 14 Ressorts beteiligt sind. Es geht dabei um eine umfassende Hilfe zum Ausbau von leistungsfähigen Einrichtungen, die für das Funktionieren einer Marktwirtschaft gebraucht werden.

Was in den frühen Zeiten des Kalten Krieges die politisch-ideologisch begründete „Abhaltehilfe" war, d. h. Unterstützung für die Regime, die die Anerkennung der „DDR" unterließen, heißt heute nun Durchhaltehilfe, die eigentlich den Export einer milieufremden alternativen Wirtschafts- und Sozialordnung darstellt – freilich der einzigen, der man gegenwärtig bei gesundem Menschenverstand die Lösung drängender wirtschaftlicher und sozialer Probleme zutrauen kann! In beiden Fällen ging bzw. geht es darum, andere – damals kommunistische Regime, heute frustrierte Machteliten und notleidende Menschen ohne Perspektiven in ihren Heimatländern – daran zu hindern, unserem Wohlstand zu schaden oder etwas zu tun, was die nationale „Sicherheit" der reicheren Staaten bedrohen könnte.

Wen wunderts, wenn die Öffentlichkeit und die Ressortpolitiker nicht müde werden zu fordern, daß der Stellenwert der Entwicklungspolitik in Deutschland verbessert werden müsse. Es müßten erheblich mehr Mittel für präventives Krisenmanagement eingesetzt werden, was in jedem Fall billiger sei, als die viel höheren Folgekosten verpaßter Chancen. So kostet ein halbes Jahr „humanitäre Hilfe" in Somalia die Bundesregierung bisher 200 Millionen DM – eine Summe, mit der die Bundesregierung nach Sprangers Ansicht (ohne daß er den Somalia-Einsatz der Bundeswehr damit diskreditieren wollte) viel Nützliches zum Ausbau überlebensfähiger Strukturen bewirken könnte.

Von der politischen Opposition in Bonn kommen durchaus ähnliche Gedanken. Am weitesten hat sich der entwicklungspolitische Sprecher der SPD-Fraktion Ingomar Hauchler nach vorne gewagt. Auch er plädiert für die Erweiterung des entwicklungspolitischen Auftrags in Richtung auf allumfassende Sicherheits- und Krisenursachenbekämpfungspolitik: Staatliche Entwicklungshilfe solle so erweitert werden, daß sie „globalen Sicherheitsrisiken" mit Aussicht auf Erfolg begegnen könnte, „also auch den Ursachen der Flucht vor Gewalt und Verfolgung, Elend und Hoffnungslosigkeit" zuleibe rücken könnte. Daher dürfe die Entwicklungspolitik „nicht länger zum Büttel nationaler Interessen gemacht werden". Sie müsse vielmehr „eine Leitfunktion in der Gesamtpolitik einnehmen, um die verschiedenen politischen Kräfte und Ressorts auf den gemeinsamen Kampf gegen wachsende globale Risiken zu verpflichten".

Seinen besonderen Rang als progressives Reformprogramm erhält Hauchlers Strategiepapier durch die Hinweise auf Konkretisierung dieser hehren Ziele primär in den westlichen Industriemetropolen, und nicht etwa durch weitere „Strukturanpassungen" der Entwicklungsländer nach den prinzipiell richtigen, praktisch aber wenig brauchbaren Patentrezepten von IWF und Weltbank: Eine neue Entwicklungspolitik sei vor allem dort „als Querschnittsaufgabe gefordert, wo nur durch tiefgreifende Reformen in der Weltwirtschaft und in den Industrieländern selbst globale Probleme gelöst werden können, die zu Massenwanderungen, verschärften Verteilungskämpfen und Kriegen führen. Die Industrieländer müssen begreifen, daß die soziale Frage der Zukunft nur noch auf der Ebene der Weltgesellschaft gestellt werden kann und auch das ökologische Überleben nur noch in globaler Verantwortung zu sichern ist".

4. Wenn die globale Armut auf Reisen geht

Die Neudefinition von Entwicklungshilfe als Politik zur präventiven Sicherung bestehender Besitzstände ist beileibe keine deutsche Besonderheit. In vergleichbarer Absicht ist ein noch weitergehendes Konzept von Sicherheit in den Mittelpunkt des „Human Development Reports 1993" des United Nations Development Programs (UNDP) gestellt worden. Dieses lesenswerte Dokument plädiert zum einen für ein neues Verständnis von Sicherheit – anstelle der bisher üblichen Auffassung von Sicherheit als Sicherheit von Staaten und Grenzen hin zu einem Konzept von Sicherheit als Überlebenssicherung von Menschen unabhängig von Staatsgrenzen –, tritt zum anderen aber auch ein für die Schaffung einer neuen Motivation für Entwicklungshilfe: Da „das alte Motiv des Kämpfens im Kalten Krieg tot" sei, müsse das „neue Motiv der Krieg gegen die globale Armut" sein, „basierend auf der Erkenntnis, daß Entwicklungshilfe nicht nur eine

Investition in die Entwicklung armer Nationen, sondern in die Sicherheit reicher Nationen ist". In den nächsten Jahrzehnten wird die wirkliche Bedrohung darin bestehen, daß die globale Armut auf Reisen gehen wird, und zwar ohne Paß und auf zahlreichen unangenehmen Wegen: als Drogen, Krankheiten, Terrorismus.

Auch der jüngste Entwicklungsbericht der Bundesregierung trägt dieser Bedrohung schon Rechnung. Zum einen hätte der Abbau der Ost-West-Konfrontation auf die Dritte Welt positive Wirkungen gehabt: „die Dynamisierung politischer Prozesse, die Stärkung von Parteipluralismus und Demokratisierungsansätzen sowie die Eröffnung von neuen Chancen für die Beilegung verschiedener Regionalkonflikte"; zum anderen aber hätten Bürgerkriege und die Auswirkungen von Umwelt- und Naturkatastrophen weltweit schätzungsweise 17 Millionen Flüchtlinge hervorgebracht. „Das wachsende Flüchtlingselend und die soziale Entwurzelung hunderttausender Menschen entwickelten sich zunehmend zu einem Faktor, der nicht nur die jeweiligen Nachbarstaaten belastet, sondern der auch für Europa eine künftige Bedrohung durch die unkontrollierte Zunahme der sogen. Wirtschafts- und Elendsflüchtlinge aus der Dritten Welt darstellt."

Diese Neuakzentuierung des Instruments der Entwicklungshilfe als vorausschauende Sicherheitspolitik mit defensivem Charakter geschieht ausgerechnet in einem Augenblick der kritischen Reflektion in den „Geberstaaten" über die grundsätzliche Möglichkeit und Berechtigung von Entwicklungshilfe. Angesichts der traurigen Bilanz von vier Jahrzehnten Entwicklungshilfe – die Zahl der absolut Armen z. B. stieg von 700 Millionen 1973 auf 1300 Millionen zwanzig Jahre später, womit eines der großen Ziele der Entwicklungspolitik klar verfehlt wurde – und angesichts der bedrohlich zunehmenden ökologischen Schäden als Folge von Modernisierung und technisch-wissenschaftlichem Fortschritt mehren sich die selbstkritischen Zweifel im Westen, ob denn das Ideal der „Entwicklung" überhaupt noch verfolgt werden sollte. Müßten wir nicht wünschen, daß die 150 Staaten der Dritten und Zweiten Welt nicht unserem ressourcenvergeudenden, energie- und schadstoffintensiven Pfad der Entwicklung folgen würden, um nicht – bei Erfolg – einen ähnlich verheerenden Beitrag zur Zerstörung der Umwelt, zur Abholzung der Primärwälder, der Erwärmung des Weltklimas und zur Vergiftung von Böden und Gewässern zu leisten? „Entwicklung" als nachholende Modernisierung ist den Nachzügler-Staaten der Weltgeschichte nur zu immer mehr steigenden Kosten und Naturzerstörungen möglich – wenn überhaupt –, so daß den westlichen Industriegesellschaften der Fixpunkt am Horizont verloren gegangen ist, auf den hin sie unterentwickelte Gesellschaften „hinaufheben" könnten.

5. *Entwicklungspolitik und Außenpolitik*

Die bisher schon bekannt gewordenen Berichte über die geringe Wirksamkeit und „Nachhaltigkeit" von staatlichen (und nichtstaatlichen) Entwicklungsprojekten reichen aus, um mit einiger Sicherheit sagen zu können, daß soziale Entwicklung einen so komplexen und schwierigen (dazu historisch seltenen) Prozeß darstellt, daß er von außen politisch nicht gesteuert werden kann. Auch Entwicklung in den heute als entwickelt geltenden Industriemetropolen war kein geplanter und gesteuerter Prozeß, sondern eher das so von niemandem gewollte Ergebnis unzähliger egoistischer Einzelentscheidungen. Und daß heute überhaupt noch gesellschaftliche und wirtschaftliche Prozesse politisch steuerbar sind, wird von etlichen Soziologen stark bezweifelt. Wieviel weniger sind dann schwächer integrierte, politisch junge Entwicklungsgesellschaften geeignet, auf komplizierte Steuerungskommandos von außen zum Nutzen einzelner, oftmals isolierter Projekte zieladäquat zu reagieren? Dennoch – so die hier vertretene und im weiteren zu begründende These – ist Entwicklungshilfe nicht grundsätzlich wirkungslos: sie kann unter Umständen als politisches Instrument nutzbar gemacht werden, innergesellschaftliche Reformen in Staaten der Zweiten und Dritten Welt zu ermutigen. In gewissem Sinne wird die Entwicklungspolitik nach Überwindung des Ost-West-Konflikts von wirtschaftlichen und sozialen Überforderungen und unrealistischen Zeitvorgaben entlastet und kann somit politischer werden,

d. h. auf das Eigentliche in den Empfängerländern und wirklich Notwendige gerichtet werden.

Soll Entwicklungspolitik in den neunziger Jahren ein Stück Glaubwürdigkeit zurückerlangen, muß sie sich klar von kurzfristig zu realisierenden wirtschaftlichen Eigeninteressen der einzelnen Geberstaaten distanzieren, und damit von einigen Ritualen ihrer vierzigjährigen Vergangenheit. Die Tätigkeit der westdeutschen Bundesregierung auf dem Gebiet der Entwicklungszusammenarbeit reicht bis zum Jahr 1952 zurück, als das Bundesministerium für Wirtschaft (BMWi) aus den Mitteln des Marshallplans einen Betrag von 500 000 DM für das Technische Hilfsprogramm der Vereinten Nationen bereitstellte. Im August desselben Jahres trat die Bundesrepublik der „Weltbank" bei. Staatsbesuche von Regierungsvertretern aus den damaligen „Entwicklungsländern" Griechenland und Türkei, Äthiopien und Ceylon und die dabei vorgetragenen Hilfegesuche hatten schließlich die Konsequenz, daß 1955 im Haushalt des BMWi ein Betrag von 1 Mio. DM mit der Zweckbestimmung „Hilfeleistung für den wirtschaftlichen Aufbau von weniger entwickelten Ländern" ausgewiesen wurde. 1956 wurde im Etat des Auswärtigen Amtes (AA) ein Betrag von 50 Millionen DM veranschlagt. Umfang und Zweckbestimmung dieses Titels machen deutlich, daß damit die Initialzündung zu einer eigenständigen deutschen Hilfepolitik gegeben worden war. Der eigentliche Anstoß dazu kam vom Parlament, von der sozialdemokratischen Fraktion. Sie hatte im März 1956 jene 50 Mio. DM „zum Zwecke der Förderungsmaßnahmen für wirtschaftlich unterentwickelte Länder" gefordert und als Technische Hilfe durchgesetzt, wobei vor allem an die berufliche Ausbildung von Fachkräften für das Gesundheitswesen und die Landwirtschaft gedacht war.

Von Anfang an stand die deutsche Entwicklungspolitik im Spannungsfeld des sich entwickelnden Ost-West-Gegensatzes. Heute erkennen wir besser als je zuvor, welch unheilvolle Rolle für die Entwicklungsländer (EL) die sachfremde Interessenallianz von Außenpolitik und Entwicklungspolitik während vier Jahrzehnten Kalter Krieg spielte. Die Bundesregierung sah sich seit der berühmten Truman-Rede aus dem Wendejahr 1949, in der

der US-amerikanische Präsident die „unterentwickelten" Länder entdeckte und sie zum Ziel eines umfassenden Kreuzzugs des Westens gegen die kommunistische Subversion erklärt hatte, wachsendem Druck ausgesetzt, sich auch an den finanziellen Bürden zur Sicherung westlicher Interessen mit zunächst drei Milliarden Dollar zu beteiligen. Die kolonial wenig belastete Bundesrepublik – so lautete eine beliebte US-amerikanische These – biete sich geradezu an, die Position des Westens in den EL zu stärken und ihren Markt für Rohmaterialien und Agrarprodukte aus EL zu öffnen. Im September 1960 mußte sich Wirtschaftsminister Erhard auf der Jahrestagung der Weltbankgouverneure Vorwürfe anhören, so daß es im Oktober 1960 zu einer Kabinettssitzung unter Leitung Adenauers über einen Antrag des BMWi auf Budgetmittel für Entwicklungshilfe kam. In einem Dokument des BMWi wurde die „Anerkennung der Entwicklungshilfe als politische Aufgabe von wesentlicher Bedeutung und als eine Form der Verteidigung, die die Bereitstellung öffentlicher Mittel erfordert und rechtfertigt" bezeichnet. Aus primär bündnispolitischen Interessen – neben wirtschaftlichen, militärischen und humanitären Motiven – kam es dann im Jahr 1961 zur Gründung des „Bundesministeriums für wirtschaftliche Zusammenarbeit" (BMZ).

Seitdem hat sich das Selbstverständnis der deutschen Entwicklungspolitik geändert. Grundlegend war dafür die Erkenntnis, daß die Mißerfolge mit Entwicklungsprojekten nicht durch die Verbesserung der technischen, konzeptionellen oder wirtschaftlichen Instrumente aus der Welt geschafft werden könnten, sondern primär durch politische Reformen in den Entwicklungsländern selbst. Das Ende des Ost-West-Konfliktes hat jedenfalls eine Schicht von Verursachungsfaktoren der nachhaltigen Unter- und Fehlentwicklung in vielen Entwicklungsländern freigelegt. Dem ungünstigen „kolonialen Erbe" ist nun eine weitere Erblast aus der ersten postkolonialen Generation hinzugekommen. Die vielen Entwicklungsruinen der Gegenwart – von außen angeschobene Projekte ohne nachhaltige Wirkungen – sind ein Beleg für diese Fehlentwicklung. Die Bonner Entwicklungspolitik unter dem neuen Minister hat begonnen, aus früheren Fehlern zu lernen und sich auf eine neue Ära der Entwicklungspolitik wenigstens konzeptionell einzustellen. Der neue Trend geht mit Sicherheit in Richtung auf Einwirkungen in politische Entscheidungsbereiche, die früher als die inneren Angelegenheiten von Staaten bezeichnet worden sind.

6. *Entwicklung als Schadensbegrenzung und Reformanreiz*

Die wichtigsten Punkte des entwicklungspolitischen Programms der amtierenden deutschen Regierung, wie sie im neunten Bericht zur Entwicklungspolitik der Bundesregierung 1992 ausführlich dargelegt worden sind, lassen sich wie folgt zusammenfassen:

a) „Armutsbekämpfung als Querschnittsaufgabe" als vorrangiges Ziel der Entwicklungspolitik. „Dazu gehören auch die Gewährung der Menschenrechte und die Teilhabe der Armen an den wirtschaftlichen und gesellschaftlichen Entscheidungen. Zusammen mit dem Grundsatz der Selbsthilfe ist die Partizipation ein tragendes Element der Armutsbekämpfung." Dabei sollen kleine nicht-staatliche Organisationen besonders gefördert werden, vornehmlich in den Bereichen Bildung, Gesundheit, ländliche Entwicklung.

b) „Entfaltung privatwirtschaftlicher Initiative". Dieses Reformziel wird als komplementär zur Demokratisierung gesehen: Auf marktwirtschaftlicher Grundlage, „gekoppelt mit sozialer Verantwortung und ökologischer Verpflichtung", können sich „mehr Demokratie, eine legitimierte Rolle der Macht und eine stärkere Wahrung der Menschenrechte entwickeln". Der Staat müsse entlastet werden und solle sich darauf beschränken, „ein Umfeld zu schaffen, in dem sich Handwerk, Kleingewerbe, Industrie, landwirtschaftliche Unternehmen und auch der informelle Sektor entfalten können".

c) Bekämpfung der „Ursachen für das zu hohe Bevölkerungswachstum". Als Reaktion auf Beschlüsse des Deutschen Bundestages vom September 1990 sollen jetzt in einem „dualen Lösungsansatz" die Angebote an Familienplanungsdiensten sowie die wirtschaftlichen und sozialen Lebensbedingungen der Bevölkerung verbessert werden. „Bevölkerungspolitik" wird von nun an in den Politikdialog mit allen Ländern mit hohem Bevölkerungswachstum aufgenommen. Bevölkerungspolitische Maßnahmen werden als Bestandteil der Strategien zur Bekämpfung von Armut durchgeführt, insbesondere in den Bereichen Gesundheit, Bildung und Ernährungssicherung.

Angesichts der Tatsache, daß bislang nur 2 % der Ausgaben für Technische Zusammenarbeit und für Finanzielle Zusammenarbeit des BMZ für diesen sensiblen, entwicklungspolitisch höchst relevanten Bereich ausgegeben wurden, ist diese Akzentsetzung ein überfälliger Schritt in die richtige Richtung.

d) Als einen weiteren Schwerpunkt der neuen entwicklungspolitischen Programmatik läßt sich die neue Flüchtlingshilfekonzeption bezeichnen, die auf die Entscheidung der Bundesregierung vom 25. September 1990 über „Grundlinien für eine ressortübergreifende, an verschiedenen Punkten ansetzende Flüchtlingspolitik" zurückgeht. Unter dem Titel „Verhinderung weltweiter Flüchtlingsströme" wird die neue Konzeption wie folgt umrissen: „Schwerpunkte dieser Flüchtlingspolitik sind die Unterstützung solcher Entwicklungsländer, die selbst Flüchtlinge aufnehmen (Fluchtfolgenbewältigung), die Fortbildung und Rückführung qualifizierter Flüchtlinge, die in ihrer Heimat beim Aufbau des Landes mitwirken (Reintegration), und vor allem Maßnahmen, die Menschen von der Flucht abhalten und ihnen das Bleiben in der angestammten Heimat ermöglichen (Fluchtursachenbekämpfung)."

e) Die Bundesregierung hat während und nach der UN-Konferenz für Umwelt und Entwicklung (UNCED) in Rio de Janeiro im Juni 1992 ihr Engagement für Umwelt-, Arten und Klimaschutz bekräftigt. Die „Rio-Deklaration" wird positiv bewertet und nach Kräften – „unter Wahrung gerechter Lastenverteilung" – unterstützt. So hat sich die Bundesregierung dafür eingesetzt, daß die Globale Umweltfazilität (GEF) erheblich aufgestockt wird. Sie selbst will 780 Mio. DM beisteuern. Wichtiger noch könnte sich die Zustimmung der Industriestaaten zu gemeinsam verabschiedeten Prinzipien und Verfahrensregeln erweisen. Immerhin enthält die Deklaration „das Recht auf Entwicklung", betont die Notwendigkeit von Armutsbekämpfung und angemessener Bevölkerungspolitik und erkennt die besondere Verantwortung der Industrieländer als wesentliche Verursacher für bisher entstandene globale Umweltschäden an. Sie enthält das Vorsorge- und Verursacherprinzip und fordert die Integration des Umweltschutzes in alle Politikbereiche, die Durchführung von Umweltverträglichkeitsprüfungen, die Beteiligung der Öffentlichkeit und gerichtliche Kontrollmöglichkeiten.

Ferner ist noch die Hinwendung zur besonderen Förderung der „Grundbildung als Voraussetzung für menschliche und wirtschaftliche Entwicklung" zu nennen. Angesichts von einer Milliarde Analphabeten in der Welt und 100 Millionen Kinder und Jugendlichen im Schulalter ohne Möglichkeit, eine Schule zu besuchen, ist dieser Schwerpunkt in der Tat einer der vordringlichsten Ansatzpunkte für schadenbegrenzendes Krisenmanagement; denn ohne Schulbildung der Mädchen z. B. ist jede Strategie der Bevölkerungspolitik und Familienplanung auf Sand gebaut. Der Einzelplan 23 sieht eine Verdreifachung der gesamten deutschen Mittel zur Grundbildungsförderung bis zur Mitte der 90er Jahre vor, wobei die Länder Westafrikas und Südasiens besonders nachhaltig unterstützt werden sollen.

Betrachtet man die sektorale Aufteilung der bilateralen ODA-Zusagen der Bundesregierung im Jahr 1991, wird man keine großen Veränderungen gegenüber den Vorjahren feststellen können – allerdings mit der Ausnahme der verstärkten Zuschüsse an Nicht-Regierungsorganisationen, den neuen Hoffnungsträgern der Nord-Süd-Kooperation. Zusammenfassend läßt sich über das neue entwicklungspolitische Programm sagen, daß es weit hinter dem zurückbleibt, was Kritiker fordern, und daß es da ansetzt, wo es am einfachsten scheint: bei der Reformpolitik der anderen, der abhängigen Staaten.

7. Kinkels neue Afrikapolitik

Heute – dreißig Jahre nach Gründung des BMZ – läßt sich eher von einer Umkehr der politischen Prioritäten bei der Definition deutscher Auslandsinteressen sprechen. Außenminister Klaus Kinkel, seit Mai 1992 im Amt, hat sich dem politischen Programm seines Kollegen Spranger gegenüber den Armutsländern der Dritten Welt weitgehend angeschlossen. Die Betonung der Menschenrechte als Vorbedingung für deutsches Entgegenkommen soll nun in beiden Ressorts zum Tragen kommen. Beide Ministerien bekennen sich zum Prinzip der politisch gebundenen Hilfe, wobei marktwirtschaftliche Reformen und demokratische Mitbestimmung durch zusätzliche Hilfeleistungen belohnt und ermutigt werden sollen.

Auf der Afrika-Botschafterkonferenz in Accra (Ghana) vom 18.–20. Mai 1993 sind zehn Leitlinien für die deutsche Afrikapolitik beschlossen worden. Zu den wichtigsten Ergebnissen gehört die Abkehr vom Gießkannenprinzip, demzufolge in der Vergangenheit alle 45 Staaten Afrikas südlich der Sahara mit einem kalkulierbaren Unterstützungsbetrag versehen worden sind, unabhängig „von den Leistungen und Erfolgen der Partner". In Zukunft soll stärker differenziert werden: „Staaten, die deutliche politische, menschenrechtliche und wirtschaftliche Erfolge aufzuweisen haben, verdienen unsere besondere Förderung. Wir brauchen afrikanische Vorbilder, die Anreiz für die gesamte Region sind. Wir müssen Erfolg stärker honorieren."

Zweitens soll der Demokratisierungsfonds des Auswärtigen Amtes (im Haushaltsjahr 1991 mit erst 9,5 Mio. DM etatisiert) aufgestockt werden, um auch rechtsstaatliche und demokratische Institutionen intensiver fördern zu können, unter besonderer Einbeziehung der politischen Stiftungen.

Neu ist auch die Funktionsbestimmung der sogen. Ausstattungshilfe, die bislang Diktatoren bei der Unterdrückung ihrer Bevölkerung zu Diensten war: demnächst „sollte sie nur dort gewährt werden, wo sie wirklich für eine Reform von Polizei und Militär nach rechtsstaatlichen Maßstäben eingesetzt werden kann. Sie muß der Unterstützung des Demokratisierungsprozesses dienen". Gleichzeitig kann im Rahmen der Ausstattungshilfe logistische Unterstützung und Ausbildungshilfe für eine innerafrikanische Eingreiftruppe unter dem Kommando der Organisation der Afrikanischen Einheit gewährt werden, sollte dieser Plan realisiert werden.

Als vierter Schwerpunkt des Afrika-Konzepts des Auswärtigen Amtes ist die Selbstverpflichtung zur Stärkung aller Initiativen zum Schutze der Menschenrechte zu nennen. Der Aufbau von Rechtsanwaltkammern in Afrika soll ermutigt werden. Fünftens werden mehrere Beiträge zur Konfliktbewältigung in Aussicht gestellt, u. a. die deutsche Beteiligung an einer UN-Friedenstruppe in Mosambik und der Aufkauf von Waffen auf freien Märkten und deren anschließende Vernichtung. „Ein solcher pragmatischer Ansatz könnte auch dazu beitragen, daß nach der Demobilisierung der Armeen bewaffnete Banden nicht weiter Menschen töten. Auch zur Minenräumung sollten wir einen Beitrag leisten, ggf. mit Hilfe privater Unternehmen."

8. Politische Konditionalität und ihre Grenzen

Wenn es auch in den Prinzipien der Zusammenarbeit politische Übereinstimmungen zwischen BMZ und Auswärtigem Amt gibt, so bleiben freilich Spannungen bei der Realisierung der „Politischen Konditionalität". Sie stellt darauf ab, weitere Kredite an Auflagen zu binden, die mitunter weit in die innerstaatlichen Entscheidungsbelange hineinreichen, die üblicherweise mit dem Begriff der nationalen Souveränität belegt werden. Wie sich die politisch-ethischen Maßstäbe nach dem Ende des Ost-West-Konflikts verändert haben, ist deutlich an der aktuellen Diskussion über pro und contra bezüglich politischer Konditionalität abzulesen. Wurde früher gerade von linken Gruppen und „progressiven" Autoren die politische Autonomie von Entwicklungsländern als Recht der kleinen Staaten auf völkerrechtliche Gleichbehandlung und als Schutz vor Einmischung von außen beschworen, so wächst der Konsens über die unabweisbare Notwendigkeit der Konditionierung von Ressourcentransfers an demokratisch nicht legitimierte Herrschaftscliquen, die sich privat unter dem täuschenden Schein der staatlichen Gemeinwohlverpflichtung maßlos selbst bereichern. Staatliche Macht ist in Ländern der Dritten Welt zu oft und zu maßlos zur „Erzielung von Souveränitätsrenten" von korrupten Cliquen mißbraucht worden, so daß man guten Gewissens den „Staat" – wenn er nicht ohnehin sichtbar im Zerfall begriffen ist – nicht als letztgültigen Adressaten für die Förderung von Entwicklung akzeptieren kann.

Die Anwendung des Prinzips der politischen Konditionalität
– an dessen grundsätzlicher Berechtigung sich kaum zweifeln
läßt – sollte allerdings mit größter Behutsamkeit vorgenommen
werden. Wer selbst nicht weiß, wie wer wohin zu „entwickeln"
ist, und wenn der Sinn von Entwicklung aufgrund bisher erzielter
Weltspitzenleistungen so fragwürdig geworden ist, dann sollten
sich die Geber auf ein Minimum an rasch umzusetzenden inhaltlichen Forderungen (Menschenrechte!) und auf ein Maximum an
politischer Rücksichtnahme auf die Handlungsmöglichkeiten
der Dialogpartner verständigen können. Drei Kriterien sind dabei zu berücksichtigen und in ein Gleichgewicht zu bringen, was
niemals ganz ohne Widersprüche möglich sein wird:
Erstens sozio-ökonomische Tendenzindikatoren des staatlichen
Haushalts; zweitens das Kriterium der politisch-kulturellen Zumutbarkeit; drittens das Kriterium der zu vermutenden Durchsetzungs- und Erfolgschancen.

Beim ersten Kriterium käme es darauf an festzustellen, ob die
staatlichen Ausgaben für Bildung und Gesundheit – im Vergleich
zu den Ausgaben für Verteidigung – tendenziell zunehmen.
Beim Kriterium Zumutbarkeit sollten sich die Geberinstitutionen aufgrund genauer Kenntnisse der Traditionen einer Gesellschaft (und ihrer Minderheiten) über die Grenzen der Reformforderungen klar sein. Während es z.B. für die Praktik der
politischen Folter keine Entschuldigung geben kann, ist beim
Gebot der Meinungs- und Pressefreiheit kulturspezifisches
Schamempfinden durchaus als „mildernder Umstand" anzuerkennen. Schließlich hat es auch wenig Sinn, gegen eine Regierung
und deren normwidriges Verhalten massiv zu Felde zu ziehen,
wenn zum konkreten Zeitpunkt der potentiellen Intervention im
betreffenden Land noch keine gesellschaftliche Basis als nationaler Resonanzboden für externe Einmischungen vorhanden ist.
Ziel der Konditionalität sollte ja nicht die Bestrafung von Machtträgern sein, sondern die Unterstützung von internen Veränderungsprozessen oder Reformpotentialen durch Anreize und Ermutigungen. Zu vermeiden sind patriotische Trotzreaktionen
von Regierungen, die sich gegen unzumutbare Forderungen des
Auslands zur Wehr setzen und dabei die aufgebrachten Massen

von eigenem Politikversagen ablenken können. Sind also die Chancen für die positive Aufnahme externer Einwirkungen in einem bestimmten Augenblick der Entwicklung eines Staates ungünstig, so stößt das diplomatische Instrument der Konditionalität an seine Grenzen. Zweifellos ist darin ein moralisches Dilemma zu sehen. Je kleiner und unbedeutender ein Land, desto mutiger werden von den Gebern die Menschenrechte eingefordert. Kritiker werfen der Bundesregierung immer wieder vor, ihrem eigenen Anspruch in Sachen Menschenrechten nicht gerecht zu werden, schon gar nicht, wenn wirtschaftliche Eigeninteressen alle menschenrechtlichen Bedenken beiseite schieben. Militärhilfe für die Türkei, Kriegsgerät für Indonesien, Handel mit dem Iran, Industriekooperation mit China – diese Beispiele weisen darauf hin, wie bescheiden die Möglichkeiten sind, Menschenrechte zum obersten Maßstab entwicklungs- und außenpolitischer Zusammenarbeit zu erheben. Es ist davor zu warnen, auch dieses Instrument der Zusammenarbeit wieder politisch mit zu hohen Erwartungen zu überladen: eine widerspruchsfreie und gerechte Menschenrechtspolitik als Bestandteil einer neuen Entwicklungspolitik wird die Grenzen nicht überschreiten können, die eine ungleiche und ungerechte Weltwirtschaftsordnung als Ordnungsrahmen vorgibt.

Literaturhinweise

Falk, R., Perspektiven einer neuen Nord-Süd-Politik. In: Blätter für deutsche und internationale Politik, 6/1993, S. 662–672.
Knieper, R., Nationale Souveränität. Versuch über Ende und Anfang einer Weltordnung, Frankfurt a. M. 1991.
Nuscheler, F., Entwicklungspolitische Bilanz der 80er Jahre – Perspektiven für die 90er Jahre. In: Nohlen D./F. Nuscheler (Hg.), Handbuch Dritte Welt, Band 1, Bonn 1993, S. 156–178.
Tetzlaff, R., Politische Konditionalität – politische Notwendigkeit und entwicklungspolitische Chance. In: Nord-Süd aktuell, 3/1992, S. 488–495.

II. ÜBERREGIONALE BEITRÄGE

Philip Kunig
Humanitäre Intervention

Auch in den Jahren 1992/93 erwiesen sich einige Träger staatlicher Gewalt als eklatant unfähig, die der Veranstaltung „Staat" allein sinngebende Aufgabe der Aufrechterhaltung des Friedens im Innern und der Organisation von Lebensbedingungen für menschliches Überleben auch nur annähernd zu erfüllen. Manche handelten vorsätzlich gegen solche Ziele. Menschenrechtsverletzungen durch Tun oder Unterlassen kommen gewiß in allen Staaten der Welt vor – was auch daran liegt, daß der Begriff der Menschenrechte heute eine früher unbekannte Bedeutungsbreite hat. Auch die durch Unkenntnis der Rechtslage erfolgende Vorenthaltung eines der Sprache des Beschuldigten kundigen Dolmetschers in Bußgeldverfahren ist ein Menschenrechtsverstoß. Vor allem in Somalia und im ehemaligen Jugoslawien ging es um ganz andere Qualitäten, um staatlichen Zerfall, nicht abgewendet und sogar unmittelbar gefördert durch staatliches Handeln sowie um Verbrechen zu Lasten breiter Teile der Bevölkerung, durch staatliche Organe begangen, gefördert, teils nicht einmal abgestritten. Die teilnehmende internationale Öffentlichkeit warf die Frage auf, ob in derartigen Situationen von außen solchem Treiben gewaltsam ein Ende gesetzt werden dürfe und solle. Beides sind normative Fragen, diejenige nach dem Sollen allerdings rein politischen Sinnes, denn eine Rechtspflicht nach Art des Straftatbestandes der unterlassenen Hilfeleistung kennt die internationale Ordnung hier nicht (Vergleichbares gibt es durchaus, aber nur im zwischenstaatlichen Kontext und auf Anforderung, so im völkerrechtlichen Katastrophenschutz).

Im folgenden soll der anderen normativen Dimension nachgegangen werden, der Frage nach dem Dürfen. Sie beantwortet sich nach dem Völkerrecht – was zu Beginn einige Bemerkungen zum Verhältnis von Völkerrecht und internationaler Politik nahelegt (1.). Anschließend wird geschildert, wie die Frage nach der Zulässigkeit humanitärer Interventionen als Rechtsfrage zu spezifizieren (und zu differenzieren) ist. Sie ist dem Völkerrecht seit langem vertraut, verlangt aber zeitgebundene Antworten, denn auch das Völkerrecht unterliegt dem Wandel (2.). Die internationale Normenordnung läßt andererseits – aufgrund besonderer Legitimation – Eingriffe zur Hilfeleistung für gequälte und geschändete Menschen durchaus zu (3.). Dem wird abschließend vor dem Hintergrund von Aktualitäten des Berichtszeitraums des Jahrbuchs nachgegangen (4.).

Daß das jugoslawische Gebiet hier einbezogen wird, hat nichts zu tun mit einem womöglich vom Üblichen abweichenden Verständnis des Begriffs „Dritte Welt", sondern ist deshalb naheliegend, weil sich im Jugoslawienkonflikt Verhaltensweisen und Reaktionsmuster gezeigt haben, welche eine Bedeutung auch für derzeitige und künftig denkbare Krisenherde in anderen Regionen aufweisen.

1. Völkerrecht und Politik

Das Völkerrecht ist eine Rechtsordnung. Seine Existenz gründet auf der Vorstellung, Sein und Sollen seien voneinander zu trennen. Das Völkerrecht knüpft demzufolge Rechtsfolgen an die Verwirklichung von Tatbeständen, d. h. an Verhaltensweisen, an Handeln und Unterlassen, an Ereignisse und Fakten. Das Völkerrecht unterscheidet sich von anderen Rechtsordnungen aber dadurch, daß seine Adressaten, in erster Linie die Staaten, zugleich auch die wichtigsten Rechtserzeuger sind. Sie binden sich durch Recht, und in Grenzen können sie sich vom Recht auch wieder lösen. Ihre Interaktion und Kommunikation ist jeweils unter Gesichtspunkten der Normbefolgung *und* der Normkreation zu sehen. Ein den Staaten übergeordnetes Legislativorgan fehlt. Das ansatzweise einer Exekutivgewalt nahekommende Friedenssicherungssystem der Vereinten Nationen funktioniert offensichtlich noch nicht befriedigend. Die internationale Gerichtsbarkeit ist wenig ausgebaut, und sie ist fakultativ. Die Wiener Menschenrechtskonferenz vom Juni 1993 hat sich mehrheitlich dem Vorschlag, einen Internationalen Menschenrechtsgerichtshof einzurichten, widersetzt.

Solche Befunde geben heute nicht mehr Anlaß, den Rechtscharakter des Völkerrechts insgesamt in Frage zu stellen, sie belegen aber die Eigenartigkeit dieses Rechtssystems. Sie besagen übrigens auch noch nichts für die Bedeutung des Völkerrechts als Motiv politischen Handelns und für die Befolgungschancen einer einmal entstandenen Rechtsnorm. Weil sie aber jedenfalls dazu führen, daß solche Befolgungschancen sich im wesentlichen dann realisieren, wenn Staaten im Gegen- und Miteinander auf die Erfüllung einmal begründeter Erwartungshaltungen bauen, kommt verallgemeinerbaren, normativ beschreibbarem politischen Handeln in den internationalen Beziehungen erhebliche Relevanz zu. Das gilt unabhängig davon, ob eine Norm sich bereits rechtlich verdichtet hat und also – vom Vertragsschluß abgesehen – die Kriterien sogenannten Völkergewohnheitsrechts erfüllt. Nur dann eignet sie sich für eine gerichtliche Anwendung oder berechtigt zu spezifisch völkerrechtlichen Sanktionen. Schon im Vorfeld aber mag sie anderweitig die Akteure der internationalen Beziehungen anleiten, von ihnen bei der Erwägung abweichenden Verhaltens ins Kalkül gezogen oder anderen Akteuren vorgehalten werden. Die neueren Formen der Aktivität internationaler Organisationen, vor allem auf den Gebieten der wirtschaftlichen, technischen und umweltpolitischen Zusammenarbeit, machen sich dies durch verschiedene Instrumentarien nicht eigentlich rechtlicher Provenienz zunutze, doch gilt Vergleichbares auch für die klassischen Bereiche der Friedenssicherung und des Menschenrechtsschutzes. Besonders erfolgreich *war* deshalb – die Vergangenheitsform ist hier wesentlich – die Konferenz über Sicherheit und Zusammenarbeit in Europa. Ihre Schlußakte von 1975 und deren „Körbe" besaßen niemals völkerrechtliche Verbindlichkeit. Der politischen Bedeutung dieses Normensystems tat dies keinen Abbruch, solange es auf ihm günstige Rahmenbedingungen stieß.

2. Eine klassische Kontroverse: Staaten als humanitäre Intervenienten?

Die Sprache des klassischen Völkerrechts versteht unter Intervention sowohl die Ausübung militärischer Gewalt wie auch die Einwirkungen unterhalb dieser Schwelle. Dem aus dem Nebeneinander der Staaten als souveräne Subjekte hergeleiteten, bereichsspezifisch in differenzierten Unterlassungsgeboten sich darstellenden Interventionsverbot ist in der gegenwärtigen Völkerrechtsordnung das in der Satzung der Vereinten Nationen verankerte zwischenstaatliche Gewaltverbot an die Seite getreten. Dabei handelt es sich um ein Verbot militärischer Gewalt, allerdings nicht nur um ein Verbot des bewaffneten Angriffs. Der letztere (engere) Begriff gewinnt Bedeutung als Voraussetzung gerade der Rechtfertigung militärischer Gewalt, denn er ist Voraussetzung für die Ausübung des individuellen und kollektiven Rechts auf Selbstverteidigung, das die Satzung der Vereinten Nationen ebenfalls verbürgt. Seit es diese vertraglichen Sonderregelungen über Gewalt und Gegengewalt gibt, hat man sich angewöhnt, den Interventionsbegriff – als Rechtsbegriff – enger zu fassen, zumeist auch durch den Begriff der Einmischung („in fremde/innere/äußere Angelegenheiten") zu ersetzen. Das Nichteinmischungsprinzip ist freilich weniger konturenklar als das Gewaltverbot. Vor allem: Es wird von den Staaten und den internationalen Organisationen, aus deren Verhalten auf die Existenz ungeschriebenen Völkerrechts rückgeschlossen werden muß (und die solches Recht durch ihr Verhalten wandeln können), häufig auch auf Verhaltensweisen bezogen, deren Rechtmäßigkeit letztlich außer Streit steht. Es dient dann der politischen Mißbilligung, nicht der Geltendmachung von Rechtsfolgen. Und der Kreis der als „innere Angelegenheit" reklamierbaren, allein einzelstaatlicher Befugnis unterliegenden Sachbereiche schmilzt ohnehin ständig dahin – seit kein Staat mehr die verpflichtende Wirkung von Menschenrechten bestreitet (sondern nur Konsequenzen dieses Umstandes), kann das Prinzip der Nichteinmischung dem Interesse Außenstehender an Verläufen der inneren Politik nicht mehr pauschal entgegengehalten werden. Wann und in welcher Weise einzelstaatlich oder kollektiv auf Menschenrechtsverletzungen mit friedlichen Mitteln, etwa auch wirtschaftlicher Druckausübung, reagiert werden darf, bleibt dennoch ein in den Einzelheiten teilweise ungelöstes Problem, wie auch die Wiener UN-Menschenrechtskonferenz im Juni 1993 wieder augenfällig gemacht hat.

Bei „humanitären Interventionen" geht es um einen Ausschnitt aus der Gesamtproblematik, um eine Sonderlage. Es geht nämlich um die Frage, ob ein im übrigen von der Völkerrechtsordnung verbotenes Handeln, nämlich die Ausübung von Gewalt gegen einen Staat, ausnahmsweise gerechtfertigt sein kann, wenn dadurch humanitäre Ziele verfolgt werden, genauer: wenn das Opfer der Intervention durch diese davon abgehalten oder abgebracht werden soll, seiner hoheitlichen Gewalt ausgesetzte Menschen entgegen den Geboten der Humanität zu behandeln. Davon getrennt zu halten ist allerdings die Frage, ob Zwangsmaßnahmen zum Schutz eigener Staatsangehöriger, die sich in fremdem Hoheitsgebiet befinden, zulässig sind (wie im Fall der israelischen Militäraktion auf dem ugandischen Flughafen von Entebbe im Jahre 1976). Doch das soll hier nicht interessieren. Nichts zu tun hat der Begriff „humanitäre Intervention" auch mit Reaktionen auf „grenzüberschreitende", zwischenstaatliche Gewaltanwendung. Sofern also etwa auf dem Gebiet Jugoslawiens verübte Gewaltakte sich als zwischenstaatliche Gewalt darstellten (weil dort bereits mehrere Staaten oder immerhin konsolidierte, mit einer gewissen Rechtsstellung versehene sog. de-facto-Regime entstanden waren), waren solche Akte anhand des Gewaltverbots, auch des Kriegsvölkerrechts, zu beurteilen. Es bestand – wie erwähnt – im Fall des bewaffneten Angriffs das Recht zur Selbstverteidigung für den Angegriffenen, ebenso – auf Anforderung, nicht eigenmächtig – in diesem Rahmen die Möglichkeit dritter Staaten zur Unterstützung, sowie schließlich – für den Sicherheitsrat – die Befugnis, nach dem VII. Kapitel der Satzung der Vereinten Nationen Sanktionen bis hin zum militärischen Einschreiten zu ergreifen. Derartige „Interventionen" mögen „humanitären" Ertrag für betroffene Bevölkerungen erbringen, sind dennoch für die normative Betrachtung strikt zu unterscheiden vom Fall der humanitären Intervention als Eingriff in einen fremden staatlichen *Innenbereich* – auch ungeachtet des Umstandes, daß es den konfliktbetroffenen Bevölkerungen gänzlich gleichgültig sein wird, ob das Völkerrecht die gewaltsam handelnden Akteure „noch" oder „schon" als Staaten einordnet, ob es um rechtswidrige Grenzüberschreitung geht oder etwa um Völkermord im Innern. Die internationale Normenordnung läßt jedoch nur die Gegengewalt im zwischenstaatlichen Konflikt mit relativ präzisen Vorgaben zu.

Ist damit der Begriffsgehalt der humanitären Intervention umrissen, bedarf es der Suche nach Verhaltensnormen, welche die Beurteilung der so umschriebenen Konstellation ermöglichen.

Nur klarstellend sei hier bemerkt, daß der Begriff der *humanitären Aktion,* der letzthin Eingang in den politischen Sprachgebrauch gefunden hat (einstweilen?), *kein* rechtsnormativer Begriff ist. Er ist wohl geprägt worden, etwa im Zusammenhang mit der innenpolitischen Diskussion über Für und Wider von Bundeswehreinsätzen in Somalia, um in Ansehung verfassungsrechtlicher Streits eine Unterscheidung zwischen einzelnen Formen militärischen Eingreifens zu versuchen. Darauf wird noch zurückzukommen sein.

Für eine völkerrechtliche Betrachtung ist der Bestand an völkerrechtlichen Vorschriften zu sichten, den die einzelnen Rechtsquellen des Völkerrechts vorgeben. Zu diesen Rechtsquellen gehören die völkerrechtlichen Verträge, das Völkergewohnheitsrecht, ergänzend auch gewisse sogenannte allgemeine Rechtsgrundsätze, d. h. einzelne Normen, die wegen ihrer Auffindbarkeit in allen bekannten Rechtssystemen als dem Völkerrecht als einer zwischenstaatlichen Ordnung immanent verstanden werden. Vertraglich nach der Satzung der Vereinten Nationen wie auch völkergewohnheitsrechtlich, und in Anbetracht einer Vielzahl für sich genommen unverbindlicher, aber die Normativität des Völkerrechts mitabsichernder und mitbestimmender Entschließungen, Empfehlungen und sonstiger Konferenz- und Organisationsdokumente, kann es keinem Zweifel unterliegen, daß ein Akt humanitärer Intervention im oben beschriebenen Sinn auf eine *Verbotsnorm* trifft. Ein Staat, möchte er sogar getragen und bestimmt sein von einer sich außerhalb jeglichen Humanitätskonsenses stellenden Verbrecherbande, möchte er sich darstellen als einzig auf die Mehrung persönlichen Profits Beteiligter, keinerlei sittliches Gebot akzeptierende, ja als nach innen rassistische, nach außen imperialistisch wirkende Veranstaltung – solange er die Staatsqualität aufweist (die das Völkerrecht objektiv bemißt nach dem Vorhandensein eines Staatsgebiets, einer Bevölkerung und staatlicher „effektiver" Gewalt), schützt ihn das allgemeine Völkerrecht vor dem Zugriff anderer Staaten. Es kann also immer nur darum gehen, ob ein Interventionsakt *ausnahmsweise* erlaubt, also *im Einzelfall* gerechtfertigt ist.

Setzt eine humanitäre Intervention den Einsatz militärischer Mittel auf oder über fremdem Staatsgebiet voraus, so verwirklicht sie den Verbotstatbestand des in Art. 2 Nr. 4 der Satzung der Vereinten Nationen verankerten Gewaltverbots. Schon erwähnt wurde, daß diese Satzung auch eine Rechtfertigungsnorm vorgibt, das Recht zur Selbstverteidigung gegenüber einem bewaffneten Angriff (Art. 51). Die Norm spricht vom Angriff „gegen ein Mitglied der Vereinten Nationen". Ein solches ist die Bevölkerung nicht, die vom eigenen Staat malträtiert wird. Völker kommen dem Völkerrecht als Subjekte des Selbstbestimmungsrechts, Volksteile als individuelle Träger von Menschenrechten in den Blick – das Selbstverteidigungsrecht gegenüber dem bewaffneten Angriff ist zwischenstaatliches Recht, es berechtigt nur Staaten, wenn zuvor Staaten angegriffen worden sind.

Hilft das vertraglich geltende Selbstverteidigungsrecht also nicht weiter, so könnte sich ein Recht zur humanitären Intervention jedoch aus den beiden anderen erwähnten Quellen des Völkerrechts ergeben. Das setzt voraus, daß die genannten Bestimmungen der Satzung der Vereinten Nationen sich nicht als eine abschließende, sich insoweit ungeschriebenem Recht mit Sperrwirkung in den Weg stellende Regelung erweisen. Läßt man diesen (gewichtigen) Einwand beiseite, so ist auch unter Zugrundelegung dieser Prämisse ein Recht zur humanitären Intervention kaum begründbar. Die das Völkerrecht herausbildende und bestätigende Staatenpraxis trägt es nämlich nicht. Zwar erfolgten die vietnamesische Intervention in Kambodscha, die tansanische Intervention in Uganda, die US-amerikanische Intervention in Grenada in den 70er und 80er Jahren angesichts von Konstellationen, bei denen sich wohl argumentieren ließ, die Gewaltausübung sei jeweils auch zur Sicherung humanitärer Belange der Bevölkerungen erfolgt. Aber nur in Ansätzen haben die Intervenienten in dieser Art argumentiert, und noch weniger Anlaß sah die Staatengemeinschaft, ihnen hierbei zu folgen. Ganz überwiegend geht auch die völkerrechtliche Lehrmeinung dahin, eine gewohnheitsrechtlich begründete Befugnis zur von einzelnen Staaten getragenen humanitären Intervention abzulehnen.

Es bliebe theoretisch noch die Möglichkeit, über die Annahme allgemeiner Rechtsgrundsätze zu einem Recht auf humanitäre Intervention zu gelangen. Denn man wird gewiß sagen können, daß allen Rechtsordnungen der Gedanke gemeinsam ist, der rechtswidrig angegriffene einzelne dürfe sich gegenüber dem Angreifer zur Wehr setzen – und der hinzutretende Dritte dürfe Hilfe leisten. Doch helfen solche Beobachtungen letztlich für die Erfassung der völkerrechtlichen Rechtslage nicht weiter. Dem sich wehrenden Rechtssubjekt Mensch korrespondiert in der Völkerrechtsordnung insoweit zunächst der Staat. Auch wenn heute zunehmend der Gedanke Anklang findet, daß auch die Normenwelt der internationalen Beziehungen Legitimation darin finden muß, die Rechte des einzelnen zu wahren und zu fördern, und eine partielle Völkerrechtsbefähigung von Einzelmenschen angenommen werden kann (nämlich soweit sie vor völkerrechtlichen Instanzen gegenüber dem Heimatstaat zur eigenen Rechtsverfolgung imstande sind, wie ansatzweise im europäischen Menschenrechtsschutzsystem), so dürfte doch nicht umstandslos das zwischen Gleichen geltende innerstaatliche Notwehr- und Nothilferecht auf die Situation des einer Staatsgewalt ausgesetzten Individuums übertragen – und damit zugleich die zwischenstaatliche Kompetenzverteilung beiseite geschoben werden.

Das Ergebnis lautet also: Ein Recht zur humanitären Intervention einzelner Staaten kennt das geltende Völkerrecht nicht.

3. Humanitäre Intervention im Rahmen der Friedensordnung der Vereinten Nationen

Gegen das gefundene Ergebnis läßt sich nicht nur rechtspolitisch (also im Sinne eines Diskurses über eine für wünschenswert gehaltene Rechtslage) argumentieren, sondern auch trefflich polemisieren. Ist es nicht geradezu zynisch, mit Überlegungen – wie soeben – zur Systematik des Völkerrechts oder – wie zuvor – zu dem, was die Staaten argumentativ für Recht ausgeben, rechtliche Maßstäbe zur Beurteilung von Extremsituationen gewinnen zu wollen, deutlicher noch: Was ist es für ein Recht, das demjenigen, der dem Gequälten, Verhungernden, Geschändeten zu Hilfe kommen will, eine die Inanspruchnahme von Rechtfertigungsgründen nicht überwindbare Verbotsnorm entgegenhält, den Massenmörder und Vergewaltiger, wenn er nur im staatlichen Gewande daherkommt oder staatliche Instanzen ihn gewähren lassen, aber vor dem Zugriff von außen offenbar schützt? Hierbei ist zunächst daran zu erinnern, daß die internationale Normenordnung entstanden ist, um das Miteinander staatlicher Akteure zu gestalten, ihre Koexistenz und Kooperation im Sinne rechtlicher Gleichheit als Gleichheit vor dem Recht zu ordnen. Die innere Ordnung aber war allein der einzelstaatlichen Regelung und Politikgestaltung überwiesen. Diese Ausgangspunkte sind noch heute bestimmend. Erst infolge der kooperativen Komponente entwickelte das Völkerrecht durch seine Umbildung (auch) zur Menschenrechtsordnung Maßstäbe für die Binnenbereiche der Staaten, ohne aber die Zuständigkeit für die Menschenrechtsdurchsetzung allgemein zu kollektivieren, geschweige denn sie zu individualisieren. Selbst für die im Verhältnis zu Situationen, die die Sinnhaftigkeit humanitärer Interventionen nahelegen, vergleichsweise undramatischere Frage der Reaktionszuständigkeit für menschenrechtswidriges Verhalten unterhalb der Gewaltausübung (etwa: die Erstickung freier Presse) ist noch unklar, ob jede Partei eines Menschenrechtsschutzvertrages gegenüber dem Verletzerstaat zur Ergreifung der üblichen Reaktionsmechanismen des Friedensvölkerrechts, wie dem Protest, der Kündigung eines Vertrages oder seiner Suspendierung berechtigt ist. Für die Einschätzung der Funktionsadäquanz eines jeden rechtlichen Subsystems ist im übrigen zunächst dessen Funktion selbst in den Blick zu nehmen. Sie richtet sich in der rechtlichen Ordnung der internationalen Gemeinschaft zunächst auf die Friedenserhaltung unter als souverän gedachten Gleichen, sie kann nur *in diesem Rahmen* individuelles Wohlergehen von Menschen schützen und fördern. Bleibt es bei einem solchen Rahmen – und das ist vorausgesetzt, solange eine universale staatliche Ordnung nicht einmal am Horizont erscheint –, stellt sich die Frage nach der normativen Zulässigkeit der Hinderung einzelner Staaten an massiver Verletzung von Menschenrechten zu Lasten ihrer Staatsangehörigen anders. Es geht nämlich darum, ob unter Wahrung des beschriebenen Rahmens Mechanismen installiert oder – falls vorhanden – aktiviert werden können, welche die gewaltsame Unterbindung massiver Verletzungen elementarer Menschenrechte ermöglichen, ohne die Ordnung der internationalen Gemeinschaft als *Staatengemeinschaft* aufzulösen.

Dabei ist die objektive Gefahr zu bedenken, einen wie immer beschaffenen Rechtfertigungstatbestand dem Mißbrauch zur Intervention faktisch befähigter Staaten anheim zu geben. Diese Schwierigkeit ist vielleicht nicht unüberwindlich, denn die Mißbrauchbarkeit von Zugriffsrechten ist eine bekannte, auch sonst der Gegensteuerung zugängliche Eigenschaft von Normordnungen. Auch ein Oktroi einseitiger Menschenrechtskonzepte, etwa eines Teils der Ersten gegenüber der Dritten Welt, wäre nicht zwangsläufig zu befürchten, wenn die Zulässigkeit humanitärer Interventionen vorgesehen würde. Es erschiene wohl möglich, einen menschenrechtlichen Grundbestand als Eingriffsschwelle hinreichend präzise zu bestimmen und ihn als universellen Standard zu definieren. Es ist dennoch höchst unwahrscheinlich, daß die Entwicklung in diese Richtung geht, denn es rührte dies an Grundlagen der souveränen Gleichheit. Die Staaten werden nicht einige von ihnen ermächtigt sehen wollen, aus eigenem Entschluß andere Staaten humanitär auf Kurs zu halten, auch wenn sie ihrerseits sicher sein mögen, selbst niemals zu den potentiellen Adressaten zu gehören.

Was *ein* Staat nicht darf, dürfen auch nicht mehrere im Zusammenwirken, kann nur zulässig sein aufgrund vorgängiger völkervertraglicher Legitimation, realistischerweise zu Händen einer *internationalen Organisation*. Beispiele funktionierender regionaler Interventionssysteme gibt es dabei nicht. Im Europa früherer Sphärenteilung bedurfte es ihrer – für die westliche Seite – nicht. Im östlichen Europa bestand ein Interventionsmechanismus, der gerade zur Unterstützung etablierter Regierungen wirkte. Seit in Europa die Nachkriegszeit beendet ist, versagte – symptomatisch – der KSZE-Prozeß. Die NATO ist ein Beistandspakt, der vor Angriff von seiten Dritter, also die Mitglieder vor Nichtmitgliedern schützen soll. In Afrika ist die Organisation der Afrikanischen Einheit lange Zeit nicht wesentlich über eine „Gewerkschaft" der Staats- und Regierungschefs hinausgelangt. Die Organisation der Amerikanischen Staaten hat es noch kaum vermocht, sich insoweit als eigenständig handelndes Instrumentarium darzustellen.

Der Blick richtet sich also in erster Linie auf die Vereinten Nationen. Verfügen diese über Handlungsgrundlagen für die Durchführung dessen, was für das zwischenstaatliche Verhältnis „humanitäre Intervention" genannt würde? Zuständigkeiten der Organe der Vereinten Nationen bemessen sich nach deren Satzung. Nur der Sicherheitsrat ist danach befugt, militärische Operationen zu veranlassen. Art. 39 der Satzung setzt dafür voraus, daß eine Bedrohung oder ein Bruch des Friedens oder aber eine Angriffshandlung festgestellt werden. Bezieht sich der letztere Begriff unzweideutig auf den zwischenstaatlichen Bereich, so können innerstaatliche Vorgänge als Friedensbruch oder Friedensbedrohung erscheinen, wenn und soweit der Begriff des Friedens nicht lediglich den „äußeren" Frieden zwischen Staaten, sondern allgemeiner die Friedenslage im Hinblick auf die Gesamtheit der Völkerrechtssubjekte erfaßt, jedenfalls insoweit, als aus Brüchen inneren Friedens Auswirkungen auf den äußeren Friedenszustand erwachsen können. Im völkerrechtlichen Schrifttum wurde das lange Zeit verneint bzw. skeptisch beurteilt.

Ansätze zu einer erweiternden Interpretation oder Konzeption zeigten sich allerdings in der Praxis des Sicherheitsrates bereits seit den 60er Jahren, nämlich in Resolutionen, in denen zur nach der einseitigen Unabhängigkeitserklärung im seinerzeitigen Rhodesien entstandenen inneren Situation Stellung bezogen wurde, später auch in der Behandlung der Apartheidpolitik Südafrikas, 1991 dann betreffend die irakische Repression der Kurden, wobei allerdings an die (grenzüberschreitenden) Flüchtlingsbewegungen aus dem Irak angeknüpft wurde, nicht allgemein von Menschenrechtsverletzungen die Rede war. Besonders markant sind die Resolutionen 731 bzw. 748 vom Januar bzw. März 1992 im Zusammenhang mit der Strafverfolgung der für das Lockerbie-Attentat verantwortlichen Personen. Hier wird zum Ausdruck gebracht, daß auch wirtschaftliche, soziale, ökologische und humanitäre Instabilitäten zu Friedensbedrohungen im Sinne der UNO-Charta erwachsen können. Internationaler Terrorismus wird ausdrücklich benannt. Man wird dieser Praxis den Grundgedanken entnehmen können, daß Konstellationen gewaltsamer Auseinandersetzungen den Sicherheitsrat auch dann zu Maßnahmen berechtigen sollen, wenn ein Angreiferstaat nicht eindeutig feststellbar ist, oder wenn staatliche Gewalt derart erodiert, daß ein Territorium in Anarchie versinkt – die Gefahr der Erweiterung des Konfliktfeldes immer vorausgesetzt.

Sieht man in diesem Sinne den Sicherheitsrat als grundsätzlich befugt, durch Maßnahmen nach dem VII. Kapitel der Satzung der Vereinten Nationen auf innere Friedensbrüche zu reagieren, so stellt sich allerdings die weitere Frage, ob die allein zur Verhängung militärischer Eingriffsmaßnahmen befugende Vorschrift des Art. 42 der Satzung nur von den Vereinten Nationen selbst durchgeführte Aktionen meint (worauf der Wortlaut deutet) – oder aber auch die Ermächtigung an einzelne Staaten deckt, ihrerseits derartige Aktionen durchzuführen (wie es zunächst im Golfkrieg geschah). Der hierüber geführte – auch: juristische – Streit kann an dieser Stelle nicht entfaltet werden, wobei der Hinweis genügen soll, daß wohl die besseren Argumente dafür sprechen, die Zulässigkeit einer Ermächtigung auch des Handelns einzelner Staaten anzunehmen. Darauf basiert auch die zur Operation UNOSOM ermächtigende Resolution 751 des Sicherheitsrates vom 24. April 1992 betreffend Somalia. Für das in diesem Beitrag verfolgte Erkenntnisinteresse muß jedenfalls die Feststellung reichen, daß das normative Friedenssicherungssystem der Vereinten Nationen „Beauftragungen" zur einzelstaatlichen Gewaltanwendung faktisch nicht verhindert hat. Was das allgemeine Völkerrecht den einzelnen Staaten verwehrt, kann ihnen danach durch ermächtigenden bzw. auffordernden Beschluß des Sicherheitsrates – gebunden an die dortigen Abstimmungskautelen (also nicht gegen den Willen eines der ständigen Mitglieder) – durchaus gestattet werden. Sogar die humanitäre Intervention eines einzelnen Staates ist unter dieser Voraussetzung denkbar, politisch zu realisieren wohl nur die jedenfalls dem äußeren Anschein nach kollektive Aktion einer Staatengruppe. Dabei ist zu bedenken: Das Unterbleiben eigenständiger Regieführung durch den Sicherheitsrat, bei faktischer Dominanz eines oder einzelner Staaten, welche zu Interventionen willens und in der Lage sind, stellt tendenziell die Akzeptanz und damit eine wichtige Voraussetzung der Funktionsfähigkeit des Systems in Frage, wie auch anläßlich des Somalia-Konflikts zu bemerken. Das leitet zu abschließenden Bemerkungen über.

4. Vorboten einer „neuen" Weltordnung?

Erscheint das bisher beschriebene Bild durch das Postulat einer „neuen" Ordnung verändert, trägt solchen Postulaten womöglich bereits die Somalia- oder Jugoslawien-Politik der Vereinten Nationen mit neuen, in früheren Fällen keine Entsprechung findenden Facetten Rechnung? An beide Konfliktherde hat der Sicherheitsrat zunächst Blauhelm-Missionen entsandt, ihnen aber eigenständige Kampfziele in Jugoslawien nicht vorgegeben. Der Somalia-Einsatz war zunehmend geprägt vom Ziel der Verhinderung jeglicher örtlicher Gewaltausübung und der Beseitigung der sachlichen Voraussetzungen hierzu, um so die Entstehungsvoraussetzungen für die Ausbildung einer staatlichen Gewalt erst wieder zu schaffen.

Anders als im Golfkrieg fand in *Jugoslawien* der nachhaltige Versuch der Wiederherstellung eines territorialen Status quo letztlich nicht statt. Das diesbezügliche Handeln des Sicherheitsrats leistete im Gegenteil, so will es Mitte 1993 scheinen, hier der Stabilisierung durch Annexionen, die im Verbund mit Vertreibungs- und Tötungsmaßnahmen geschaffen worden sind, Vorschub, ohne allerdings solche Landnahmen ausdrücklich zu legitimieren. Doch bewirkt in der internationalen Ordnung – so läßt es das Völkerrecht geschehen – auch die schlichte Hinnahme letztlich die Legitimation. Der Sicherheitsrat ging die zwischenstaatlich-kriegerische Dimension des Konflikts nicht parteinehmend an, auch nicht vor dem Hintergrund eines rechtlich möglichen Eingreifens zum Schutz von Bevölkerungsteilen, sondern er beschränkte sich auf Maßnahmen zur Absicherung humanitärer Hilfe durch Versorgung mit Nahrungsmitteln und Medikamenten. In einer Vielzahl von Resolutionen hat er dabei aber – jedenfalls seit der Resolution 771 vom 13. August 1992 – keine Zweifel übrig gelassen, daß die speziell in Bosnien-Herzegowina verübten Menschenrechtsverletzungen ein die Eingriffsbefugnis des Rates begründendes Ausmaß erreicht hatten. Für die allgemeine Diskussion um humanitäre Interventionen im Sinne der oben beschriebenen Begrifflichkeit, also solche wegen Menschenrechtsverletzungen im Binnenbereich eines Staates, ist diese Resolutionspraxis jedoch wenig ergiebig, jedenfalls nicht weiterführend. Die Zuordnungsmuster einer humanitären Interventionslage passen für den Jugoslawien-Konflikt partiell durchaus, soweit nämlich die Verfolgungsmotive ethnisch differenzieren, doch wurde das diesbezügliche Eingriffspotential nicht in Anspruch genommen. Die Behandlung des Konflikts durch den Sicherheitsrat deutet in ihrer Zurückhaltung andererseits auch nicht etwa darauf, daß der Einsatz militärischer Mittel nunmehr künftig in vergleichbaren Lagen für unzulässig gehalten werden müßte. Das Unterbleiben einer Inanspruchnahme von Kompetenzen und Befugnissen führt im Völkerrecht im allgemeinen gewiß unter geringeren Anforderungen zum Erlöschen solcher Befugnisse, vergleicht man es mit der Situation in innerstaatlichen Rechtsordnungen. Doch kann derartiges hier nicht angenommen werden, solange sich der Sicherheitsrats bzw. die Staatgemeinschaft nicht selbst durch die Manifestierung diesbezüglicher Rechtsüberzeugungen oder auch, Gegenschlüsse veranlassend, durch die Etablierung einschränkender Handlungsvoraussetzungen die Spielräume beschränken. Auch insoweit dürfte die Sicherheitspraxis zum Jugoslawienkonflikt nichts hergeben, was über die ohnehin anerkannte Bindung an den Grundsatz strikter Verhältnismäßigkeit der Mittel hinausführen würde. Es bleibt also bei einem weiten Raum politischen Ermessens, und anders als bei rechtsstaatlich eingebundener innerstaatlicher Gewalt ist das Gremium der internationalen Friedenssicherung normativ nicht verpflichtet, sich „folgerichtig", „konsequent", „willkürfrei" zu verhalten. Hinweise wie derjenige, daß sich in Kuwait, anders als in Jugoslawien, reiche Erdölvorkommen befinden, und daß sich das Horn von Afrika in unmittelbarer Nähe der Golfregion befindet, sind zutreffend. Daß die von diesem Umstand mitgeprägte Interessenlage für Abwägungen prominenter ständiger Mitglieder des Sicherheitsrats nicht bedeutungslos war und ist, darf angenommen werden, ist aber rechtlich ohne Bedeutung.

Die *somalische* Krise betrifft – insoweit anders als der Jugoslawien-Konflikt – einen in allererster Linie internen Konflikt, welcher seine Internationalität allein aus dem Gefährdungspotential bezieht, das über das Gebiet des Staates Somalia weit hinausreicht. Auch ohne diesen letztgenannten Umstand war der Sicherheitsrat gemäß den oben ausgeführten Grundsätzen und vor allem im Licht der anläßlich des Lockerbie-Zwischenfalls erkennbar gewordenen Kriterien am Einschreiten nicht gehindert. Dies auch deshalb, weil in Somalia letztlich kein der Intervention sich entgegenstellender staatlicher Wille mehr auszumachen war. Als Staat ist Somalia rechtlich zwar existent, faktisch aber seit längerem in Auflösung befindlich (wie es sich auch an dem Umstand erkennen läßt, daß sich somalische Diplomaten veranlaßt fühlten, in der Bundesrepublik soziale Hilfeleistungen zu beantragen). Diese Zerfallssituation ließ es im Verlauf der Krise sogar als möglich erscheinen, eine konkrete Konfliktpartei, die für sich – und nicht ohne Unterstützung von Teilen der Bevölkerung – die Legitimation zur Rekonstituierung somalischer Staatsgewalt in Anspruch nahm, die Aideed-Gruppe, unmittelbar zur Ergreifung freizugeben – bis hin zur (wohl präzedenzlosen) Auslobung einer Belohnung für die Festsetzung ihres Anführers.

An der Resolutionspraxis des Sicherheitsrats zu Somalia ist noch ein anderer Punkt bemerkenswert. Vor allem die Resolution 814 vom 26. März 1993, welche das Unternehmen UNOSOM II beschloß, suchte nach Differenzierungen zur Abgrenzung des Einsatzauftrages, die in die Richtung „humanitäre Aktion" gehen. Inwieweit angesichts des in der Weltorganisation verbreiteten Bestrebens, die Bundesrepublik Deutschland an dem Somalia-Einsatz zu beteiligen, die hiesige Verfassungslage (die Entscheidung des Bundesverfassungsgerichts vom 23. Juni 1993, ergangen im Verfahren der einstweiligen Anordnung, ließ erkennen, daß das Karlsruher Gericht die Rechtslage jedenfalls als nicht eindeutig erachtete) zu derartigen Differenzierungen Anlaß gegeben hat, läßt sich nicht verläßlich klären. Augenfällig ist jedenfalls, daß die Resolution humanitäre Aufgaben der Kontingente strikt von Gewaltanwendung (etwa bei der Entwaffnung bzw. der Durchsetzung des Embargos) unterschieden wissen will. Daß auch „humanitäre Aufgaben" (wie die Sicherung der Verteilung von Hilfsgütern und die Repatriierung von Flüchtlingen) Gewaltanwendung erfordern können, ist offensichtlich und auch im Verlauf des Somalia-Einsatzes alsbald deutlich geworden. Vielleicht wird dies als ein weiteres Beispiel für Versuche gelten müssen, durch semantische Spitzfindigkeit Entscheidungsschwächen zu verdecken und die fehlende Bereitschaft, sich zu dem politisch an sich Gewollten zu bekennen, durch kompromißhafte Sprache zu verdecken. Jedenfalls kann aus diesen Umständen nicht einmal in Ansätzen auf die Herausbildung eines Normativbegriffs der humanitären Aktion geschlossen werden, welcher sich trennscharf unterschiede von der humanitären Intervention.

Die internationalen Versuche zur Bewältigung des Jugoslawien- und des Somalia-Konflikts lassen, betrachtet man sie gesamthaft aus der Perspektive der internationalen Normenordnung sowie im Kontext früherer Bemühungen der Vereinten Nationen um Konfliktlösung von außen, demnach wenig erkennen, was sich als grundlegend „neue" Ordnung darstellt. Die

Verfahren, die Maßstäbe, die Institutionen, welche eine kollektive, im Namen der in den Vereinten Nationen verfaßten Völkerrechtsgemeinschaft erfolgende Intervention gegen massive Menschenrechtsverletzungen in einzelnen Staaten ermöglichen, stehen zur Verfügung. Daß von ihnen Gebrauch gemacht werde, kann die Normenordnung als solche nicht gewährleisten. Sie kann nur Eingriffstatbestände und das Verfahren ihrer Inanspruchnahme regeln. Und gerade die Beispiele Somalia und Jugoslawien scheinen zu belegen, daß es zu solcher Inanspruchnahme faktisch nur kommen wird, wenn die Intervenienten auf Träger staatlicher Gewalt nicht mehr treffen. Sind solche vorhanden, lösen selbst massive Menschenrechtsverletzungen Interventionen noch immer nicht aus, wenn nicht weitere Eingriffsmotive hinzutreten.

Literaturhinweise

Ipsen, K., Auf dem Weg zur Relativierung der inneren Souveränität bei Friedensbedrohung. Zu den Libyen-Resolutionen des Sicherheitsrats. In: Vereinte Nationen 2 (1992), S. 41–45.
Kunig, Ph., Intervention – Rechtsbegriff oder politisches Schlagwort? In: Sicherheit + Frieden 2 (1986), S. 72–78.
Randelzhofer, A., Neue Weltordnung durch Intervention? Festschrift für P. Lerche, München 1993, S. 51–63.
Weber, H., Der Jugoslawien-Konflikt und die Grenzen des Selbstbestimmungsrechts der Völker. In: Humanitäres Völkerrecht 1 (1993), S. 4–13.

Frank Sandvoss
Friedensdividende oder Neue Arbeitslosigkeit?
Demobilisierungsprogramme im subsaharischen Afrika

Langsam erst kristallisiert sich heraus, daß sich die Rahmenbedingungen für die afrikanischen Staaten nach dem Ende des Kalten Krieges dramatisch verändert haben, daß bewährte Muster umdefiniert werden müssen. Afrika – dessen randständige Position in der Weltpolitik wohl nur vorübergehend durch die geliehenen Vorteile einer Politik zwischen den Blöcken überlagert worden war – gerät wieder eindeutig an den Rand des Geschehens. Mit dem Verlust einer gewissen strategischen Position und dem gleichzeitig explodierendem Finanzbedarf für die als notwendig erkannte Rehabilitierung der Staaten Osteuropas und der Nachfolger der ehemaligen Sowjetunion wendet sich das Interesse wichtiger Geber anderen Regionen zu. Es ist bezeichnend, daß die Neubewertung der US-Interessen in Afrika nach dem Ende des Kalten Krieges prompt zur Streichung von 70 Stellen im Bureau of African Affairs des State Department führte und die Schließung von Botschaften oder Konsulaten in Kenia, Kamerun, Nigeria und den Komoren nach sich zog.

Schwarzafrikas Bedeutung als Wirtschaftsregion ist im Vergleich zu früher weiter gesunken. Während private Direktinvestitionen in Lateinamerika sich seit 1985 etwa verdreifachten und in Ostasien gar verfünffachten, gingen sie in Afrika zurück. Kriege, eine lange Dürreperiode und Aids sind Stichworte, die die düsteren Aussichten charakterisieren. Dem steht allerdings ein anderer, von den Industrieländern des Westens wohlwollend beobachteter Trend gegenüber: in einer ganzen Reihe von Ländern Schwarzafrikas setzt sich eine Bewegung hin zu politischer wie wirtschaftlicher Liberalisierung durch. Für etliche Entscheidungsträger im Norden mag dies der wichtigste Grund sein, den Kontinent noch nicht völlig abzuschreiben.

Positiv an dieser Entwicklung ist sicherlich, daß die Anführer der ehemals verfeindeten Blöcke heute kaum noch Interesse daran haben, Stellvertreterkriege in Afrika zu schüren – im Gegenteil: es setzt sich immer mehr eine von den USA geführte Koalition durch, die im Interesse der globalen Stabilität auf die Eindämmung von Konflikten setzt, notfalls auch zur gewaltsamen Durchsetzung von Friedensprozessen wie beispielsweise in Somalia bereit ist.

Diese Entwicklung wirkt sich unmittelbar auf die Rüstungs- und Militärpolitik aus. Weltweit sind in den letzten Jahren die Militärausgaben deutlich gesunken. Auch in den afrikanischen Staaten gingen die Rüstungsausgaben zurück: von 1984 bis 1990 von 13,6 auf 12 Mrd. US-$. Die mehrere Milliarden schwere „Friedensdividende" ging aber in allen betroffenen Ländern in den reichlich vorhandenen Budgetdefiziten unter, ohne daß der Spielraum – wie vielfach gefordert – für eine massive Anstrengung zugunsten der Entwicklungsländer genutzt wurde. Ein Teil der gesparten Mittel wurde auch für die Finanzierung von immer umfangreicheren und kostspieligeren UNO-„Blauhelmmissionen" verwendet.

Während also einerseits die Beendigung von Kriegen oder regionalen Spannungen den Spielraum für einen Truppenabbau in Afrika tatsächlich vergrößern oder doch zumindest die Legitimation großer Streitkräfte erschweren, sorgen andererseits die Geber mit mehr oder weniger sanftem Druck für eine Reduzierung der Militärausgaben in den Entwicklungsländern. So hat die Bundesregierung eindeutig erklärt und teilweise durch entsprechende Finanzentscheidungen unterstrichen, daß überhöhte Militärausgaben durch Streichungen bei der Entwicklungshilfe bestraft würden.

Im Zuge dieser Entwicklung werden in verschiedenen Staaten Afrikas Möglichkeiten des Truppenabbaus geprüft bzw. sind die Streitkräfte bereits abgebaut worden:
- in Mosambik wurde mit dem Friedensvertrag zugleich die Demobilisierung der FPLA und der RENAMO sowie der Neuaufbau einer gemeinsamen Armee verabredet, wobei insgesamt mehr als 100 000 Soldaten entlassen werden sollen,
- die Regierung von Uganda hat verkündet, daß die Sicherheitslage im Lande sich jetzt so weit entspannt habe, daß die

80 000 Mann starke Armee während der nächsten drei Jahre um ca. 50 000 reduziert werden solle,
- in Äthiopien wurde nach der Niederlage der Regierungstruppen Mengistus eine ganze Armee, mit mehr als 500 000 Mann zu jener Zeit die größte in Schwarzafrika, von der siegreichen Guerilla nach Hause geschickt,
- im südlichen Afrika ergibt sich mit dem vollzogenen bzw. konkret möglich gewordenen friedlichen Wandel (Namibia, Südafrika) sowie dem zwar unterbrochenen, langfristig aber wohl kaum aufzuhaltenden Friedensprozeß in Angola die Chance zu einer massiven Demobilisierung von Soldaten und Guerillakämpfern.

Der Umfang des für die nächsten Jahre geplanten Truppenabbaus kann zwar nur ungefähr geschätzt werden, man muß aber davon ausgehen, daß es sich um mehrere Hunderttausend Soldaten handelt. Einen großen Unsicherheitsfaktor dabei bildet der Verlauf der Friedensprozesse in einigen Ländern. Das Beispiel Angola hat gezeigt, wie schnell ein geplanter Truppenabbau zusammen mit dem Friedens-/Demokratisierungsprozeß kippen und in einen neuen Waffengang umschlagen kann.

So unterschiedlich die Situation der einzelnen Länder ist, in denen ein nennenswerter Truppenabbau geplant oder schon vollzogen worden ist, so vielfältig sind die Probleme, die sich bei dem Versuch stellen, die Ex-Soldaten in die Gesellschaft zu integrieren. Die Veteranen kehren siegreich oder geschlagen zurück, sie werden als Täter oder Opfer gesehen, sie haben in der Armee vielleicht eine technische Ausbildung erhalten oder aber auch nur das Plündern gelernt, sie sind gesund, arbeitswillig und arbeitsfähig oder verstümmelt an Leib und Seele und mit Aids infiziert.

Viele Länder, die vor dem Problem stehen, eine große Zahl dieser Männer – Frauen sind nur selten betroffen – zu integrieren, sind nach jahrelangen Bürgerkriegen in einem trostlosen Zustand. Die Kriege am Horn und im südlichen Afrika haben nicht nur Straßen, Brücken und Eisenbahnen, sondern auch vielfach die sozialen Strukturen nachhaltig zerstört. In dieser Situation ist es für viele „Heimkehrer" häufig unmöglich, wieder in den Familienverband einzutauchen und die gewohnte Tätigkeit auf dem Feld oder in einem Handwerk wieder aufzunehmen. Ökonomische Perspektivlosigkeit, soziale Deklassierung, in vielen Fällen traumatische Erlebnisse, z. B. bei den sogenannten „Kindersoldaten", erschweren oder verhindern oft eine erfolgreiche Reintegration.

Neben psycho-sozialen und rechtlichen Problemen steht die Frage von Beschäftigung und Einkommen im Zentrum der Bemühungen um eine Reintegration der Betroffenen. Dabei stellt sich das Beschäftigungsproblem in der Regel für die zu entlassenden Soldaten vor dem Hintergrund eines kaum wachsenden, in vielen Ländern gar absolut schrumpfenden Arbeitsmarktes. Gleichzeitig laufen Entlassungsaktionen aus dem Öffentlichen Dienst im Zuge von Strukturanpassungsprogrammen und zusätzlich sind Hunderttausende, manchmal Millionen von Flüchtlingen und Rückkehrern zu versorgen. Die Chancen der Ex-Soldaten auf dem Arbeitsmarkt könnten kaum schlechter sein.

Massenhafte Entlassungen von Soldaten sind aber durchaus keine „normalen Massenentlassungen". Demobilisierungsaktionen größeren Umfangs beinhalten immer – neben dem allgemeinen Beschäftigungsproblem – den Aspekt einer Gefahr für die öffentliche Sicherheit. In vielen Ländern Afrikas haben die Ex-Soldaten während ihrer Dienstzeit nicht viel mehr gelernt, als sich mit der Waffe in der Hand selbst zu versorgen. Viele Regierungen müssen befürchten, daß diese Form der Selbsthilfe um sich greift, wenn die Ex-Soldaten nach ihrer Entlassung nicht einigermaßen zügig in die Gesellschaft integriert werden können.

Umso wichtiger sind Maßnahmen zur Unterstützung der Reintegration der angesprochenen Zielgruppen. Der Zwang, in dieser Hinsicht schnell und effektiv, aber auch nachhaltig tätig zu werden, stellt die Organisationen der Entwicklungszusammenarbeit vor eine neue Herausforderung.

Im folgenden soll die Situation in einigen Ländern Schwarzafrikas, in denen größere Demobilisierungsaktionen geplant oder schon umgesetzt worden sind, nachgezeichnet werden.

1. Äthiopien

Am Ende des siebzehnjährigen Bürgerkrieges in Äthiopien zählte die Armee von Mengistu Haile Mariam mehr als 500 000 überwiegend wehrpflichtige Soldaten, die sich mit wenig Begeisterung gegen bewaffnete Oppositionsgruppen verteidigten. Nach dem Sturz Mengistus im Mai 1991 kam es zu einer der spektakulärsten Demobilisierungsaktionen der jüngeren Geschichte: die geschlagene Armee wurde quasi über Nacht vollständig abgebaut. Etwa 250 000 Soldaten wurden anfangs in Camps zur Registrierung und „Reorientierung" versammelt, während der Rest der Armee sich selbst „demobilisierte", d. h. sich auf den Weg in die Heimatgebiete machte und dabei oft die Waffen mitnahm. Später entschieden sich weitere 150 000 Ex-Soldaten, sich durch die inzwischen eingerichteten Regionalbüros der für die Rehabilitierung von Ex-Soldaten zuständigen Kommission registrieren und damit legalisieren zu lassen.

Die äthiopische Übergangsregierung wollte anfangs die Soldaten in den Camps behalten, bis ein umfassendes, von der internationalen Gebergemeinde finanziertes Reintegrationsprogramm vorbereitet und dessen Durchführung begonnen hatte. Auf Drängen und mit Unterstützung von internationalen Organisationen wurden jedoch relativ bald alle Ex-Soldaten entlassen, ohne daß ein solches Reintegrationsprogramm in Angriff genommen worden wäre.

Während der ersten Monate der Demobilisierung registrierte das Internationale Komitee des Roten Kreuzes die Rückkehr der Ex-Soldaten in ihre Heimatregionen und unterstützte sie durch die Verteilung von Nahrungsmitteln und Taschengeld. Diese Unterstützung wurde bis etwa Februar 1992 fortgeführt und war sicher sehr hilfreich, obwohl sie offenbar nur einen Teil der Zielgruppe erreichte und dies auch nur sporadisch und nicht – wie vorgesehen – monatlich.

Noch im Sommer 1991 hatte die äthiopische Übergangsregierung mit Hilfe des Welternährungsprogramms der Vereinten Nationen, WFP, und der Internationalen Arbeitsorganisation, ILO, einen Vorschlag für ein Reintegrationsprogramm ausge-

Tabelle 1: Veränderungen der Truppenstärke ausgewählter Staaten Afrikas

Land	Truppenstärke 1990	1991	1992	paramilitär.	Truppenabbau 1990-92	geplanter Abbau	Opposition
Angola	100 000	100 000	150 000	7 000	-50 000	125 000	150 000
Äthiopien	315 800	500 000	125 000	0	500 000	50 000	20 000
Djibouti	3 130	2 900	2 800	1 200	330	0	3 000
Liberia	5 800	7 800	3 000	0	2 800	0	3 000
Libyen	85 000	85 000	85 000	5 500	0	0	2 000
Marokko	192 500	192 500	195 500	5 000	-3 000	0	15 000
Mosambik	65 000	72 000	58 000	305 000	7 000	107 000	20 000
Namibia	0	9 000	10 000	0	-10 000	0	0
Nigeria	94 000	94 000	94 000	1 000	0	34 000	0
Simbabwe	49 500	54 600	54 600	38 000	-5 100	0	
Südafrika	77 500	77 000	72 400	0	5 100	2 000	10 000
Tschad	45 000	47 000	47 355	0	-2 355	22 355	1 000
Uganda	80 000	80 000	80 000	0	0	50 000	500
Summe	1 113 230	1 321 800	977 655	362 700	444 775	390 355	224 500

arbeitet, das innerhalb von 18 Monaten 250 000 Ex-Soldaten, also diejenigen, die sich zu der Zeit offiziell hatten registrieren lassen, zugute kommen sollte. Der Plan sah vor, ca. 160 000 Ex-Soldaten in ländlichen Gebieten als Farmer anzusiedeln und jedem von ihnen, nach einem kurzen landwirtschaftlichen Training, einen Hektar Land, einen Ochsen, Saatgut und Gerät zur Verfügung zu stellen. Etwa 90 000 Ex-Soldaten, die voraussichtlich in städtische Gebiete zurückkehren würden, sollten handwerklich ausgebildet werden und eine Starthilfe in Form von Geräten und Ausstattung bekommen. Dieses Programm, dessen Kosten mit 156 Mio. US-$ kalkuliert waren, fand jedoch keine internationale Unterstützung und ist nie realisiert worden. Hauptgründe dafür waren wohl die wenig überzeugende Konzeption („Paketlösung") und die Tatsache, daß die äthiopische Regierung das Programm durch die eigens eingerichtete „Commission for the Rehabilitation of the Members of the Former Army and Disabled War Veterans" selbst durchführen wollte. Da die internationale Gebergemeinde wenig Neigung verspürte, sich auf die Rolle von Geldgebern einer Administration beschränken zu lassen, die (noch) nicht ihr Vertrauen besaß, begannen einige Geber mit bilateralen Programmen.

Als erstes Geberland entsprach die Bundesrepublik der Bitte der äthiopischen Regierung um Hilfe bei dem Wiedereingliederungsprogramm und bewilligte 6 Mio. DM für ein dreijähriges Projekt zur „Reintegration von Ex-Soldaten, Vertriebenen und Flüchtlingen". Die bundeseigene Gesellschaft für Technische Zusammenarbeit, GTZ, begann bereits im Januar 1991 mit der Umsetzung des Projekts, dessen Besonderheit eine auf Reaktionsschnelligkeit und Flexibilität bei der Wahl der einzusetzenden Instrumente optimierte Organisation ist. Das Projekt, das mit äthiopischem Personal arbeitet und lediglich von einem deutschen Berater als Projektmanager geführt wird, besteht im Prinzip aus einem offenen Fonds, mit dessen Hilfe von Dritten durchgeführte Einzelmaßnahmen administrativ, logistisch und finanziell unterstützt werden. Bislang wurden etwa 30 Einzelmaßnahmen, die von unterschiedlichen, zumeist basisnahen

Nichtregierungsorganisationen geplant und vorgeschlagen wurden, nach einer kurzen Prüfung umgesetzt. Die Aktivitäten des Projekts umfassen dabei neben der Mittelbereitstellung und Fondsverwaltung die Erfolgskontrolle, die Organisation und Finanzierung lokaler Kurzzeitfachkräfte als technische Berater, die Unterstützung bei der Beschaffung von Sachgütern und andere Dienstleistungen.

Die Palette der Einzelmaßnahmen reicht von der Bereitstellung einer Erstausrüstung, d. h. Saatgut und Werkzeuge, für landwirtschaftliche Ansiedler über Schnellkurse in einfachen Handwerken in Verbindung mit Kleinkrediten zum Aufbau kleinstgewerblicher Unternehmen bis zu reinen Beschäftigungsprogrammen, bei denen Gruppen von mehreren Hundert Ex-Soldaten gemeinsam mit anderen bedürftigen Mitgliedern der jeweiligen Gemeinden Straßen bauen, Terrassen anlegen, rehabilitieren oder bepflanzen oder in Handarbeit Erddämme errichten, die ganzjährig nutzbare Wasserreservoirs ergeben. Von solchen Maßnahmen haben bisher ca. 15 000 Mitglieder der Zielgruppe direkt profitiert, mehrere zehntausend Menschen sind als Familienangehörige oder Nutznießer der „Arbeitsprodukte" indirekt Begünstigte. Es ist vorgesehen, das Programm nach seinem Auslaufen Ende 1994 in einen allgemeinen Selbsthilfeförderungsfond zu überführen.

2. Uganda

Die Regierung Ugandas hat Anfang 1992 angekündigt, die Armee in einem Dreijahreszeitraum um 50 000 Mann verkleinern zu wollen und für dieses Projekt um entsprechende internationale Unterstützung ersucht. Neben finanziellen Zwängen wird das Programm mit der entscheidend verbesserten Sicherheitslage begründet. Uganda wird bei diesem Vorhaben, das seit Mitte 1992 konkret vorbereitet wird und jetzt voll in der Umsetzung ist, von der Weltbank und einigen bilateralen Gebern, darunter der Bundesrepublik, unterstützt.

Der Aktionsplan für den Truppenabbau, von dem eigens von der Regierung eingerichteten „Uganda Veterans Assistance

Board" (UVAB) mit Hilfe der Weltbank erarbeitet, sieht einen Ablauf in zwei Phasen vor: zunächst werden die zur Entlassung anstehenden Soldaten in Auffanglagern gesammelt, registriert, entwaffnet und mit Zivilkleidung versehen. Anschließend erfolgt der Transport in die Heimatregion und die Ausgabe eines „Reintegrationspakets", das aus Bargeld, einem Satz Handwerkszeug und Wellblech für den Bau einer Unterkunft besteht. An diese erste Phase schließt sich ein Programm für die langfristige soziale und ökonomische Reintegration an, das aber erst in Umrissen erkennbar ist und dessen Finanzierung noch völlig offen ist.

Die Demobilisierung in Uganda ist hauptsächlich aus finanziellen Gründen in Angriff genommen worden. Zwar kostet die Demobilisierung zunächst einmal 32 Mio. US-$, aber man erhofft sich schon im ersten Jahr der Umsetzung Einsparungen bei den Verteidigungsausgaben, die zuletzt 37 % der gesamten Staatsausgaben ausmachten, von real 14 %.

Während die unmittelbare Demobilisierungsphase relativ starke Unterstützung durch verschiedene Geber erfuhr, hat bisher nur die Bundesrepublik ein Programm für langfristige Integrationsmaßnahmen ins Leben gerufen. Die Unterstützung besteht seit Dezember 1992 in der Beratung des UVAB durch zwei GTZ-Experten und der Bereitstellung von 5 Mio. DM aus Mitteln der Kreditanstalt für Wiederaufbau. Es ist vorgesehen, daß UVAB/GTZ ähnlich wie in Äthiopien einzelne Reintegrationsmaßnahmen, d. h. Arbeitsprogramme, Training und Kredit für Existenzgründer etc., an Durchführungsorganisationen vergibt und das gesamte Programm koordiniert und logistisch unterstützt.

Das Demobilisierungsprogramm in Uganda ist insofern problematisch, als die Ex-Soldaten in der Bevölkerung mit deutlicher Distanz, wenn nicht mit Sorge und Angst betrachtet werden. Die Soldaten der National Resistance Army sind in den letzten Jahren für Disziplinlosigkeiten und Übergriffe gegen Zivilisten bekannt geworden und es wird befürchtet, daß sich Unmut über die Entlassung und mangelnde ökonomische Perspektiven wiederum gewaltsam entladen wird. Tatsächlich hat das UVAB offen angekündigt, daß sich die Armee bei der Auswahl der zu Entlassenden gerade der problematischen Fälle entledigen wird, also z. B. der disziplinlosen Soldaten, der kranken (Sucht, Aids etc.) und der Ausländer. Wenn man bedenkt, daß der Anteil der HIV-positiven Ex-Soldaten auf ca. 25 % geschätzt wird, kann man sich etwa vorstellen, was dies für die Planung und Durchführung von Reintegrationsmaßnahmen bedeutet.

In der Zwischenzeit ist die erste Phase der Demobilisierung mit der Entlassung von etwa 20 000 Soldaten weitgehend abgeschlossen worden. Es liegen allerdings noch keine Berichte von internationalen Beobachtern vor, die Aufschluß darüber geben, ob es dabei zu Problemen gekommen ist.

3. Mosambik

Mosambik schickt sich an, im Verlauf des Friedensprozesses 107 000 Angehörige der FAPLA und der RENAMO gleichzeitig mit dem Aufbau einer gemeinsamen Armee zu demobilisieren. Man geht davon aus, daß mit den Familienangehörigen der Soldaten insgesamt 321 000 Personen reintegriert werden müssen. Der Prozeß läuft unter der Koordination und Überwachung der Vereinten Nationen, die schon die Entlassung der Soldaten beobachten sollen. Es ist vorgesehen, daß sich die Regierungssoldaten in 29, die der RENAMO in weiteren 20 Auffanglagern sammeln sollen, wo sie registriert und entwaffnet und auf den Transport in ihre Heimatregion vorbereitet werden sollen.

In Mosambik – ähnlich wie auch in Angola – ist die Demobilisierung integraler Bestandteil eines von außen vermittelten und überwachten Friedensprozesses. Der Erfolg entscheidet hier nicht nur über ökonomische Aussichten, Militärausgaben einsparen zu können, sondern ist unabdingbare Voraussetzung dafür, daß der blutige Bürgerkrieg überhaupt beendet werden kann. Entsprechend intensiv ist hier das Engagement der UNO, die auf allen Ebenen, politisch, militärisch und humanitär, *involviert* ist.

Am 15. Oktober 1992 trat das Friedensabkommen zwischen der Regierung von Mosambik und der RENAMO in Kraft. Am gleichen Tag traf ein Vorauskommando der UNOMOZ, der

United Nations Operations in Mozambique, in Maputo ein. Die UNO haben sich in Mosambik vorgenommen
1. die Umsetzung des Friedensvertrages politisch zu unterstützen,
2. den Waffenstillstand, die Zusammenfassung der Truppen von FPLA, RENAMO und anderen bewaffneten Gruppen in Auffanglagern, ihre Registrierung und Entwaffnung zu überwachen,
3. die Aktivitäten der Polizei und die Menschenrechtssituation zu kontrollieren,
4. die ökonomische und soziale Reintegration der entlassenen Soldaten zu planen und zu organisieren,
5. den Wahlprozeß zu überwachen und technisch zu unterstützen und
6. die humanitäre Unterstützung besonders für Flüchtlinge, Vertriebene und demobilisierte Soldaten, zu koordinieren.

Es ist vorgesehen, daß bis zu 8000 UNO-Soldaten den Prozeß in Mosambik begleiten sollen. Ein größeres Kontingent ist bereits vor Ort, aber der Demobilisierungsprozeß verzögert sich noch wegen politischer Differenzen zwischen den beteiligten Parteien. Es gibt Hinweise darauf, daß die RENAMO aus taktischen Gründen zögert, die Kämpfer in den Auffanglagern zu sammeln, weil sie nicht früher als unbedingt nötig deren genaue Zahl offenbaren will. Jedenfalls wurde der in dem Friedensvertrag vorgesehene Prozeß dadurch verzögert, daß die RENAMO noch kein Hauptquartier in Maputo eingerichtet hat bzw. einrichten konnte. In etlichen Landesteilen wurden inzwischen ernsthafte Verstöße gegen den Waffenstillstandsvertrag registriert.

Die Demobilisierung und die Reintegration der Soldaten soll von einer eigens zu diesem Zweck eingerichteten Commission und dem UN Office for Humanitarian Assistance Coordination gesteuert werden. Man geht allein für die Phase der Transportoperation in die Heimatgebiete von einer Zeitspanne von sieben Monaten aus und rechnet mit Kosten in der Größenordnung von 14 Mio. US-$. Ein wirkliches Konzept für die soziale und ökonomische Reintegration der ehemaligen Soldaten und Kämpfer gibt es noch nicht.

4. Angola

Nach sechzehnjährigem von den USA, der Sowjetunion, Südafrika und Kuba angeheiztem Bürgerkrieg unterzeichneten am 31. Mai 1991 José Eduardo dos Santos, Chef der MPLA, und der Führer der UNITA, Jonas Savimbi, einen Friedensvertrag. Der unter Vermittlung Portugals und dem Druck der USA ausgehandelte Vertrag sieht als wichtigste Komponenten einen Waffenstillstand, Freie Wahlen und die Demobilisierung der beiden Armeen, sowie den Aufbau einer gemeinsamen Truppe vor.

Die Angaben zu den Truppenstärken von MPLA und UNITA schwanken zwar sehr stark, aber man kann davon ausgehen, daß die beiden Armeen jeweils ca. 150 000 Mann zählten. Die neue nationale Armee soll laut Friedensvertrag 50 000 Soldaten von MPLA und UNITA aufnehmen, so daß sich insgesamt eine Reduzierung um ca. 250 000 Mann ergibt.

Geplant war, daß die Demobilisierung am 1. August 1992, also rechtzeitig vor den Wahlen, abgeschlossen sein sollte. Tatsächlich lief der Prozeß auch vielversprechend an. Die militärischen Führungen der beiden Armeen bildeten eine Gemeinsame Kommission, die die Kontrolle über die Waffen übernehmen sollte, die die demobilisierten Soldaten registrieren und die Soldaten für die neue gemeinsame Armee auswählen sollte. Fehlende Finanzmittel für die Unterstützung des Prozesses und zögerliches Taktieren beider Seiten verhinderten jedoch eine schnelle Umsetzung, so daß die Wahlen stattfanden, als beide Seiten noch über einige zehntausend Soldaten und ausreichende Waffenlager verfügten. Die neue nationale Armee hatte zu diesem Zeitpunkt erst 6000 Mann aufgenommen.

Inzwischen ist der Friedensprozeß unterbrochen, nachdem Savimbi das Ergebnis der Wahlen nicht anerkannte und die UNITA wieder zu den Waffen griff. UNAVEM-2, die UN Angola Verification Mission 2, ist nicht mehr in der Lage, den Friedensprozeß wie vorgesehen zu überwachen. Wenn die offizielle Demobilisierung auch nicht wie geplant voranschreitet, so gibt es doch Berichte, nach denen sie in gewissem Rahmen sozusagen spontan weiterläuft. Mehrere zehntausend Soldaten und

Kämpfer sollen sich in den letzten Monaten selbsttätig vom Soldatsein verabschiedet haben – allerdings wohl fast immer unter Mitnahme ihrer Waffen. Damit ergeben sich für die Zukunft erhebliche Risiken für die Stabilität des Landes, und zwar auch dann, wenn MPLA und UNITA auf den Verhandlungsweg zurückkehren.

Die Integration von etwa 250 000 Soldaten wird Angola angesichts des Ausmaßes der Zerstörung nach fast dreißigjährigem bewaffneten Kampf, den antikolonialen Krieg mitgerechnet, vor enorme Schwierigkeiten stellen. Eine weitgehend zerstörte Infrastruktur, unzählige Invaliden und etwa eine Million Flüchtlinge sind eine große Belastung. Zwar ist die Planung der internationalen Entwicklungsagenturen für den Wiederaufbau angelaufen, aber bis zur endgültigen Befriedung des Landes laufen praktisch nur Nothilfemaßnahmen. Die bundesdeutsche GTZ bereitet zwei Projekte vor, die den zukünftigen Ex-Soldaten zugute kommen sollen: ein Brückeninstandsetzungsprojekt ist auf arbeitsintensive Durchführung mit Demobilisierten als Arbeitern ausgerichtet; von einem geplanten Berufsbildungsprojekt sollen ebenfalls entlassene Soldaten als Trainer und Auszubildende profitieren.

5. Erfolgsvoraussetzungen von Reintegrationsprojekten

Entwicklungsprojekte, die auf die oben beschriebenen vielfältigen Herausforderungen aus Demobilisierungsaktionen reagieren sollen, sind im Rahmen der deutschen Entwicklungszusammenarbeit als Reintegrationsprojekte auf den Begriff gebracht worden. Damit werden Entwicklungsprojekte bezeichnet, die mit den Mitteln der deutschen Technischen (seltener auch: Finanziellen) Zusammenarbeit den Prozeß der nachhaltigen sozialen und ökonomischen Wiedereingliederung entlassener Soldaten in die Zivilgesellschaft unterstützen sollen.

Es sollte deutlich geworden sein, daß Demobilisierungsprozesse extrem komplizierte Projekte sind, die häufig in einer labilen politischen Situation und unter schwierigsten wirtschaftlichen Bedingungen ablaufen. Sorgfältige Analyse, genaue

Planung und Feinabstimmung der Einzelmaßnahmen auf die Möglichkeiten und Bedürfnisse der Zielgruppe sind wichtig – obwohl andererseits die politische Lage häufig unverzügliches Handeln erfordert.

Reintegrationsprojekte müssen, je nach der konkreten Situation, schon in der Phase der Vorbereitung der Demobilisierung ansetzen. Es kann notwendig sein, daß Unterstützung für die Versorgung der Soldaten in den Auffanglagern geleistet wird oder daß die Demobilisierung administrativ und logistisch unterstützt wird. So wurden in Uganda schon vor Beginn der Demobilisierung Kurzzeitfachkräfte eingesetzt, die bei der Planung der Entlassungsaktion selbst mitarbeiteten und die mittel- und langfristigen Reintegrationsmaßnahmen vorbereiteten. Häufig sind schon in diesem Stadium finanzielle Zuschüsse notwendig, um den Prozeß abzusichern und seine termingerechte Umsetzung zu gewährleisten. Als beispielsweise im Frühjahr 1993 die gefangenen Kämpfer der Oromo Liberation Front entlassen werden sollten, die die neue Regierung in Äthiopien bekämpft hatten, wurde dies durch die Finanzierung des Transports und eines Handgeldes aus deutschen EZ-Mitteln unterstützt.

Für die Planung von konkreten Reintegrationsmaßnahmen sind verschiedene Gesichtspunkte wichtig:

a) Charakter der Zielgruppe

Regierungssoldat vs. Rebell: Entlassene Angehörige der Regierungsarmee unterscheiden sich in einigen Punkten markant von den Mitgliedern aufgelöster Befreiungsbewegungen. In der Regel haben sie ein intaktes familiäres Netz, das ihre Reintegration unterstützt; sie sind häufig Berufssoldaten mit eher städtischem Hintergrund gewesen. Entlassene Kämpfer haben dagegen meist auf dem Land und vom Land gelebt, was ihre Reintegration in ländlichen Gebieten erleichtern mag.

Qualifikation: Ex-Soldaten haben in der Regel – soweit sie nicht Offiziere sind – keine besonderen Qualifikationen. Manche haben noch von der Zeit vor dem Kriegsdienst landwirtschaftliche

Kenntnisse, aber meistens haben sie nichts gelernt, außer zu kämpfen. Einige Soldaten haben eventuell eine gewisse technische Qualifikation erworben. Offiziere bringen unter Umständen als für das Zivilleben nutzbare Qualifikation Erfahrungen als Trainer, Organisatoren/Verwalter und Manager mit. Die Gewohnheit, in Gruppen nach einem Plan oder nach dem Befehlsprinzip, jedenfalls aber strukturiert tätig zu werden, kann ein Vorteil bei der Reintegration sein. Im Fall Äthiopiens hat sich gezeigt, daß es verhältnismäßig vielen Ex-Soldaten gelingt, sich als Genossenschaft zu organisieren und in der Gruppe eine produktive Tätigkeit aufzunehmen.

Besonders kompliziert gestaltet sich die Reintegration bei den sogenannten Kindersoldaten, die aufgrund traumatischer Erlebnisse in der Regel psychologischer Betreuung bedürfen. Außerdem haben sie, da sie extrem jung zur Armee kamen, meist nichts anderes als den Krieg kennengelernt und verfügen kaum über eine Grundbildung.

b) Haltung der Bevölkerung

Reintegrationsmaßnahmen sind darauf abzustimmen, in welchem Maß die Zivilbevölkerung besondere Förderungsmaßnahmen für die demobilisierten Soldaten akzeptiert. Wenn nötig sind Programme zu entwickeln, von denen Ex-Soldaten und andere Bedürftige gemeinsam profitieren.

c) Zeitaspekte

Es wurde bereits am Beispiel Angolas darauf hingewiesen, wie wichtig die Einhaltung des Zeitplanes sein kann. Nach Abschluß der unmittelbaren Demobilisierungsaktion, also der Schritte Sammlung – Registrierung – Entwaffnung – Ausgabe von Zivilkleidung – Transport in die Heimatgebiete – Registrierung bei Ankunft, müssen so bald wie möglich konkrete, für die Zielgruppe erfahrbare Reintegrationsmaßnahmen anlaufen. Häufig verringert sich das Interesse der Regierung an der zügigen Umsetzung solcher Maßnahmen, sobald die Entwaffnung vollzogen ist. Tatsächlich bleiben die Demobilisierten aber als organisationsfähige und kampferfahrene Gruppe auch nach der Entwaffnung noch eine latente Gefahr. So hat sich beispielsweise die oben erwähnte Oromo Liberation Front in Äthiopien ab 1991 wohl zu einem nicht unerheblichen Anteil aus enttäuschten Ex-Soldaten der aufgelösten Mengistu-Armee rekrutiert.

d) Quantität vs. Qualität

Bei der Umsetzung von Reintegrationsprojekten muß man sich darüber im Klaren sein, daß der angestrebte Nutzen, z. B. der Gewinn an Sicherheit und politischer Stabilität, nur bei einer Massenwirksamkeit anfällt. Die einzelnen Maßnahmen müssen also so geplant sein, daß sie möglichst vielen zugute kommen, auch wenn dadurch die Nachhaltigkeit des Nutzens bei dem Einzelnen leidet. Andererseits darf das „Gießkannenprinzip" auch nicht so weit strapaziert werden, daß die Wirkung für den einzelnen Begünstigten nicht mehr sichtbar ist. Soweit man das bisher beurteilen kann, hat sich der flexible Einsatz eines breiten Spektrums an Instrumenten, jeweils angepaßt an die lokale Situation, besser bewährt als die massenhafte Verteilung eines pauschal festgelegten Reintegrationspakets.

Unter den möglichen Maßnahmen (Training, Kredit, Existenzgründung für Individuen und Gruppen, Lohnkosten- und Arbeitsplatzzuschüsse, Beschäftigungsprogramme) haben sich unter Kosten-Nutzen-Gesichtspunkten die Beschäftigungsprogramme besonders bewährt. Mit solchen Programmen wird zum einen eine relativ große Zielgruppe erreicht, zum anderen können sie einen sehr wirksamen Beitrag zur Dynamisierung lokaler/regionaler Wirtschaftskreisläufe darstellen.

Reintegrationsprojekte können solche Prozesse wirksam unterstützen. Sie können allerdings, schon aufgrund der Dimension des Problems, weder sozialpolitische und ökonomische Konflikte nach großen Entlassungsaktionen verhindern noch können sie garantieren, daß die durch die Demobilisierung eingesparten Finanzmittel der Bevölkerung zugute kommen.

Literaturhinweise

Büttner, V./J. Krause, Überrüstung und Entwicklungspolitik, Ebenhausen 1992 (Stiftung Wissenschaft und Politik).

Debiel, T./I. Zander/unter Mitarbeit von H. Wulf, Die Friedensdividende der 90er Jahre. Chancen und Grenzen der Umwidmung von Militärausgaben zugunsten ziviler Zwecke, Bonn 1992 (Materialien und Studien der Stiftung Frieden und Entwicklung, 11).

Hubert, K., Proposal for the Reintegration of Refugees, Displaced persons, and Ex-Combatants, Eschborn 1992 (GTZ).

Keener, S., Military Demobilization and reintegration: Observations from Experience, Washington D. C. o. J. (The World Bank).

III. AKTUELLE ENTWICKLUNGS-PROBLEME

Clemens Kronenberg
Die Entwicklungspolitik der Kirchen

Mit ihren Hilfswerken „Brot für die Welt" (Stuttgart) und MISEREOR (Aachen) investieren die beiden christlichen Kirchen in Deutschland zur Zeit fast 650 Mio. DM pro Jahr in Entwicklungsprojekte in Afrika, Asien und Lateinamerika. Die Gelder stammen etwa zur Hälfte aus kirchlichen Spendenaktionen und Haushalten. Der Rest setzt sich fast ausschließlich aus Zuwendungen des Bundesministeriums für Wirtschaftliche Zusammenarbeit und Entwicklung (BMZ), der EG-Kommission sowie aus öffentlichen Landesmitteln zusammen. Die beiden Kirchen haben für den Einsatz dieser staatlichen Mittel besondere Arbeitsstellen gegründet: die Evangelische Zentralstelle für Entwicklungshilfe e.V. in Bonn und die Katholische Zentralstelle für Entwicklungshilfe e.V. in Aachen. Insgesamt fördern die Kirchen pro Jahr ca. 4000 neue Entwicklungsprojekte und Entwicklungsprogramme. Der Anteil kirchlicher Entwicklungshilfeleistungen am Gesamtvolumen öffentlicher deutscher Entwicklungshilfeleistungen (1991: 11,4 Mrd. DM) liegt bei 5 % bis 6 %.

Es gibt drei Gründe, warum diese Arbeit als besonderes Element der Entwicklungspolitik gesehen und auch kritisch begleitet werden sollte:

1. Hinter dieser Arbeit stehen nicht nur anonyme Steuerzahler, sondern Millionen von Spendern und Tausende von engagierten und kritischen Dritte-Welt-Gruppen, meist auf Gemeindeebene.

2. Die Kirchen beanspruchen für ihre Arbeit, basisnah bei den Armen der Dritten Welt zu sein, mit ihren Erfahrungen und

Grundsätzen eine gewisse „Avantgarde" der Entwicklungszusammenarbeit zu sein.

3. Im Gegensatz zu den meisten anderen, vor allem zu den staatlichen Institutionen der deutschen Entwicklungshilfe, betreiben die Kirchen umfangreiche entwicklungspolitische Bildung und Aktion hierzulande. Sie verstehen Entwicklungszusammenarbeit heute so, daß man sich an Entwicklungsprozessen draußen und hier in der eigenen Gesellschaft gleichermaßen beteiligt und engagiert.

Diese besonderen Ansprüche der kirchlichen Entwicklungszusammenarbeit verdienen kritische Würdigung und Diskussion.

1. Spendenwerbung und Solidaritätsarbeit

Im Rahmen jährlicher Aktionen rufen die beiden Kirchen zur Unterstützung ihrer Entwicklungsarbeit auf.

Die katholische Kirche führt seit 1959 die Fastenaktion MISEREOR durch. Diese Aktion hat gewöhnlich einen thematischen und regionalen Informationsschwerpunkt. In der Regel werden Partner aus der Dritten Welt beteiligt. 1991 stand „Die Rolle der Frau und ihre Bedeutung für den Entwicklungsprozeß – aufgezeigt am Länderkontext Thailand" im Blickpunkt. Das Leitwort dieser Aktion lautete „Die Würde des Menschen ist unantastbar". Eine Delegation der Kirche Thailands beteiligte sich an öffentlichen und innerkirchlichen Informations- und Bildungsveranstaltungen. Die Eröffnung der jährlichen Aktion auf Bundesebene unter Beteiligung jeweils einer der deutschen Diözesen weckt öffentliches Interesse. Auf Pfarrei-Ebene werden Informations- und Solidaraktionen organisiert und durch Vorbereitung auf regionaler Ebene und durch Materialien unterstützt. So hat das „Hungertuch" von MISEREOR über die deutschen Grenzen hinaus weite Verbreitung gefunden. Außerdem werden bundesweite Solidaraktionen durchgeführt, wie z. B. die Unterschriftenaktion „Stoppt den Menschenhandel" 1991. Zur Spende für die Aktion MISEREOR rufen die Bischöfe durch ein „Hirtenwort" auf. Die Solidarität mit den Armen ist thematisch mit dem Fasten und mit dem christlichen „Erbarmen" (MISEREOR) verbunden.

MISEREOR erhielt 1991 insgesamt über 130 Mio. DM Spendenmittel. In ähnlicher Weise wirbt die Evangelische Kirche mit ihrer seit 1959 jährlich durchgeführten Aktion „Brot für die Welt". Die 32. Aktion 1990/91 erbrachte ein Ergebnis von 108,7 Mio. DM. Diese Spendenergebnisse der beiden Kirchen weisen seit 1984/85 eine relativ geringe Wachstumsrate von ca. 2 bzw. 4 % pro Jahr auf. Das Spendenaufkommen bei MISEREOR stieg von der überraschend hohen Summe von 35 Mio. DM bei der ersten Aktion (1959) vor allem noch in den 70er Jahren steil an. Das Spendenaufkommen bei „Brot für die Welt" erhöhte sich besonders noch in den 80er Jahren. Das relativ stabile Spendenaufkommen der beiden Kirchen kann offensichtlich durch besondere Aktionen zusätzlich erhöht werden. So konnten beide Kirchen in den Jahren 1984/1985 durch Sonderaktionen während der Dürre in Afrika ihre Spendenergebnisse auf Spitzenwerte von ca. 140 Mio. DM pro Jahr erhöhen.

Diese Spenden werden von beiden Kirchen seit den 70er Jahren durch kircheneigene Haushaltmittel (letztlich aus dem Kirchensteueraufkommen) ergänzt. Die Evangelische Kirche hat 1991 ca. 142 Mio. DM aus Haushaltmitteln zur Verfügung gestellt. Hieraus werden Einzelprojekte, aber vor allem zentrale Programme (z. B. des Ökumenischen Weltrats der Kirchen in Genf), Personaldienste, entwicklungsbezogene Bildungsarbeit und Verwaltungskosten finanziert. Die Katholische Kirche hat 1991 23,7 Mio. DM für Projektförderung aus Haushaltmitteln zur Verfügung gestellt (1985 waren es noch 28,0 Mio. DM!). Verwaltungskosten deckt sie hauptsächlich aus Spendenmitteln.

Mit der Erkenntnis, daß eine sozial und ökologisch verträgliche Entwicklung der heutigen Welt sowohl im armen „Süden" als auch in den Industriestaaten stattfinden muß, richten die beiden kirchlichen Hilfswerke „Brot für die Welt" und MISEREOR ihre Arbeit sowohl auf den „Süden" als auch – verstärkt – auf den „Norden", auf unsere eigene Gesellschaft, aus. Hier werden Ideen, Personal, Ressourcen, große Abteilungen der Hilfswerke eingesetzt, um über Information, Bildung, Dialog, Öffentlichkeitsarbeit, Solidararbeit zu erreichen, daß sich auch unsere Lebens- und Wirtschaftsweisen für das „Weltgemeinwohl", für die „eine Welt" verändern.

2. Grundsätze kirchlicher Entwicklungsarbeit

Die beiden christlichen Kirchen verstehen soziale und gesellschaftliche Arbeit immer als einen Teil ihres Gesamtauftrags, ihrer „Botschaft für die Welt".

In ihrer Denkschrift „Der Entwicklungsdienst der Kirche – ein Beitrag für Frieden und Gerechtigkeit in der Welt" im Jahre 1973 stellt die Evangelische Kirche in Deutschland die christliche Liebe als Motiv und Sinn des Handelns und auch der Entwicklungsarbeit dar: „Jesus hat sich auf die Seite der Schuldigen, der Armen, Hungernden und Verfolgten gestellt. Durch seine Vergebung und seine Hilfe hat er den Menschen die Gnade des neuen Anfangs geschenkt und bezeugt, welchen Wert und welche Würde sie vor Gott besitzen ... So ist er von den Angefochtenen und Ausgestoßenen als Befreier erfahren worden. Christen sind aufgerufen, in ihrem Tun in der Welt dieses Handeln ihres Herrn zu bezeugen. Sie werden sich daher besonders auch für jene Menschengruppen einsetzen, die aus politischen, rassischen oder sonstigen Gründen an der Gestaltung ihrer eigenen Zukunft behindert oder gar davon ausgeschlossen sind."

1986 hat die Evangelische Kirche diese Denkschrift als „Richtlinie für das entwicklungsorientierte Handeln der EKD und ihrer Gliedkirchen" durch eine Synodaltagung zum Entwicklungsdienst bestätigt und die kirchliche Entwicklungsarbeit vor allem als langfristige und wichtige Aufgabe gesehen: „Hier geht es um Verpflichtungen, bei denen wir inzwischen erkennen, daß sie die Kirchen und andere Träger mehrerer Generationen hindurch beschäftigen werden. Dabei besteht ein unauflöslicher Zusammenhang von friedensethischen, entwicklungspolitischen und ökologischen Bemühungen." Diese Synode hat dann beschlossen, mindestens zwei Prozent der Kirchensteuereinnahmen, insgesamt nicht weniger als 100 Mio. DM jährlich, aus kirchlichen Haushaltsmitteln für Entwicklungsarbeit zur Verfügung zu stellen. Alle evangelischen Christen sind aufgerufen, „zum Richtsatz ihrer persönlichen Beiträge für ‚Brot für die Welt' und für andere Sammlungen zur Bekämpfung des Hungers und der Not in der Welt Mittel in Höhe von mindestens 1 % ihres Einkommens zu machen".

Die Katholische Kirche hatte bei der Gründung des Hilfswerks MISEREOR im Jahre 1958 schon durch die Namensgebung auf die christliche Motivation und Sinngebung hingewiesen. Jesus, der laut Evangelienbericht Mitleid mit den hungernden Menschen hatte und den kleinen Lebensmittelvorrat seiner Jünger-Gemeinschaft „mit den viertausend Menschen teilte", ist Leitfigur der Aktion MISEREOR geworden. Das MISEREOR-Statut macht wesentliche Aussagen zu Grundsätzen kirchlicher Entwicklungsarbeit:
– die Option für die Armen,
– die Offenheit der Arbeit für alle Menschen, auch für Nicht-Christen und Mitglieder anderer Religionen,
– die Hilfe zur Selbsthilfe und zur dauerhaften Verbesserung der Lebensverhältnisse der Armen.

Die Katholische Kirche hatte 1975 durch ihren Synodenbeschluß „Der Beitrag der Katholischen Kirche in der Bundesrepublik Deutschland für Entwicklung und Frieden" eine erste Grundlage für ihre Entwicklungsarbeit gelegt. Im Jahre 1991 hat dann die „Deutsche Kommission Justitia et Pax" mit ihrer umfassenden Stellungnahme „Gerechtigkeit für alle – zur Grundlegung kirchlicher Entwicklungsarbeit" die bisherigen Erfahrungen aufgearbeitet, die Entwicklungsarbeit ausführlich sozialethisch und theologisch begründet und Ziele und Handlungsperspektiven für die Zukunft aufgezeigt.

Für beide Kirchen gilt, daß ihre Entwicklungsarbeit zwar einen „deutschen" Beitrag zur internationalen Entwicklung darstellt, ihre Grundsätze und ihre Motivationen aber viel stärker aus der internationalen Ökumene bzw. aus der Weltkirche stammen. So orientiert sich die Arbeit von MISEREOR direkt an sozialethischen Grundsätzen, die in weltweiter kirchlicher Partnerschaft weiterentwickelt werden. Nicht Entwicklungstheorien und Ideologien sind hierbei wichtig: die soziale Botschaft der Kirche findet „mehr im Zeugnis der Werke als in ihrer inneren Folgerichtigkeit und Logik" ihre Glaubwürdigkeit und als Konsequenz ihre „vorrangige Option für die Armen" und ihren Einsatz für Gerechtigkeit und für die eine Welt, wie es in der päpstlichen Sozialenzyklika „Centesimus Annus" 1991 heißt.

Doch mit den Armen für ihre Rechte zu streiten, zu den Verfolgten zu halten, gegen die Mächtigen zu kämpfen, ist nicht immer Sache der Kirchen, ist eher oft eine mühsame Arbeit von Minderheiten in den Kirchen weltweit. Und insoweit wird kirchliche Entwicklungsarbeit auch als „Bewegung der Kirche" gesehen auf dem Weg, eine Gemeinschaft auch mit den Armen zu werden.

Die soziale Komponente der kirchlichen Entwicklungsarbeit wurde in den letzten Jahren zunehmend und eng mit friedensethischen und schöpfungsethischen Grundsätzen verbunden. Dies wird auch in der praktischen Zusammenarbeit in den Entwicklungsprojekten als Tendenz sichtbar.

3. Zusammenarbeit mit der Dritten Welt

Die kirchliche Entwicklungszusammenarbeit basiert auf einem Geflecht partnerschaftlicher Beziehungen in allen Kontinenten.

Diese materielle Unterstützung der Entwicklung im Süden wird durch personelle Hilfe und Beratung, wird durch Hunderte von kirchlichen Entwicklungshelfern und Beratern, wird durch die beiden Personaldienste, vor allem für Afrika, ergänzt. Über die „Arbeitsgemeinschaft für Entwicklungshilfe" (AGEH), Köln, dem katholischen Personaldienst, ausgewählt, vorbereitet und betreut, waren 1991 128 Fachkräfte in Projekten tätig, die von MISEREOR und der Katholischen Zentralstelle für Entwicklungshilfe finanziert wurden. „Dienste in Übersee", der evangelische Personaldienst, hat 1991 185 Fachkräfte in Übersee betreut.

Die materielle und personelle Zusammenarbeit verteilt sich relativ gleichmäßig auf die drei Kontinente Afrika, Asien und Lateinamerika. Sektorale Schwerpunkte sind Bildung und Förderung wirtschaftlicher Selbsthilfe in ländlicher und städtischer Entwicklung.

Die meisten der Projekte beziehen sich nicht nur auf einen Sektor, einen Lebensbereich, sondern auf mehrere Bereiche gleichzeitig (ganzheitlicher Ansatz). Viele Projekte verbinden wirtschaftliche Organisation (z. B. Sparen und Kredit, Kleininvestitionen) mit sozialer und rechtlicher/politischer Organisation von Gruppen.

Die klassischen Sektoren früherer kirchlicher Arbeit (z. B. Gesundheitswesen, formales Bildungswesen) haben abgenommen. Auf der anderen Seite wird Gesundheit oder Grundbildung nach neuen Konzepten der Basisgesundheit und der „Grundbildung für alle" gefördert. Schutz und Entwicklung von Grundrechten und Menschenrechten ist als kleiner, aber wichtiger Förderbereich in allen Kontinenten hinzugekommen.

In dieser Zusammenarbeit mit der Dritten Welt haben die Kirchen ein „Entwicklungsverständnis" gewonnen, das sie auch in den Erfahrungsaustausch mit anderen Institutionen der Entwicklungszusammenarbeit einbringen, und das sich etwa durch folgende Grundsätze beschreiben läßt:

a) Entwicklung geht vom Menschen selbst aus und erfaßt ganzheitlich alle seine Lebensbereiche: sein Verhältnis zur Natur, seine wirtschaftliche und politische Welt, seine Kultur, sein Wissen, seine Ethik und Religion.

b) Menschengerechte Entwicklung ist nicht immer nur eine Weiterentwicklung vorhandener Anlagen und Strukturen, sondern ist oft notwendigerweise auch ein Prozeß der Befreiung von Unrecht und Unterdrückung.

c) „Entwicklung und Befreiung" ist ein Prozeß, der von den Menschen selbst getragen wird, und durch bestimmte Elemente oder „Stationen" besonders geprägt und beeinflußt wird:
– durch die Erfahrung der Realität, durch Emotionen,
– durch sozio-kulturelle Analyse,
– durch ethische Reflektion,
– durch Aktion, durch die „Intervention", durch das Projekt.

Erst wenn Menschen in allen solchen Stationen ihrer Entwicklung immer wiederkehrend Einfluß ausüben, in den Prozeß intervenieren, kann Entwicklung zu nachhaltiger und menschengerechter Entwicklung führen.

d) In diesem Sinne ist die heutige Entwicklungszusammenarbeit nichts anderes, als sich in Solidarität mit den Armen (Armutsbekämpfung), mit dem Grundsatz der Subsidiarität (Hilfe zur Selbsthilfe), für das Gemeinwohl (Entwicklung zu „Einer Welt") und für die „Bewahrung der Schöpfung" einzusetzen. Projekte sind partnerschaftliche Interventionen in den Entwicklungsprozeß geworden.

Hier werden wesentliche Unterschiede zum Konzept der Armutsbekämpfung bei der staatlichen Arbeit deutlich. Während der Staat versucht, die Bevölkerung bei den Projekten möglichst umfassend zu beteiligen, versteht die Kirche die Arbeit als ihre Beteiligung an den Entwicklungs- und Befreiungsprozessen der Menschen, der Armen selbst. Wie weit dieser Anspruch in der Realität der Projekte verwirklicht wird, hängt dann aber sehr oft von den relativ wenigen Partnern ab, die solche Ansprüche und Ansätze auch wirklich verfolgen. Und sicherlich sind viele kirchliche Projekte mehr für die Armen, als mit den Armen oder durch die Armen geplant. Eigenverantwortung und Selbsthilfe wird zwar in allen Projekten als wichtiges Element berücksichtigt, ist aber oft auch das Kriterium, das dafür sorgt, daß viele Projektanträge nicht angenommen werden können.

Langfristige Partnerschaft, auch Auswahl neuer Partner mit besserem Zugang zu den „Zielgruppen" der Arbeit in den einzelnen Ländern, ist die Grundlage für die Projektkooperation. „Länderförderungspolitik" formuliert Zielgruppen und Ansätze nach länderspezifischen Analysen. „Sektorförderungpolitik" (z. B. zur ländlichen Entwicklung) ergänzt die Steuerung der Projektförderung durch sektorspezifische Kriterien. Hierzu gehören auch Förderungskonzepte zu sektorübergreifenden Themen wie z. B. Frauenförderung.

Partner der Kirchen sind die in der Entwicklung engagierten Gruppen und Organisationen der Ortskirchen, aber auch nichtkirchliche und nicht-christliche Gruppen, die dort den Armen näher sind, wo die Kirchen eine Minderheit bilden oder (noch) nicht die „Option für die Armen" verwirklichen.

4. Forderungen an die staatliche Entwicklungszusammenarbeit

Die Kirchen versuchen, die Erfahrungen dieser Arbeit in die deutsche Entwicklungszusammenarbeit einzubringen, und hier „Anwalt" der Armen zu sein. Die konkrete Arbeit draußen sorgt dafür, daß im allgemeinen genügend Sachverstand und Glaubwürdigkeit dahinter steht. Der Erfahrungs- und Meinungsaustausch zwischen den staatlichen und nicht-staatlichen Institutionen deutscher und europäischer/internationaler Entwicklungszusammenarbeit hat in den letzten Jahren – auch unter Beteiligung der Kirchen – zugenommen. Auch die neueren staatlichen Ziele, wie Armutsbekämpfung durch Hilfe zur Selbsthilfe, und die staatlichen Konditionen, wie Beachtung der Menschenrechte, politische Beteiligung der Bevölkerung u. s. w. sind sicherlich auch auf den Dialog zwischen Staat und Kirche zurückzuführen. Die heutigen wichtigsten „Forderungen" der Kirche an den Staat und an unsere Gesellschaft beziehen sich auf die Lösung der Verschuldungskrise und darauf, daß Konditionen der Entwicklungsarbeit nach draußen und nach drinnen, also auch für unsere eigene Gesellschaft, aufgestellt werden. Der „ökologische Umbau" in unserer Gesellschaft, aber auch die Ausrichtung unserer Handels- und Finanzpolitik auf die „Eine Welt" mit einer Option für die ärmsten Länder gehört hierzu. Auch im Zusammenhang mit Fragen der Internationalen Migration verweisen die Kirchen sowohl auf die Ursachen Krieg, Armut und Umweltzerstörung, aber auch auf die Grundrechte politisch verfolgter Menschen und auf die Notwendigkeit einer auch entwicklungspolitisch orientierten Einwanderungspolitik.

Trotz ihrer eigenständigen Rolle arbeiten die Kirchen eng mit dem Staat zusammen: Sie haben 1962 die o. g. „Zentralstellen für Entwicklungshilfe" gegründet und erhalten seitdem staatliche Mittel für ihre Entwicklungsarbeit. Im Jahre 1991 konnten beide Zentralstellen insgesamt 587 Projekte mit staatlichen Mitteln des BMZ in Höhe von ca. 354 Mio. DM finanzieren. In ihren Berichten zur Entwicklungspolitik bewertet die Bundesregierung diese Zusammenarbeit als eine wirkungsvolle Ergänzung des Engagements der Kirchen. In der Regel wird bei Einsatz staatlicher

Mittel eine erhebliche kirchliche Eigenleistung von mindestens 25 % verlangt.

Im ersten Selbsthilfebericht der Bundesregierung, dem „Bericht über die Armutsbekämpfung in der Dritten Welt durch Hilfe zur Selbsthilfe" vom Juli 1991, sind auch die Einzelbeiträge der beiden Zentralstellen zur „gemeinsamen Armutsbekämpfung" dargestellt. Bei den beiden Kirchen beträgt der Anteil solcher Projekte mit direkter Selbsthilfe-Beteiligung der Bevölkerung 50 bis 60 Prozent. Dies ist im Vergleich zu den übrigen Institutionen in Deutschland eine gute Leistung. Gleichzeitig sagen die Kirchen aber auch, daß noch viele Verbesserungen möglich sind, vor allem durch stärkere Verantwortung und Freiheit, durch Befreiung der Menschen selbst. Hierzu wünschen sie sich ein „tieferes gemeinsames Verständnis von menschlicher Entwicklung" als das zur Zeit vorherrschende. Das Ende der Ost-West-Konfrontation eröffnet hierzu besondere Chancen.

Literaturhinweise

Arbeitsgemeinschaft kirchlicher Entwicklungsdienst AGKED (Hg.), Jahresbericht 1991, Stuttgart 1992.
Brot für die Welt (Hg.), Projekte – Projektbeispiele, Stuttgart 1993.
Deutsche Bischofskonferenz (Hg.), Die Kirche und die Menschenrechte, Bonn 1991.
Deutsche Kommission Justitia et Pax (Hg.), Gerechtigkeit für alle – Zur Grundlegung kirchlicher Entwicklungsarbeit, Bonn 1991.
Evangelische Zentralstelle für Entwicklungshilfe e. V. (Hg.), Arbeitsbericht 1991/92, Bonn 1992.
MISEREOR und Katholische Zentralstelle für Entwicklungshilfe (Hg.), Jahresbericht 1991, Aachen 1992.
Zwiefelhofer, H. (Hg.), Entwicklung heißt: Befreiung und Gerechtigkeit, München/Mainz 1993.

Volker Kasch
Die Sozialen Nothilfefonds der Weltbank: Strukturanpassung mit menschlichem Antlitz?

Auch wenn die sogenannten „Sozialen Nothilfe-, Kompensations- oder Investitionsfonds" schon erste Vorbilder hatten wie z.B. den Sozialen Entwicklungs- und Familienförderungsfonds in Costa Rica, war doch der eigentliche Beginn der Politik der sozialen Abfederung der fatalen negativen sozialen Folgewirkungen der Strukturanpassungspolitik mit Hilfe Sozialer Nothilfefonds 1985, als der erste Fonds dieser Art in Bolivien (Fondos de Inversion Social/FIS oder Emergency Social Funds/ESF) eingerichtet wurde.

Basierend auf den „relativen Erfolgen", die dieser Fonds in Bolivien aufwies, wurde dieses Instrument im Rahmen des Weltbankkonzepts der „Sozialen Dimensionen der Anpassung" in unterschiedlicher Form bisher in insgesamt 17 Ländern eingesetzt.

Im folgenden sollen die konzeptionellen Elemente sowie die entwicklungspolitischen Ziele dieses Kompensationsinstruments anhand einiger Beispiele dargestellt und kritisch bewertet werden. Diese Bewertung soll zum einen aus der Sicht der Nichtregierungsorganisationen (NRO) vorgenommen werden, da sie nicht unwichtige Kooperationspartner bei der Umsetzung der verschiedenen Programme sind und auch wichtige Funktionen im Zuge des Demokratisierungsprozesses ihrer Gesellschaften ausüben. Zum anderen soll nach den Grenzen derartiger Programme gefragt werden.

Nothilfefonds sollen
a) zumindest für eine zeitliche begrenzte Phase, bis die Wachstumsimpulse wirksam werden, die gravierenden sozialen Folgewirkungen der Strukturanpassungspolitik kompensieren, um damit gleichzeitig die politische Akzeptanz der Anpassungsmaßnahmen bei bestimmten (städtischen) Bevölkerungsgruppen zu erhöhen und

b) die politisch-institutionelle Krise der Staatsapparate der Entwicklungsländer überwinden helfen, da nur die Etablierung einer von der Staatsadministration unabhängigen Institution eine effiziente und direkte Politik der Armutsbekämpfung ermöglicht.

1. Das Konzept der Sozialen Nothilfefonds

Die Weltbank reagierte auf die umfassende Kritik, die insbesondere von der UNICEF-Studie „Anpassung mit menschlichem Gesicht" an ihrer Strukturanpassungspolitik artikuliert worden war, mit der Konzipierung der „Sozialen Dimensionen der Anpassung". Damit sollten in erster Linie folgende Kritikpunkte berücksichtigt werden: Der Vorwurf, daß
a) die Strukturanpassung fast ausschließlich an den Zielen einer neoliberalen Ordnungs- und Wirtschaftspolitik und weniger an entwicklungspolitischen Zielen orientiert sowie allzu kurzfristig und inflexibel konzipiert sei, und
b) die dadurch in einigen Ländern hervorgerufenen, teilweise katastrophalen sozialen Folgewirkungen ihrer Anpassungspolitik nahezu vollkommen ausgeblendet würden.

Damit verbunden war das mehr oder weniger offene Eingeständnis, daß eine erfolgreiche Strukturanpassung nur in einem langfristigeren Entwicklungsprozeß erreichbar ist. Denn zum einen konnte die ursprüngliche Zielsetzung, in einer relativ kurzen Zeitspanne ausreichende Wachstumsimpulse mit Hilfe kreditfinanzierter Anpassungsprogramme zu geben, in einigen wenigen Ländern nur begrenzt und in der Mehrzahl der Anpassungsländer in keiner Weise befriedigend erreicht werden. Zum anderen waren in diesen Ländern soziale Folgewirkungen in einem Ausmaß entstanden, die die Strukturanpassungspolitik politisch zu unterminieren drohten.

Beabsichtigt war von der Weltbank mit dem neuen Konzept jedoch keine grundlegende Kehrtwendung in Bezug auf die Ziele und Instrumente der Anpassungspolitik. Vielmehr zielte die Weltbank mit diesem Konzept darauf ab, lediglich zusätzliche „kompensatorische", d.h. sozial flankierende Maßnahmen zur sozialen und politischen Abfederung der Strukturanpassung einzuführen.

Damit reagierte die Weltbank u. a. auf die in der UNICEF-Studie entwickelten konzeptionellen Vorschläge, neben einer flexibleren und auf längere Zeiträume bezogenen Durchführung der Anpassungsmaßnahmen sowie ihrer notwendigen Integration in die Entwicklungsstrategie eines Landes zusätzlich soziale Gesichtspunkte zu berücksichtigen. In seiner Analyse der bisherigen Praxis der „Anpassung mit menschlichem Gesicht" benennt der ILO-Mitarbeiter Rolph van der Hoeven die wesentlichen Elemente derartiger Kompensationsmaßnahmen, wie sie von UNICEF und auch von der ILO vorgeschlagen worden waren: Öffentliche Beschäftigungsprogramme für entlassene Arbeitskräfte, Kreditprogramme für Kleinunternehmen, Schaffung von Verdienstmöglichkeiten für Frauen, zusätzliche Ernährungsprogramme, Unterstützung der Basisgesundheitsdienste und der Grundschulbildung.

Diese neuen Maßnahmen der sozialen Abfederung, die von der Weltbank in der zweiten Hälfte der achtziger Jahre zunächst in einigen Ländern eingeführt wurden, richteten sich zwar in erster Linie darauf, mit Hilfe beschäftigungswirksamer Programme das krasse Problem der Arbeitslosigkeit zu bekämpfen, aber insgesamt handelte es sich um multisektorale Programme, die eine ganze Bandbreite sozialer Ziele verfolgten. So beinhaltete z. B. das 1987 eingeführte Programme of Action to Mitigate the Social Costs of Adjustment (PAMSCAD) in Ghana für lediglich einen Zweijahreszeitraum (!) insgesamt 23 unterschiedliche Maßnahmen der Armutsbekämpfung, für die von den Gebern ein zusätzlicher Finanzierungsbeitrag von 84 Mio. US-$ bereitgestellt wurde.

Wichtiger Bestandteil vieler Länderprogramme ist die Dezentralisierung von Aktivitäten auf die Ebene der Gemeinden sowie die direkte Einbindung von Nichtregierungsorganisationen (NRO) bei der Umsetzung der Programme.

Der 1991 eingerichtete und direkt dem Präsidenten unterstellte bolivianische Soziale Nothilfefonds basiert auf einer vergleichbaren Konzeption. Er wird von der bolivianischen Planungsbehörde als eine Maßnahme mit Übergangscharakter dargestellt, ist eine Finanzierungsinstitution, die keine eigenen Projekte durchführt und die Mittel nach dem Kriterium der Effizienz vergibt.

Weiter heißt es: Die „Arbeit wird sich darauf orientieren, den Zugang und insgesamt die Kapazitäten in den Bereichen der Wasserversorgung, der Grundbildung, der Basisgesundheitsversorgung, die Entwicklung der Kleinunternehmen und die Versorgung der verwundbarsten und ärmsten Gemeinden des Landes zu verbessern." Die Projekte sollen ausgeführt werden von „Ministerien, Nichtregierungsorganisationen (NRO) und anderen Einrichtungen auf nationaler Ebene".

Trotz der unterschiedlichen länderspezifischen Ausrichtung der Sozialen Nothilfefonds gibt es folgende drei gemeinsame Prämissen:

1. der kompensatorische und kurzfristige Charakter der Maßnahmen (ca. 2–5 Jahre);
2. die möglichst weitgehende politische Unabhängigkeit der Fonds;
3. die Bereitschaft der Institutionen der bi- und multilateralen Entwicklungszusammenarbeit, für diese Programme zusätzliche externe Finanzmittel zur Verfügung zu stellen.

Bezeichnenderweise wurden die ökonomischen wie auch politischen Grenzen eines derartig kurzfristig angelegten Konzepts von der Weltbank erstaunlich selbstkritisch in einem im Frühjahr 1993 erschienenen Fortschrittsbericht benannt: „Diese Programme sind kein Ersatz für eine weitreichende Reform des Sozialbereichs zugunsten der Armen. Sie tragen das Risiko in sich, daß sie von der Stärkung einschlägiger Institutionen ablenken und Reformen verzögern."

2. Erfahrungen in Lateinamerika

Angesichts der noch recht geringen empirischen Erfahrungen über die Wirkungen der Fonds sollen hier in erster Linie einige Hauptcharakteristika und entwicklungspolitische Bewertungen der Fonds vorgestellt werden, die sich wesentlich auf den bolivianischen Fonds beziehen, da dieser über die längste Laufzeit verfügt und über ihn bereits einige Untersuchungen vorliegen.

Die besondere Dynamik, die der bolivianische Fonds etwa im Vergleich zum PAMSCAD-Programm in Ghana entwickelte, muß in der innovativen institutionellen Konstruktion gesehen werden. Erstmals wurde eine von der regulären bolivianischen Staatsadministration unabhängige Institution zur Umsetzung des ESF gegründet. Voraussetzungen dafür waren die Ernennung eines unabhängigen Nichtpolitikers zum Direktor des Fonds, der auch in der Lage war, politische Einflußnahmen konsequent abzuwehren, sowie die Einstellung hochqualifizierter Fachkräfte, denen für bolivianische Verhältnisse nicht übliche hohe Gehälter gezahlt wurden – Voraussetzungen, die wohl nur aufgrund der katastrophalen wirtschaftlichen und politischen Krisensituation in Bolivien durchsetzbar waren und kaum auf die Situation anderer Länder übertragbar sind. Das ghanaische PAMSCAD-Programm dagegen wurde von einer Stelle innerhalb der bestehenden Staatsverwaltung koordiniert und umgesetzt. Dadurch entstanden Abgrenzungsschwierigkeiten zu den laufenden Sozialprogrammen der Regierung. Auch die Geberländer machten aufgrund dieser Konstruktion ihre Finanzzusagen in traditioneller Weise nur für bestimmte Projekte, so daß einige Programme überfinanziert waren und für andere keine ausreichenden Finanzmittel zur Verfügung standen. Diese Finanzierungsform war u. a. mitverantwortlich für die dann eingetretenen erheblichen zeitlichen Verzögerungen der Programme sowie für weitere administrative Engpässe.

Ein weiteres wichtiges Merkmal des bolivianischen ESF war sein dezentral und marktwirtschaftlich ausgerichteter, d. h. sein nachfrageorientierter Ansatz. Denn der Fonds vergab Finanzmittel für die Durchführung von Sozialprogrammen, die sowohl von lokalen Regierungsstellen und Gemeindeverwaltungen als auch von Nichtregierungsorganisationen (NRO) zur Durchführung ihrer eigenen Programme beantragt wurden.

Die Grenzen der möglichen Wirkungen waren jedoch von

vornherein klar festgelegt. Denn mit der Einrichtung des Fonds sollte in keiner Weise ein umfassendes, permanentes sozialpolitisches Instrument geschaffen werden, sondern vielmehr ein kurzfristig ausgerichtetes Kompensationsinstrument zum Schutz armer Bevölkerungsgruppen in Erwartung eines künftigen wirtschaftlichen Wachstums- und Gesundungsprozesses. Zudem war neben der sozialpolitischen Orientierung die eigentliche Zielsetzung eindeutig politisch motiviert: den Prozeß der Strukturanpassung in Bolivien politisch in der Bevölkerung abzusichern. Daher sollten die Armen Zielgruppe der Maßnahmen sein und nicht diejenigen, die von der Anpassungspolitik besonders negativ betroffen wurden, wie z. B. die städtischen Staatsangestellten, die sicherlich nicht zu den ärmsten Bevölkerungsgruppen zählen.

3. Die entwicklungspolitischen Effekte

Im Zeitraum von vier Jahren hat der Ende 1985 als Bestandteil der Neuen Wirtschaftspolitik der Regierung Paz eingerichtete Soziale Nothilfefonds 239,5 Mio. US-$ von den internationalen Gebern erhalten, mit deren Hilfe Programme in den folgenden vier Bereichen unterstützt wurden: 1. wirtschaftliche Infrastruktur, 2. soziale Infrastruktur, 3. soziale Hilfsmaßnahmen (z.B. Schulspeisungsprogramme), 4. produktive Maßnahmen (z.B. Gruppenkreditprogramme).

Die Maßnahmen und Programme erzielten erhebliche sowohl direkte als auch indirekte Beschäftigungseffekte (ca. 380 000 Arbeitsmonate), wie z.B. durch die Einbeziehung von Kleinstbetrieben des informellen Sektors, die zuvor von derartigen Möglichkeiten ausgeschlossen waren. Insgesamt wurden ca. 1,2 Mio. Personen in ländlichen wie in städtischen Gebieten in irgendeiner Form Nutznießer der Programme.

Der dezentrale und nachfrageorientierte Ansatz führte zu einer erheblichen Stärkung der entwicklungsorientierten Kapazitäten und der Stellung von kleineren und relativ armen Gemeindeverwaltungen gegenüber der Zentralregierung.

Trotz dieser im Vergleich mit anderen Ländern bemerkenswerten Erfolgsbilanz sind auch eine Reihe von Defiziten offensichtlich geworden. Entgegen der Zielsetzung konnten die ärmsten Bevölkerungsgruppen kaum erreicht werden. Die Beschäftigungsprogramme hatten eindeutig eine männliche Schlagseite, da lediglich ca. 1 % der im Rahmen von ESF Beschäftigten Frauen waren, obwohl sie häufig für die Überlebenssicherung der Familien verantwortlich sind.

4. Die Beteiligung der Nichtregierungsorganisationen (NRO)

Rein quantitativ gesehen hatten die NRO in Bolivien mit knapp einem Drittel (32 %) der Fondsmittel, die über sie abgewickelt wurden, einen hohen Anteil. Das im Laufe der Umsetzung des Fonds verbesserte Verhältnis der NRO zu den Institutionen des Staates, das in der Vergangenheit extrem gegensätzlich geprägt war, sowie eine erheblich bessere Kooperation werden daher als ein wichtiges, wenn auch keineswegs dauerhaftes politisches Ergebnis angesehen.

Neben ihrer grundsätzlich kritischen Haltung gegenüber der Strukturanpassungspolitik der Weltbank als ungeeignetem und krisenverschärfendem Politikkonzept kritisieren die NRO insbesondere die Ausgangsprämissen des Fonds-Instruments, mit Hilfe kurzfristiger Programme strukturelle Armutsprobleme zu bekämpfen in Erwartung eines baldigen und dauerhaften wirtschaftlichen Wachstumsprozesses. Sie fordern dagegen die Einrichtung von Sozialfonds als integrale Bestandteile im Rahmen einer langfristig angelegten Sozialpolitik, die sich deutlich gegen den Trend der Privatisierung der Sozialversorgung richtet, und insgesamt einer auf die Bedürfnisse und die Strukturprobleme ihres Landes angepaßten Entwicklungsstrategie.

Gerade die Beteiligung der NRO sowie die Einbeziehung der Gemeindeverwaltungen müssen aber als mitentscheidende Faktoren dafür angesehen werden, daß der Fonds zumindest das politische Ziel in hohem Maße erreichen konnte: die Strukturanpassungspolitik in der bolivianischen Bevölkerung politisch abzusichern.

Durch die weitgehende politische Unabhängigkeit und die hohe Qualifikation der Fondsadministration ist es der bolivianischen Regierung gelungen, eine recht hohe Finanzsumme von ausländischen Gebern zu erhalten, mit deren Hilfe eine Vielzahl von deutlich sichtbaren beschäftigungswirksamen Programmen durchgeführt werden konnten.

Literaturhinweise

Graham, C., The politics of protecting the poor during adjustment: Bolivia's Emergency Social Funds. In: World Development 9 (1992), S. 1233–1251.

Siebold, Thomas, Verträgliche Roßkur? Soziale Abfederung eines IWF-Programms in Ghana. In: Der Überblick 1 (1993), S. 38 f.

The World Bank, Implementing the World Bank's strategy to reduce poverty – Progress and Challenges. Washington D.C. 1993

IV. REGIONALE BEITRÄGE

Kathrin Eikenberg
Testfall Somalia:
Läßt sich Frieden erzwingen?

Im Dezember 1992 beschloß der UN-Sicherheitsrat erstmals die Leiden der Opfer eines innerstaatlichen Krieges als Bedrohung des internationalen Friedens und der internationalen Sicherheit zu qualifizieren. Unter Federführung der USA begann am 9. Dezember 1992 eine Militärintervention in dem von einem mehrjährigen Bürgerkrieg gezeichneten Land, durch die „ein sicheres Umfeld für die Maßnahmen der humanitären Hilfe" hergestellt werden sollte. Im Mai 1993 wurde diese erste humanitär begründete Militärintervention in einem inneren Krieg durch eine UN-Friedensmission abgelöst. Die „Blauhelme" erhielten den Auftrag, die Einhaltung einer Waffenstillstandsvereinbarung und die Entwaffnung der Konfliktparteien nötigenfalls auch mit militärischen Mitteln durchzusetzen – Frieden durch Gewalt?

1. Staatszerfall und Bürgerkrieg

Somalia galt lange als Ausnahme unter den Vielvölkerstaaten Afrikas. 95 % der Bevölkerung sind Somalis und Moslems der sunnitischen Glaubensrichtung, deren traditionelle Lebensgrundlage die nomadische Viehzucht war und zum Teil heute noch ist. Trotz der Gemeinsamkeit von Sprache, Kultur und Religion ist die Gesellschaft jedoch nicht homogen. Das auf vier Staaten (Somalia, Äthiopien, Djibouti, Kenya) verteilte somalische Volk untergliedert sich in eine Vielzahl von Clans, in durch die Abstammung in väterlicher Linie definierte Verwandtschaftsverbände. Die Clans sind entsprechend den verwandtschaftlichen Beziehungen zwischen ihren Gründern zu insgesamt sechs Clanfamilien zusammengefaßt (Darod, Hawiye, Issaq, Dir, Digil und Rahanweyn), die das gesamte somalische Volk umfassen. Im Inneren unterteilt sich jeder Clan in Subclans und diese wiederum in kleinere Einheiten bis hinunter zur Familie. Nur die Bauern ostafrikanischer Herkunft, die an den Flüssen Juba und Wabi Schebelle leben und deren Vorfahren Sklaven waren, sind nicht Teil des Clansystems. Eine Randposition nehmen auch die als „Sab" bezeichneten Digil und Rahanweyn-Clanfamilien im Süden ein. Im Unterschied zu den anderen vier Clanfamilien, den nomadischen „Samaale", ist ihre traditionelle Lebensgrundlage der Ackerbau bzw. eine Kombination von Anbau und Viehhaltung. Die Loyalität des Einzelnen gilt in diesem „segmentären" System zunächst seiner Familie und seinem Subclan, danach dem Clan. Durch persönliche Interessen, private freundschaftliche Bindungen und Pflichten gegenüber angeheirateten Verwandten werden die Clanloyalitäten allerdings modifiziert. Allianzen zwischen Clans und Clansegmenten dienen der Verteidigung oder Durchsetzung momentaner Interessen gegenüber Dritten. Sie sind meist kurzlebig und überbrücken die Konkurrenz um Ressourcen und um (relative) Macht innerhalb des sozio-politischen Gefüges nur vorübergehend. Durch den aus der Kolonialzeit geerbten zentralisierten Staat wurde dieses dezentral strukturierte, in ständiger Fluktuation befindliche Sozialsystem überlagert und verformt, aber nicht aufgelöst. Im Zerfall des Staates erlebt es seine Renaissance.

Mohamed Siad Barre, in dessen Regime der Bürgerkrieg der letzten Jahre wurzelt, gelangte 1969 durch einen unblutigen Militärputsch an die Macht. Im Rahmen des Ost-West-Konfliktes wurde Somalia zunächst von der Sowjetunion, ab Ende der 70er Jahre von den USA und von deren jeweiligen Verbündeten aufgerüstet. Militär-, Wirtschafts- und Finanzhilfe erlaubten den Aufbau eines umfassenden Repressionsapparates, der „Staatsfeinde" fast nach Belieben verfolgen konnte und jede kritische Debatte erstickte. Zugleich benutzte Barre die Manipulation von Clanloyalitäten und die Vergabe von Ämtern und Posten in der Regierung und im staatlichen Sektor als Mittel der Herrschaftssicherung. Opposition konnte sich in diesem repressiv-autoritären Einparteistaat nur im Exil oder bewaffnet und auf der Grundlage bestehender Gemeinschaften, d. h. auf Clanbasis, organisieren. Die ersten bewaffneten Oppositionsgruppen entstanden Anfang der 80er Jahre mit Unterstützung des Nachbarstaates Äthiopien. Ein Teil des somalischen Siedlungsraumes ist äthiopisches Staatsgebiet, was seit der Unabhängigkeit Somalias 1960 zu einem ständigen Konflikt und zu zwei (von Somalia verlorenen) Kriegen zwischen beiden Staaten geführt hatte.

1988 eskalierte der auf den Nordwesten konzentrierte Guerillakampf zum offenen Krieg, der 1989 auf den Süden und dann auf Zentralsomalia übergriff. Das Regime verlor die Kontrolle über den größten Teil des Landes, staatliche Institutionen wurden funktionsunfähig, und schließlich löste sich auch die Regierungsarmee auf. Ende Januar 1991 floh Barre aus der Hauptstadt Mogadishu, zunächst in den Südwesten Somalias und im Mai 1992, nachdem Versuche, die Hauptstadt zurückzuerobern, gescheitert waren, über Kenya nach Nigeria.

Im Zusammenhang dieser Ereignisse entstanden weitere Oppositionsgruppen, die sich überwiegend oder ausschließlich aus einem Clan oder einer Clanfamilie rekrutierten. Politische Programme fehlten oder blieben vage. Soweit sich diese Gruppen bewaffneten, waren sie im wesentlichen Clanmilizen. Die gegen Barre geschlossene Allianz zerbrach nach seiner Flucht. Eine Grundlage, auf der ein Konsens über die Verteilung der Macht und eine neue politische Ordnung hätte gefunden werden können, gab es nicht, so daß der Krieg gegen Barre binnen kurzem in heftigen Kämpfen um die Vormachtstellung und um die Kontrolle der Hauptstadt mündete. Anders als der Krieg gegen das Barre-Regime erfaßte der Kampf um sein Erbe nicht das ganze Land, sondern beschränkte sich auf die südlichen Landesteile. Hier entstand aus den rivalisierenden Clanmilizen ein Kriegsherrentum, das aus Mitteln der internationalen humanitären Hilfe mitfinanziert wurde. Die Zerstörung der landwirtschaftlichen Ressourcen zwischen Juba und Wabi Schebelle führte im ehemaligen wirtschaftlichen und politischen Zentrum Somalias zu einer Hungersnot, die etwa 300 000 Menschen das

Leben kostete. Etwa 1 Mio. Somalis flohen ins Ausland (die meisten nach Äthiopien und Kenya).

In anderen Landesteilen verlief die Entwicklung nach Barres Sturz weitgehend unabhängig von den Machtkämpfen im Süden. Im Nordwesten rief die aus der Issaq-Clanfamilie rekrutierte SNM (Somali National Movement) im Mai 1991 in den Grenzen der früheren britischen Kolonie die Republik Somaliland als unabhängigen Staat aus. Die Issaq stellen die große Mehrheit der Bevölkerung dieses Gebietes. Sie hatten seit 1988 besonders gelitten (1988 und 1989 wurden mehrere Städte von der Armee Barres fast vollständig zerstört) und sich schon vorher gegenüber dem größeren, ehemals italienisch beherrschten Landesteil benachteiligt gefühlt. Britisch-Somaliland war am 26. Juni 1960 unabhängig geworden, einige Tage vor Italienisch-Somaliland, mit dem es sich am 1. Juli vereinigte. Die Unabhängigkeitserklärung wurde daher von der SNM als Aufkündigung des Unionsvertrages, nicht als Sezession dargestellt. Es gelang der SNM jedoch weder, die internationale Anerkennung von Somaliland zu erreichen noch die Institutionen eines Staatswesens aufzubauen, da ihr hierfür die materiellen und personellen Ressourcen fehlten. Wachsende Unzufriedenheit und die Entstehung rivalisierender Fraktionen führten ab Ende 1991 wiederholt zu bewaffneten Auseinandersetzungen, die im Oktober 1992 vorerst durch die Clanältesten, die traditionellen Autoritäten in der somalischen Gesellschaft, beendet wurden. Nach mehrmonatigen Verhandlungen wählten die Clanältesten schließlich Ende Mai 1993 den früheren Premierminister Mohamed Ibrahim Egal zum neuen Präsidenten, der der Issaq-Clanfamilie angehört, aber noch nach dem Zusammenbruch des Barre-Regimes ein Verfechter der staatlichen Einheit Somalias gewesen war. Ein Gadabursi (und der einzige Nicht-Issaq in der SNM-Führung) wurde Vizepräsident. Von der UNO forderte die Ältestenversammlung, an der auch die Vertreter der Minderheitenclans in Somaliland teilnahmen, die Durchführung eines Referendums über die Unabhängigkeit. Die Stationierung von UN-Truppen lehnte sie ab. Obwohl die Minderheitenclans (die zur Dir-Clanfamilie gehörenden Issa und Gadabursi sowie die Darod-Clans Dulbahante und Warsangeli) während des Krieges auf Seiten des Barre-Regimes gestanden oder sich neutral verhalten hatten, haben sie sich offenbar für ein Zusammengehen mit den Issaq entschieden.

Der Nordosten, Heimatgebiet des Mijertein-Clans (Darod-Clanfamilie) und früher einer der ärmsten Landesteile, war in den Krieg gegen das Barre-Regime kaum einbezogen gewesen und blieb auch danach von inneren Auseinandersetzungen weitgehend verschont. Hier konnte die SSDF (Somali Salvation Democratic Front) die öffentliche Sicherheit aufrechterhalten und für eine gewisse Wiederbelebung der Wirtschaft sorgen. Nur im Süden des Mijertein-Gebietes kam es mehrfach zu Kämpfen mit den benachbarten Hawiye, zuletzt im Januar 1993.

Faktisch ist es nach dem Zusammenbruch des Barre-Regimes zu einer Teilung Somalias in vier Zonen mit jeweils unterschiedlichen politischen und wirtschaftlichen Gegebenheiten gekommen. Im Nordwesten (Somaliland) und im Nordosten konnten Konflikte begrenzt bzw. unter Rückgriff auf traditionelle Mechanismen der Schlichtung reguliert werden. Im südlichen Somalia, wo verschiedene Clans und Clansegmente sowie die nichtsomalischen Minderheiten leben, sind dagegen nach mehr als zwei Jahren Bürgerkrieg die Machtverhältnisse weiterhin ungeklärt. Die Militärintervention hat hieran nichts geändert. Zentralsomalia bildet eine Art Übergangszone, mit sporadischen Kämpfen dort, wo verfeindete Gruppen aufeinanderstoßen.

2. UNOSOM I: Die UNO als Vermittler

Unmittelbar nach der Flucht Barres ernannte eine Fraktion des USC (United Somali Congress), die sich auf den Abgal-Clan der Hawiye stützt, den Geschäftsmann Ali Mahdi Mohamed zum Interimspräsidenten. Die von seinem Premierminister, dem Issaq Omar Arteh Ghalib, gebildete Regierung wurde allerdings weder von der aus dem Habr Gedir-Clan rekrutierten, von General Mohamed Farah Hassan „Aideed" angeführten USC-Fraktion noch von den anderen Clan-Organisationen akzeptiert. International wurde die Interimsregierung ebenfalls nicht anerkannt. In der Folgezeit wurde allerdings deutlich, daß insbesondere die Staaten, die gute Beziehungen zum Barre-Regime gehabt hatten (Ägypten, die Golfstaaten, Italien), und zwischenstaatliche Organisationen wie die Arabische Liga und die OAU (Organisation of African Unity), ihr faktisch größere Legitimität zusprachen als der rivalisierenden Fraktion des General Aideed. Verhandlungen in Djibouti im Juni und Juli 1991 blieben erfolglos, ebenso Versuche von Clanführern der Hawiye, die Fraktionen des USC durch einen Machtteilungskompromiß wieder zusammenzuführen. Im November 1991 brachen die Fraktionskämpfe im Mogadishu, die bereits mehrfach aufgeflammt waren, mit besonderer Heftigkeit wieder aus. Ende des Jahres beschloß der UN-Sicherheitsrat schließlich die Entsendung eines Sonderbotschafters. Er sollte zwischen den USC-Fraktionen vermitteln und außerdem Sicherheitsgarantien für die wenigen internationalen Hilfsorganisationen aushandeln, die unter extremen Bedingungen versuchten, die Zivilbevölkerung mit Nahrungsmittelhilfe zu versorgen und eine minimale medizinische Versorgung aufrechtzuerhalten. Im März kam ein Waffenstillstand in Mogadishu zustande, der tatsächlich weitgehend eingehalten wurde.

In die Vermittlung der UNO nicht einbezogen waren die bis dahin neutralen Hawiye-Clans, deren Führer ohne Erfolg versucht hatten, den Machtkampf zwischen Ali Mahdi und General Aideed zu beenden. Sie gaben jetzt ihre Neutralität auf und schlossen sich der einen oder anderen Seite an. Zunächst nicht mit einbezogen wurde auch der zweite Konflikt zwischen einer von General Aideed angeführten Allianz von insgesamt vier Fraktionen, der SNA (Somali National Alliance), und einem Bündnis zwischen der aus dem Clan Barres, den Marehan, rekrutierten SNF (Somali National Front) und Teilen verschiedener anderer Darod-Clans. Nach der Vertreibung der Darod aus Mogadishu durch die Hawiye hatten sich den Marehan auch Clangruppen angeschlossen, die vorher gegen Barre gekämpft hatten. Die Kämpfe zwischen diesen Gruppen fanden südlich von Mogadishu bis zur kenyanischen Grenze statt, wobei die bäuerliche Bevölkerung zwischen Juba und Wabi Schebelle wiederholt von durchziehenden bewaffneten Trupps beider Gruppen ausgeplündert wurde. Hier lag das Zentrum der Hungersnot, mit der im Dezember 1992 die Militärintervention begründet wurde. Neben den Fraktionskämpfen trugen aber auch die zahlreichen Banden, die auf eigene Rechnung Überfälle und Plünderungen durchführten, zur Hungersnot bei. Sie setzten sich aus ehemaligen, desertierten Soldaten und entwurzelten Jugendlichen zusammen, die sich der Kontrolle durch die Führer der Clanmilizen ebenso entziehen wie der Autorität der Clanältesten.

Während sich die Kämpfe zwischen der SNA und dem Darod-Bündnis fortsetzten, konzentrierte sich die UNO auf die Kontrahenten um die Präsidentschaft in Mogadishu. Im April 1992 beschloß der Sicherheitsrat die Entsendung von 50 Waffenstillstandsbeobachtern und UN-Generalsekretär Boutros-Ghali ernannte einen Sonderbeauftragten für Somalia. Dies war der Beginn von UNOSOM, der UN-Operation in Somalia. Da die Bedingungen der Stationierung der Beobachter mit beiden Fraktionen ausgehandelt werden mußten, trafen sie im Juli ein. Etwa zur gleichen Zeit wurde die nunmehr voll zum Tragen gekommene Hungersnot im südlichen Somalia Medienthema. Im August setzte eine Luftbrücke ein, an der sich u.a. Deutschland, Frankreich und die USA beteiligten, und im September trafen 500 UN-Friedenstruppen in Mogadishu ein, die für die Sicherheit der Hilfsgüterlieferungen im Hafen und im Flughafen sorgen sollten. Ihre Entsendung war im Juli beschlossen worden. Zur Stationierung weiterer rd. 3000 „Blauhelme", über die der Sicherheitsrat Ende August entschieden hatte, kam es nicht mehr. Stattdessen wurde UNOSOM im Dezember von der Militärintervention durch die von den USA angeführte UNITAF (Unified Task Force) abgelöst.

3. Zur Begründung der Militärintervention

Die Resolution 794 vom 3. Dezember 1992 war die fünfte Resolution des UN-Sicherheitsrates zu Somalia innerhalb eines Jahres. Die erste, Resolution 733 vom 23. Januar, hatte sich auf Appelle für eine Beendigung der Kämpfe, Absichtserklärungen über eine Beobachtung der weiteren Entwicklung, das Angebot humanitärer Hilfe nach Eintreten einer Waffenruhe und ein Waffenembargo beschränkt. Die folgenden Resolutionen involvierten die UNO mehr und mehr, ohne aber Mittel und Wege zu finden, den Kreislauf von Erpressung und Gewalt zu durchbrechen, der sich seit Anfang 1991 in Mogadishu und anderen Städten im Süden Somalias etabliert hatte.

In den Kämpfen ging es nicht nur um Macht, sondern auch um die Kontrolle von Ressourcen. Die fortschreitende Erosion der Wirtschaft und der Zerfall des Staates in den letzten Jahren des Barre-Regimes hatten sich im südlichen Somalia bis zur weitgehenden Zerstörung der produktiven Ressourcen fortgesetzt. Damit wurden die internationale Nahrungsmittelhilfe und die den Hilfsorganisationen zur Verfügung stehenden Finanzmittel zur wichtigsten Einnahmequelle. Nahrungsmittel wurden geplündert und in den Nachbarländern gewinnbringend verkauft, die Hilfsorganisationen mußten für die Benutzung von Häfen und Landpisten zahlen, Transporte durch bezahlte bewaffnete Eskorten sichern lassen und zum Schutz ihrer Vorräte wie ihrer Mitarbeiter bewaffnete Wachen mieten.

Auch nach Beginn des Waffenstillstands blieb Mogadishu äußerst unsicher. Die Überfälle und Plünderungen, die sowohl von Banden wie von Teilen der nur lose organisierten Clanmilizen verübt wurden, hielten an. Auch die unbewaffneten Waffenstillstandsbeobachter ließen sich, wie die Hilfsorganisationen, von gemieteten Milizen beschützen. Sogar die „Blauhelme" trafen ähnliche Vereinbarungen, denn die leichten Handfeuerwaffen, mit denen UN-Friedenstruppen ausgestattet sind, erlaubten gegen die Maschinengewehre und Geschütze somalischer Banden und Milizen nicht einmal eine wirksame Selbstverteidigung. Für die Anwendung von Gewalt zur Durchsetzung ihres Auftrags hatten sie kein Mandat. Auf diese Weise konnte sich UNOSOM keinen Respekt bei den bewaffneten Gruppen verschaffen. Vor allem aber konnten die Friedenstruppen ihre eigentliche Aufgabe nicht wahrnehmen, nämlich für die Sicherheit des Hafens und des Flughafens und eine ungehinderte Arbeit der Hilfsorganisationen zu sorgen.

Als der bereits abgewählte, aber noch amtierende US-Präsident Bush Ende November 1992 dem UN-Generalsekretär anbot, im Auftrag des Sicherheitsrates bis zu 30 000 Mann US-Truppen nach Somalia zu entsenden, war dies ein unerwarteter Positionswechsel der USA. Bis dahin hatten sie im Sicherheitsrat gegen ein stärkeres Engagement votiert. Die ersten „Blauhelme" sollten nicht aus dem regulären Budget für UN-Friedensmissionen, sondern aus freiwilligen Beiträgen der Mitgliedsstaaten finanziert werden. Die Fernseh- und Presseberichte über die Hungersnot lösten allerdings eine öffentliche Debatte und wachsende Kritik an der Haltung der Regierung aus. Die USA hatten in den 80er Jahren eine Militärbasis in der Hafenstadt Berbera (Nordwesten/Somaliland) unterhalten und das Barre-Regime, wenn auch zunehmend zögerlich, bis 1989 mit Militär- und Wirtschaftshilfe gestützt. Faktisch tragen somit die USA, wie auch andere Staaten, die aufgrund eigener Interessen zur Aufrechterhaltung des Regimes beigetragen hatten, eine gewisse Verantwortung für den Bürgerkrieg. Sie haben seine Voraussetzungen mitgeschaffen. Die Akzeptierung einer moralischen Verpflichtung gegenüber der Bevölkerung Somalias dürfte allerdings kaum der Grund für die plötzliche Interventionsbereitschaft der USA gewesen sein. Über die tatsächlichen Motive und die über das Humanitäre hinausgehenden Ziele ist viel spekuliert worden. Genannt wurden wirtschaftliche Interessen an vorhandenen, aber hinsichtlich der Ergiebigkeit noch nicht genau bekannten Ölvorkommen, strategische Interessen an den Tankerrouten vom Persischen Golf und an der Unterdrückung islamistischer Bewegungen, aber auch der Wunsch des abtretenden US-Präsidenten, sich mit einer großen Geste von der politischen Bühne zu verabschieden (und seinem Nachfolger ein schwieriges Problem zu hinterlassen). Was immer die Gründe waren, ausschlaggebend dürfte letztlich gewesen sein, daß die Generalstabschefs der US-Armee eine Intervention in Somalia (anders als etwa in Bosnien-Herzegowina) für militärisch „machbar" hielten, also in einem überschaubaren Zeitraum und mit geringen eigenen Verlusten durchführbar. Eine humanitär begründete Militärintervention in einem Land, in dem die USA keine offensichtlichen „vitalen Interessen" haben, war international wie in der US-amerikanischen Öffentlichkeit kaum umstritten.

Resolution 794 hatte eine ungewöhnliche Begründung: „(D)as Ausmaß der durch den Konflikt in Somalia verursachten menschlichen Tragödie" sowie „die außergewöhnlichen Bedingungen", d. h. das Fehlen einer anerkannten Regierung, wurden als Gründe zitiert, um auf Grundlage von Kapitel VII der UN-Charta mit militärischen Mitteln und ohne Zustimmung der Betroffenen zu intervenieren. Die Intervention im Irak zur Schaffung einer Schutzzone für die Kurden war dagegen damit begründet worden, daß dritte Staaten betroffen seien, der Konflikt also einen grenzüberschreitenden Charakter angenommen habe. Die Zielsetzung der Intervention war einerseits begrenzt, andererseits vage: Der UN-Generalsekretär und die Mitgliedstaaten wurden ermächtigt, „alle notwendigen Mittel einzusetzen, um so bald wie möglich ein sicheres Umfeld für die Maßnahmen der humanitären Hilfe herzustellen"; Kriterien dafür, was ein „sicheres Umfeld" sei, welche Mittel „notwendig" seien – und welche nicht –, nannte die Resolution nicht.

Die Militärintervention begann am 9. Dezember in Mogadishu. Innerhalb von drei Wochen rückten die Truppen entlang der Hauptstadt in die übrigen sieben Stationierungsorte vor, die als Anlieferungs- bzw. Verteilungszentren für die humanitäre Hilfe vorgesehen waren. Es gab nur wenige Zusammenstöße, da sich die Banden und ein Teil der Milizen vor den anrückenden Interventionstruppen zurückzogen oder ihre Waffen versteckten. Als deutlich wurde, daß die Truppen nur reagierten, wenn sie selbst angegriffen oder bedroht wurden, tauchten die Banden allerdings wieder auf. Da die Hilfsgüter ihrem Zugriff entzogen waren, hielten sie sich an deren Empfänger, an somalische Händler und Reisende ohne Eskorten und an die ausländischen Journalisten. Obgleich die Sicherheitsprobleme für diese Personengruppen blieben oder sogar größer wurden, liefen Anlieferung, Transport und Verteilung von Hilfsgütern mit erheblich weniger Schwierigkeiten als vorher. In dieser Hinsicht bewirkte die Intervention eine Verbesserung.

Die USA hatten das militärische Kommando und stellten anfangs mit 25 000 von insgesamt rd. 35 000 Mann den Großteil der Truppen der UNITAF (Unified Task Force). Vor allem aus innenpolitischen Gründen waren sie offensichtlich an einer schnellen Abwicklung interessiert. Bereits im Januar 1993 wurden die ersten Einheiten wieder abgezogen, während nach und nach kleinere Kontingente anderer Staaten eintrafen, und im März machten US-Truppen nur noch weniger als die Hälfte der Gesamtzahl aus. Auch einige afrikanische Staaten entsandten Truppen, u.a. Nigeria, Botswana, Zimbabwe und Marokko; weitere Teilnehmerstaaten waren Frankreich, Belgien, Italien, Kanada und Australien. Pakistan stellte die in Mogadishu stationierten ersten 500 „Blauhelm"-Truppen zur Verfügung sowie weitere Truppen für UNOSOM II, an der sich auch die Türkei und mehrere arabische und afrikanische Staaten beteiligen. An UNOSOM II, der UN-Mission, die am 4. Mai 1993 die Intervention offiziell ablöste, sind die USA lediglich mit einem kleinen Truppenkontingent beteiligt. Sie stellen allerdings den Vizekommandanten von UNOSOM II und den mittlerweile dritten UN-Sonderbeauftragten, Admiral Jonathan Howe. Der erste, der Algerier Mohamed Sahnoun, hatte sein Amt Ende Oktober 1992 nach einer scharfen Auseinandersetzung mit dem UN-Generalsekretär niedergelegt, der zweite, der Iraker Ismat Kittani, hatte wenig erfolgreich agiert.

4. Perspektiven: Die UNO als Konfliktpartei?

Ob die Intervention notwendig war, um das Massensterben zu beenden, ist umstritten. In seinem Bericht an den Sicherheitsrat hatte der UN-Generalsekretär angegeben, nach wie vor würden bis zu 80 % der angelieferten Hilfsgüter ihre vorgesehenen Empfänger nicht erreichen. Einige Hilfsorganisationen nannten dagegen Verlustquoten durch Plünderungen und Diebstahl von nur 10–20 %. Zudem wird dem Argument, die Hungersnot hätte sich ohne die Intervention noch länger fortgesetzt, entgegengehalten, daß nur wenige Gebiete von den Transporten nicht erreicht worden seien, und daß die Zahl der Hungertoten sich bereits deutlich verringert hätten. Die meisten Todesfälle seien zu diesem Zeitpunkt nicht mehr auf Nahrungsmangel, sondern auf Krankheiten und fehlende oder unzureichende medizinische Versorgung zurückzuführen gewesen. Tatsächlich waren die Bedingungen für die Hilfsorganisationen vor der Militärintervention unterschiedlich. Das IKRK (Internationales Komitee vom Roten Kreuz), das bereits vor 1991 im Land gewesen war, arbeitete eng mit dem Somalischen Roten Halbmond zusammen, wahrte seine Neutralität und mußte seine Tätigkeit zwar gelegentlich unterbrechen, hat sie aber nie eingestellt. Die größten Schwierigkeiten hatten diejenigen Organisationen, die erst seit relativ kurzer Zeit im Land waren, deren ausländisches Personal wenig Landeskenntnisse hatte und/oder die keinen somalischen Kooperationspartner hatten.

Ob durch die Militärintervention ein „sicheres Umfeld" für die Arbeit der Hilfsorganisationen geschaffen wurde, ist zumindest zweifelhaft. In den fünf Monaten der Intervention sind mehr (ausländische und somalische) Mitarbeiter getötet worden als in den zwei Jahren davor (1991–92) – mehr als zuvor wurden die Hilfsorganisationen selbst Zielscheibe von Angriffen. Dadurch, daß die Banden und Clanmilizen sich zum Teil aus den Stationierungsorten von UNITAF zurückgezogen oder ihre Waffen versteckt haben, sind die Sicherheitsprobleme nicht kleiner geworden, sie haben sich nur verlagert.

Zwei zentrale Probleme haben die Interventionstruppen ungelöst an UNOSOM II weitergereicht: Die Frage der Entwaffnung und die Suche nach einer politischen Lösung. Ein weiteres Problem, mit dem sich die auf das südliche Somalia beschränkte Intervention gar nicht befaßt hat, ist der Status von Somaliland.

Bereits zu Anfang der Militärintervention kam es über die Frage der Entwaffnung zu einer Kontroverse zwischen UN-Generalsekretär Boutros-Ghali und den USA. Der UNITAF-Kommandant und der US-Beauftragte für Somalia erklärten, eine Entwaffnung sei nicht Teil des Mandats von UNITAF, während Boutros-Ghali sagte, inoffiziell habe die US-Regierung zugesagt, sie durchzuführen. Eine systematische und umfassende Entwaffnung sei unverzichtbar. Dies war auch die Meinung vieler Somalis, die an den Kämpfen nicht beteiligt waren und selbst unter dem Bandenwesen litten. Nach anfänglichem Zögern begannen die UNITAF-Truppen mit einer Entwaffnung, jedoch uneinheitlich und unsystematisch. Dadurch wurde das Kräfteverhältnis zwischen den somalischen Konfliktparteien verändert, zugleich griffen die UNITAF aber nicht direkt in Kämpfe zwischen somalischen Gruppen ein. So konnte die Hafenstadt Kismayo unter den Augen der dort stationierten UNITAF-Truppen von einer rivalisierenden Gruppe erobert werden. Da die schweren Waffen der Gruppe, die die Stadt seit Mai 1992 kontrolliert hatte, von UNITAF eingezogen worden waren, war sie nunmehr unterlegen. Insgesamt war bisher die von General Aideed angeführte Allianz SNA, die die militärisch stärkste Gruppe im Süden gewesen war, mehr von den sporadischen Entwaffnungsaktionen betroffen als andere. Dies mag zu einer Egalisierung führen, hatte aber vor allem die Wirkung, General Aideed und dessen Verbündete in ihrem Mißtrauen gegen die UNO zu bestärken. Kompromißbereiter ist dadurch keiner der Anführer bewaffneter Gruppen geworden. Nur wenige Wochen nach der Kommandoübernahme durch UNOSOM II führten die USA einen militärischen Schlag gegen General Aideed als Vergeltung für einen Angriff auf pakistanische UNOSOM-Truppen, für den er verantwortlich gemacht wurde. Damit war die UNO im Begriff, selbst zur Konfliktpartei zu werden.

Um eine politische Lösung sollte sich das UN-Generalsekretariat bemühen, während die UNITAF den Schutz der humanitären Hilfe übernahm. Anfang Januar 1993 trafen sich auf Einladung des UN-Generalsekretärs die Vertreter von 15 Gruppen in der äthiopischen Hauptstadt Addis Abeba. Die nordsomalische SNM nahm mit einer Beobachterdelegation teil. Eine nach zähen Verhandlungen erreichte Vereinbarung über eine allgemeine Waffenruhe und die Kasernierung der bewaffneten Gruppen wurde nicht eingehalten, aber die Gespräche wurden, wie beschlossen, im März fortgesetzt, wobei außerdem zahlreiche Einzelpersonen und (zum Teil selbsternannte) Repräsentanten der Zivilbevölkerung teilnahmen. In dem am 27. März von den Vertretern der 15 Gruppen unterzeichneten Abkommen verpflichteten sie sich erneut zu einer allgemeinen Waffenruhe, der Unterstellung aller Waffen unter die UNITAF bzw. UNOSOM binnen 90 Tagen, der Unterstützung der internationalen Hilfsorganisationen bei humanitärer Hilfe und Wiederaufbauprojekten und zur Bildung einer Übergangsverwaltung. Ein Nationalrat, der aus je drei Vertretern (darunter jeweils eine Frau) der 18 Verwaltungsregionen sowie je einem Vertreter der unterzeichnenden Gruppen und fünf zusätzlichen Vertretern aus Mogadishu bestehen soll, soll für eine „Übergangszeit" von zwei Jahren die oberste politische Instanz sein. Außerdem sollen in allen Regionen und Verwaltungsbezirken administrative Gremien geschaffen werden. Schritte zur Umsetzung dieses Abkommens waren Mitte 1993 noch nicht unternommen worden.

Eines der vielen Probleme, die das Abkommen aufwirft, ist die stillschweigende Einbeziehung Somalilands, dessen Delegierte es nicht unterzeichnet haben. Der UN-Sonderbeauftragte für Somalia, Admiral Howe, erklärte zwar bei einem Besuch in Hargeisa, der Hauptstadt von Somaliland, eine Stationierung von UNOSOM-Truppen könne nur mit dem Einverständnis der Bevölkerung geschehen. Auch die Einladung zur Konferenz in Addis Abeba erging an Somaliland, nicht an die SNM als eine unter vielen somalischen Gruppen. Eine Bereitschaft der UNO, die von den Clanältesten erneut bekräftigte Unabhängigkeitserklärung Somalilands anzuerkennen oder dem Wunsch nach Durchführung (und Finanzierung) einer Volksabstimmung zu entsprechen, ist bislang nicht erkennbar.

Ein weiteres Problem ist der bislang praktizierte Ausschluß der islamistischen Gruppen von den Verhandlungen. Wie stark sie wirklich sind, ist kaum einzuschätzen, ihre Existenz zu ignorieren, scheint wenig angemessen. Gut organisiert und bewaffnet, sind sie naheliegende Verbündete gegen UNOSOM, wenn es zu einer Ausweitung der militärischen Konfrontation kommen sollte. Die zweifelhafte Legitimation und Repräsentativität der Konferenzteilnehmer kommen hinzu.

Während die diversen Gruppen und Fraktionen in Addis Abeba verhandelten, beschloß der UN-Sicherheitsrat das Mandat von UNOSOM II für zunächst zwei Monate ab Mai 1993. UN-

OSOM II soll – mit einer Truppenstärke von 20 000 Mann sowie 8000 Mann für Logistik und Versorgung – 2800 Zivilisten sowie die Flüchtlinge repatriieren, Landminen beseitigen, die Infrastruktur wiederherstellen, beim Aufbau einer Verwaltung mitwirken und die Entwaffnung der Milizen und Banden nötigenfalls mit militärischen Mitteln durchsetzen. Damit ist UNOSOM II die erste Friedenserzwingungsmission (peace enforcement) der UNO, noch größer und teurer als die bislang größte und teuerste UN-Operation, die Übergangsverwaltung in Kambodscha. Der Konflikt in Kambodscha ist, trotz der Abhaltung von Wahlen, noch lange nicht gelöst. Frieden in Somalia zu stiften, wird nicht einfacher sein. Wenn UNOSOM selbst zur Konfliktpartei wird, wird die UNO zwangsläufig parteiisch: Was einer Gruppe schadet, nützt einer anderen. Anstatt die Zivilbevölkerung – und das ist die große Mehrheit – gegenüber den bewaffneten Gruppen zu stärken, hat die UNO sich erst in Verhandlungen mit den Kriegsherren und dann in die Konfrontation mit einem von ihnen begeben. Ein Weg zu einer tragfähigen Lösung scheint weder das eine noch das andere zu sein. Somalia ist vom Frieden noch weit entfernt.

Literaturhinweise

Bongartz, M., Somalia im Bürgerkrieg. Ursachen und Perspektiven des innenpolitischen Konflikts, Hamburg 1991 (Arbeiten aus dem Institut für Afrika-Kunde 74).

Brüne, S./K. Eikenberg, Äthiopien/Somalia: Politischer Umbruch am Horn von Afrika. In: Jahrbuch Dritte Welt 1992, München 1991, S. 256–270.

Doornbos, M. et al., Beyond Conflict in the Horn. The Prospects for Peace, Recovery and Development in Ethiopia, Somalia, Eritrea and Sudan, Den Haag–London 1992.

Eikenberg, K., Länderartikel Somalia. In: Afrika Jahrbuch 1988 ff., hg. von R. Hofmeier/Institut für Afrika-Kunde, Opladen 1989 ff.

Harsch, E., Somalia. Restoring Hope, New York, United Nations Department of Public Information, 1993 (Africa Recovery Briefing Papers Nr. 7 vom 15. Januar 1993).

Peter Körner
Zaire: Von der Kleptokratie zur Demokratie?

Als 1989 die sozialistisch-kommandostaatlichen Regime Osteuropas hinweggefegt wurden, ließ dies unseren südlichen Nachbarkontinent nicht unbeeindruckt. In den afrikanischen Staaten waren die Menschen, v. a. in den Städten, nicht länger bereit, sich mit sozialer Not, Korruption, Menschenrechtsverletzungen und der oft hemmungslosen Selbstbereicherung einer kleinen Herrscherclique abzufinden. Als Urheber der Mißstände wurden Einperson- und Einparteiregime identifiziert, durch die manche Staaten, darunter Zaire, so weit heruntergewirtschaftet worden waren, daß sich deren Entwicklungsstand mittlerweile unter das in der Kolonialzeit erreichte Niveau abgesenkt hatte. Etliche dieser Herrschaftssysteme waren regelrecht zur „Kleptokratie", zur Herrschaft von Dieben und Plünderern im Staatsamt, verkommen. In vielen Ländern erschallte infolgedessen der Ruf nach Demokratie und Wandel. Damit war die Erwartung verknüpft, daß sich die Chancen für „Entwicklung" wieder verbessern würden, wenn die für die Entwicklungskrise Verantwortlichen erst einmal davongejagt wären. Da die ungeliebten Herrscher meist die Kontrolle über den Repressionsapparat bewahrt hatten, konnte der Weg des Wandels von Regimegegnern nur gewaltfrei beschritten werden. Als Mittel des friedlichen Übergangs wurden unabhängige Nationalkonferenzen eingesetzt, deren Arbeit mancherorts von den alten Regimen sabotiert wurde. Während in Benin und anderen Staaten die Ablösung von Herrschern durch demokratische Wahlen bewerkstelligt wurde, klammerten sich in Togo und Zaire die seit den 60er Jahren herrschenden Autokraten Eyadéma und Mobutu Sese Seko so unnachgiebig an die Macht, daß der Übergang ins Stocken kam, bis schließlich Anfang 1993 die Streitkräfte mit Gewaltaktionen die Machtpositionen der – beiden miteinander befreundeten – Diktatoren vorläufig wiederherstellten, ohne indes den Ruf nach Veränderung ersticken zu können. Dies hat beide Staaten an den Rand eines Bürgerkrieges geführt. Eine solche Entwicklung wäre besonders für Zaire katastrophal: Kriegswirren hatten bereits in den frühen 60er Jahren, kurz nach der Unabhängigkeit des ehemaligen Belgisch-Kongo, die Gefahr des staatlichen Zerfalls heraufbeschworen. Dieser Zerfall könnte durch die Abspaltung der wirtschaftlichen Lebensader Shaba/Katanga sowie anderer Landesteile wie Kasai oder Kivu erneut drohen.

1. Kriegsgefahr in Zaire

In Zaire gibt es Indizien genug, daß die innenpolitischen Spannungen zum Krieg eskalieren könnten:
– Seit September 1991 überzieht eine nicht endende Welle von Plünderungen das Land, durch die – als Folge des Kollaps der Staatsfinanzen durch Selbstbereicherung der Mobutu-Klientel – unter- und oft monatelang gar nicht bezahlte einfache Soldaten ihren Lebensunterhalt sichern. Die Exzesse vagabundierender Militärs erzeugten ein Klima der Angst und Instabilität. Im Januar 1993 lieferten Plünderungszüge und eine beginnende Armeemeuterei in der Hauptstadt Kinshasa dem Mobutu-Regime den Vorwand, mit loyalen Sondereinheiten nicht nur gegen die Soldaten vorzugehen, sondern auch die politische Opposition zu verfolgen, einzuschüchtern und von ihrem Vorhaben abzubringen, ein Amtsenthebungsverfahren gegen den Diktator durchzusetzen. Die Repression forderte vermutlich über 1000 Menschenleben. Ein Ende der Instabilität brachte sie jedoch nicht.
– Seit August 1992 schwelt in Shaba ein Konflikt zwischen Lunda und Baluba, der inzwischen zu einer Politik der „ethnischen Säuberung" der Lunda gegen die in der Kolonialzeit aus Kasai in die damals belgische Bergbauökonomie zugewanderten Baluba ausgeartet ist. Auch in der Region Kivu nördlich von Shaba eskalierten im Frühjahr 1993 ethnische Spannungen zwischen angestammten Völkern und sog. Rwanda-Zairern, Hutu und Tutsi, die zairische Staatsbürger sind. Bis August 1993 sollen bei den Zusammenstößen in Kivu und Shaba mehr als 6000 Menschen zu Tode gekommen sein.

– In den nordöstlichen Gebieten Zaires, besonders in den Landstrichen nahe der ugandischen Grenze, kam es seit Mitte der 80er Jahre wiederholt zu militärischen Konfrontationen zwischen regulären Streitkräften und bewaffneten Regimegegnern, die dem Mouvement National Congolais Lumumba (MNC/L) zugerechnet werden. Die Anhänger des 1961 ermordeten ersten zairischen Regierungschefs Lumumba gehören seit jeher zu den erbittertsten Gegnern der Herrschaft Mobutus, der zu den Häschern Lumumbas zählte. Die militärischen Zusammenstöße am Rande des Staates hatten freilich mehr den Charakter von Nadelstichen und Scharmützeln als die Ausmaße eines Befreiungskampfes, da es den Rebellen an Waffen, Personal und Ausbildung mangelte. Südlich der Operationszonen des MNC/L, nahe der Grenze zu Rwanda, Burundi und Tanzania, hat in unwegsamem Gelände seit den 60er Jahren eine bewaffnete, aber militärisch schwache Widerstandsgruppe mit der Bezeichnung Parti de la Révolution Populaire (PRP) überlebt, die sich wie das MNC/L in der Tradition Lumumbas sieht und besonders 1984 und 1985 durch Überfälle auf die kleine Garnisonsstadt Moba in die Schlagzeilen geriet.

Die Anhaltspunkte für einen drohenden Krieg deuten zugleich auf die Gefahr hin, daß Mobutu, sollte sein Willen zur Behauptung seiner persönlichen Herrschaft so unbeugsam bleiben wie bisher, das grausame Schicksal anderer Diktatoren ereilen könnte, die ihren Widerstand gegen den Wandel in den Jahren 1989 und 1990 mit dem Leben bezahlten. Insbesondere der Tod seines Freundes Ceauşescu hatte Mobutu seinerzeit nicht unbeeindruckt gelassen. Als der Wind des Wandels auch die zairische Opposition stärker machte, diese im Zusammenwirken mit der katholischen Kirche Zaires massive Regimekritik äußerte und eine von Mobutu in Auftrag gegebene Volksbefragung ein erhebliches Protest- und Unruhepotential zutage förderte, wich der Diktator erschrocken zurück und verkündete im April 1990 die Abschaffung des Einparteisystems und den Übergang zur Demokratie. Schon bald wurde jedoch klar, daß Mobutu lediglich an kosmetische Korrekturen eines auf ihn zugeschnittenen Herrschaftsapparats dachte und daß er sich selbst in einem reformierten System gern als nationaler Übervater und Oberschiedsrichter gesehen hätte, Obwohl er die Forderungen der Opposition nach grundlegenden Veränderungen einschließlich seines Abschieds von der Macht im Kern nicht zu erfüllen bereit war, mußte er schließlich ein Mehrparteiensystem (Oktober 1990), die Konstituierung einer Nationalkonferenz (August 1991), deren Souveränitätserklärung (April 1992), die Wahl des aus der Opposition stammenden Ministerpräsidenten Tshisekedi durch die Nationalkonferenz (August 1992) und die Einsetzung eines Haut Conseil de la République (HCR) genannten Übergangsparlaments (Dezember 1992) zulassen. Mobutu machte indes keine Konzession freiwillig, sondern unter verstärktem Druck, und setzte alles daran, die Spielräume seiner Gegner einzuengen, wann und wo immer er konnte. So wies er den von der Nationalkonferenz verabschiedeten Entwurf für eine föderalistische und mit dem Bekenntnis zur Mehrparteiendemokratie ausgestattete Verfassung zurück und sprach den Übergangsgremien die Legitimität ab. Mobutus Gegenwehr verstärkte sich in dem Maße, in dem er seinen Repressionsapparat im Laufe des Jahres 1992 reorganisiert hatte und sich für eine Konfrontation mit seinen Widersachern stark genug fühlte. Im Frühjahr 1993 entließ Mobutu Ministerpräsident Tshisekedi und berief eine neue Regierung unter dem kollaborationswilligen Regierungschef Birindwa, dem allerdings die internationale Anerkennung und die innenpolitische Zustimmung weitgehend versagt blieben. Da Tshisekedi und mit ihm die Opposition die Entlassung als unrechtmäßig ablehnten, hatte Zaire ab April 1993 zwei konkurrierende Ministerpräsidenten. Das Land drohte in Anarchie und Chaos zu versinken, die Herrschaftsperspektive für das Mobutu-Regime erschien trotz Repression unsicher. Doch der zairische Diktator hat in der Vergangenheit mehr als einmal die Binsenweisheit bewiesen, daß Totgesagte länger leben.

2. Pfeiler des zairischen Herrschaftssystems

Mobutus Herrschaft gründete auf
- äußere und innere Herrschaftsallianzen,
- raffinierte Herrschaftstechniken,
- den ungenierten Zugriff auf den Staat und seine Ressourcen (v. a. Kupfer, Kobalt, Diamanten, Erdöl und Kaffee),
- die Kontrolle über den Repressionsapparat, die wichtigsten Devisen erwirtschaftenden (Staats-)Unternehmen und die Geld- und Deviseninstanz Zentralbank (als Selbstbedienungsladen).

Hinzu kamen persönliche Qualitäten des Herrschers, insbesondere charismatische Ausstrahlung und ein unglaubliches Geschick, im Machtpoker mit zahlreichen Bällen gleichzeitig zu jonglieren. Dabei hat Mobutu nicht ohne Erfolg das Legitimationsmuster traditionaler afrikanischer Häuptlingsherrschaft auf die nationale Ebene übertragen. Wie kein zweiter verstand es der „Chef", gegenüber seinen politischen Gegnern die – in Jahrzehnten erprobten und verfeinerten – Herrschaftstechniken von Zuckerbrot-und-Peitsche sowie Teile-und-Herrsche zu praktizieren. Unvermeidbare, aber jederzeit rücknehmbare Zugeständnisse, vorgetäuschte Kompromißbereitschaft und durch Pfründenzuweisung buchstäblich erkaufte Kooptation zählten ebenso zu den Techniken des Machterhalts wie brutale Repression. Als Meister seines Fachs dosierte Mobutu Repression im Wechselspiel mit sanfteren Herrschaftstechniken so geschickt, daß die Kombination der verschiedenen Elemente seine Machtposition bewahrte. Er hat ein Gespür dafür entwickelt, wann er, ohne einen Effekt wie 1989/90 in Liberia oder Rumänien zu riskieren, gegen Regimegegner hart durchgreifen kann. Ebenso instinktsicher schaltet er auf sanftere Touren um, wenn er sich aus einer Position der Stärke einen großmütigen Umgang mit Regimegegnern leisten zu können glaubt. Doch auch für einen politischen Überlebenskünstler wie ihn sind die Spielräume für die Herrschaftssicherung eng geworden, seit sich die USA, Frankreich (vor Balladur) und Belgien – Alliierte im Kalten Krieg – von ihm abgewandt und die Demokratisierung, die er nicht will, zur Bedingung für finanzielle und politische Unterstützung erhoben haben.

Wichtigster Stützpfeiler von Mobutus persönlicher Macht war über Jahrzehnte hinweg die Allianz mit den drei westlichen Industriestaaten: Belgien als Ex-Kolonialmacht mit noch immer bedeutenden Wirtschaftsinteressen in Zaire, Frankreich in Doppeleigenschaft als einflußreiches Mitglied der EG und als selbsternannte Führungsmacht aller frankophonen Staaten, die USA als westliche Vormacht im Kalten Krieg mit strategischen Interessen überall auf dem Globus. Bevor Anfang der 90er Jahre der Zusammenbruch der Sowjetunion und ihres militärisch-politischen Lagers das Ende des Ost-West-Konflikts bewirkten, hatte Zaire in Zentralafrika die Funktion eines territorial großen Herzstücks und geostrategisch bedeutenden Bollwerks gegen den „Kommunismus" gehabt. Mobutu war in der Wahrnehmung des Westens als einziger Zairer der Garant der nationalen Einheit, der territorialen Integrität und der prowestlichen, antikommunistischen Orientierung seines Staates gleichermaßen. Bereits im September 1960 hatte er als Armeechef in einem Putsch gegen die damalige nationalistisch-neutralistische und nach Auffassung der USA prokommunistische Regierung Lumumba, noch ohne selbst die Macht an sich zu reißen, die Weichen für die Ausrichtung seines Landes auf den Westen gestellt. Als sich aus einem während der sog. „Kongo-Wirren" eskalierten Machtkampf rivalisierender prowestlicher Zivilpolitiker eine gefährliche innenpolitische Lähmung ergab, übernahm Mobutu im November 1965 in einem vom US-Geheimdienst CIA unterstützten Staatsstreich die Macht im Staate, die er danach für mehr als ein Vierteljahrhundert verkörperte.

Die enge Verbindung zwischen Mobutu und dem Westen kam nicht nur in Zaire selbst, sondern auch im Nachbarland Angola zum Tragen: Dort unterstützte Zaire ab Mitte der 70er Jahre zunächst die prowestliche Rebellenorganisation FNLA (mit deren aus dem Bakongo-Volk stammenden Chef Holden Roberto Mobutu verwandtschaftlich verbunden war) und später die ebenfalls prowestliche UNITA gegen das aus US-Sicht prosowjetische MPLA-Regime. Besonders in der Amtszeit von US-Präsident Reagan war Zaire zudem ein wichtiger Kanal für Waffenlieferungen und Hilfsflüge des US-Geheimdienstes zugunsten der UNITA. Ohne den zur Belohnung für seine antikommunistische Willfährigkeit geleisteten militärischen Beistand der westlichen Partner wäre Mobutu vermutlich nicht mehr an der Macht: Als 1977 und 1978 die von Angola aus operierende, möglicherweise von der MPLA unterstützte Front de Libération Nationale Congolais (FLNC) die wirtschaftliche Lebensader Shaba zu lähmen und in der Folge das Regime in Kinshasa zu stürzen drohte, sorgten die USA durch logistische Hilfe sowie Frankreich und Belgien durch die Entsendung von Truppen dafür, daß ihr Schützling sich als zairischer Herrscher behaupten konnte. Die prowestliche Orientierung war letztlich auch ausschlaggebend, als sich die USA seit 1975/76 in der von ihnen dominierten internationalen Währungs- und Finanzinstitution IWF wiederholt für Kreditvergaben an Zaire engagierten, die durch die Wirtschaftsdaten und die Finanzpolitik des Regimes nicht gerechtfertigt waren. Die sonst so strikte IWF-Konditionalität wurde im Falle Zaire mehr als einmal aufgrund übergeordneter geostrategischer Interessen der USA verwässert, um die finanzielle Basis für das politische Überleben Mobutus zu verbessern. Jahrzehntelang sahen die westlichen Partner über den kriminellen Charakter des Regimes, ausufernde Korruption und schwerste Menschenrechtsverletzungen großzügig hinweg.

Die externe Unterstützung bildete die Basis, ohne die Mobutu in den 60er und 70er Jahren kaum langfristig an der Macht hätte ausharren können, doch seine Herrschaft benötigte auch eine starke Innenausstattung, um Jahrzehnte zu überdauern. Die Machtstellung des Diktators fußte auf dem zentralistischen, personalistisch-repressiven Einparteisystem des Mouvement Populaire de la Révolution (MPR) – ein System ohne demokratische Institutionen wie gewähltes Parlament, Parteien und politische Opposition, aber mit Institutionen wie Politbüro, Zentralkomitee und Generalsekretär, die eher einer Karikatur denn einer Kopie sozialistischer Vorbilder gleichkamen. Die Gründung der Einheitspartei MPR beendete zumindest oberflächlich die politische Zersplitterung, die in den frühen 60er Jahren zu den damaligen Kriegswirren beigetragen hatte.

Die MPR-Herrschaft beruhte auf einem ausgeklügelten klientelistischen Pfründensystem, das von Mobutu im Laufe der Jahre perfektioniert wurde. Mit schwer durchschaubaren Mechanismen von Belohnung und Bestrafung sorgte er dafür, daß willfährige Handlanger und Erfüllungsgehilfen einschließlich Bürokratie und Militär in sein Machtgefüge eingebunden und mißliebige Personen davon ausgeschlossen wurden. Dabei strebte er mit immer wieder großem persönlichem Erfolg das Ziel an, gemäßigt regimekritische oder für sein Herrschaftsgefüge potentiell bedrohliche ethnisch-regionale Eliten durch die Zuweisung einträglicher Pfründe einzubinden. Zugleich verhinderte er durch ein nie endendes Personalkarussell, daß im politischen System und im Militär eine mit ihm konkurrierende Hausmacht und eine personelle Alternative entstanden. Das klientelistische System band nicht nur Personen aus Mobutus Volk der Ngbandi und aus dem im Großraum der Hauptstadt Kinshasa dominanten Volk der Bakongo ein, mit dem Mobutu verwandtschaftlich verflochten war. Vielmehr berücksichtigte das System – mittels Quotierungen peinlich auf Machtbalance orientiert – auch Repräsentanten anderer Ethnien, wenn und solange sie sich kooperationswillig zeigten. Der Mobutu-Klientelismus förderte damit die Entstehung einer nationalen, allerdings zersplitterten Staatsklasse, deren Reproduktion sich auf die private Aneignung öffentlicher Finanzen und die private Ausnutzung öffentlicher Ämter gründete. Ein Posten im staatlichen Sektor diente den Inhabern als „bürokratisches Kapital" (D. Gould).

Zu den Ethnien, die für Mobutu am schwierigsten in sein Machtgefüge zu integrieren waren, zählten besonders Völker aus ressourcenreichen Regionen wie Shaba (Kupfer, Kobalt und andere Mineralien), Kasai (Diamanten) und den im innerstaatlichen Vergleich landwirtschaftlich aktiven Nordosten, namentlich Kivu (mit Kaffee sowie einigen Mineralien, darunter Gold). Neben Mobutus ethnisch-regionalen Hauptstützen im Großraum Kinshasa sind besonders zwei Ethnien für das Machtgefüge in Zaire bedeutsam:
– die Lunda aus Shaba, denen bereits der Katanga-Sezessionist der 60er Jahre, Tshombé, entstammte, mittlerweile unter dem Tshombé-Neffen Nguz a Karl-i-Bond und

– die Baluba aus Kasai mit Tshisekedi, Chef der Anfang der 80er Jahre in der Illegalität gegründeten sozialdemokratischen Oppositionspartei Union pour la Démocratie et le Progrès Social (UDPS).

Da die Einbindung der Lunda zeitweise nicht und die eines Großteils der Baluba seit den 80er Jahren nicht mehr gelang, benötigte Mobutu einen starken Repressionsapparat, den er in den Spitzenfunktionen mit gut bezahlten loyalen Dienern besetzte und bei Bedarf gegen Widersacher einsetzte. Dieser Apparat war von den westlichen Partnern, aber auch so unterschiedlichen Helfern wie Israel und der VR China ausgebildet und ausgerüstet worden. Er war der wichtigste interne Pfeiler von Mobutus Herrschaftssystem.

Eine bedeutende Rolle bei der Bewahrung von Mobutus Herrschaft spielten ferner die mit dem Kolonialismus nach Zaire gekommenen christlichen Kirchen: in der Anfangsphase der Mobutu-Ära namentlich die – einst mit dem belgischen Kolonialsystem eng verflochtene, mittlerweile jedoch afrikanisierte – katholische Kirche Zaires, später in stärkerem Maße die protestantischen Kirchen sowie die kimbanguistische Kirche, eine afrikanische Spielart des Christentums, die auf den in den 20er Jahren unseres Jahrhunderts erschienenen „schwarzen Messias" Simon Kimbangu zurückgeht und aufgrund ihrer regionalen Konzentration im Siedlungsgebiet der Bakongo und im Großraum Kinshasa für die Herrschaftssicherung nicht zu unterschätzende Bedeutung gewann. Abgesehen von dieser primär regional verankerten Religionsgemeinschaft handelte es sich bei den Kirchen neben Bürokratie und Militär um die einzigen gesellschaftlichen Institutionen, die im ethnisch-regional zersplitterten Zaire eine nationale Dimension besaßen. Die katholische Kirche allerdings ging in Reaktion auf den repressiven Charakter und einige kirchenfeindliche Beschlüsse des Regimes – etwa die Entchristianisierung zairischer Namen und das Verbot kirchlicher Jugendverbände 1971/72 – früh zu Mobutu auf Distanz, sie wurde später zum Sprachrohr von Regimekritik auch für die politische Opposition und gewann 1991/92 eine wichtige Funktion beim politischen Übergang (der Präsident von Nationalkonferenz und HCR war der Vorsitzende der zairischen Bischofskonferenz). Zwischen den übrigen Kirchen und dem Regime hingegen bestand bis Anfang der 90er Jahre ein wenig distanziertes, von gegenseitiger Duldung und sogar Sympathie bestimmtes Verhältnis fort. Die kirchliche Forderung des Respekts vor der Autorität bewahrte Mobutu in politisch schwierigen Zeiten gerade in der Hauptstadt oft vor offenen Anfeindungen der überwiegend christlich orientierten Bevölkerung, deren Leidensfähigkeit durch sein sozial ungerechtes und politisch repressives Regime fortwährend überstrapaziert wurde.

3. Das Mobutu-Regime in der Dauerkrise

Der auf Mobutu zugeschnittene Klientelismus enthielt wesentliche Elemente des Patrimonialismus: „Patrimonialismus" bezeichnet ein Herrschaftssystem, in dem der Staat und seine verschiedenen Bestandteile, namentlich Schlüsselbereiche wie Finanzen und Repressionsapparat, der privaten Verfügungsgewalt des (Allein-)Herrschers unterliegen. Zwischen öffentlichem und privatem Nutzen wird darin kein Unterschied gemacht. Ermöglichte dieses System die umfangreiche private Aneignung öffentlicher Ressourcen durch eine kleine Schicht hochrangiger Staatsdiener im Umfeld Mobutus und in der Folge die Selbstprivilegierung der sich formierenden Staatsklasse, so bewirkte es andererseits die Auszehrung der nationalen Ressourcen, den wirtschaftlichen Ruin des Landes und eine soziale Katastrophe bei der Bevölkerungsmehrheit.

Besonders betroffen waren die Landwirtschaft und die ländliche Bevölkerung, nahezu zwei Drittel der Gesamtbevölkerung, die mittels Besteuerung und Niedrigsterzeugerpreisen einen erheblichen Beitrag zum Haushalt leistete, aus dem sich die Staatsklasse nährte. Entwicklungspolitisch völlig vernachlässigt, zogen sich die Bauern zu einem Großteil in die nahezu ausschließliche Selbstversorgung zurück. Die Entwicklung Zaires wurde kopf-, stadt- und industrielastig. Das patrimonialklientelistische System geriet 1975 in eine bis in die Gegenwart fortdauernde sozioökonomische und politische Dauerkrise, als der Weltmarktpreis für Zaires in Shaba produziertes Hauptexportgut Kupfer, dessen seit Ende der 60er Jahre währender Boom zunächst die Festigung der Mobutu-Herrschaft wirtschaftlich erleichtert hatte, abrupt auf ein langfristig niedriges Niveau absank. Die von der Kolonialmacht Belgien geschaffene und unter dem Mobutu-Regime verschärfte Weltmarktabhängigkeit im Bereich einiger weniger, vorwiegend bergbaulicher Exportprodukte kombinierte sich mit der unter Mobutu entstandenen patrimonialen Raub- und Plünderungsökonomie, deren Grundlage durch die Verstaatlichung von Bergbau-, Plantagen-, Industrie- und Handelsunternehmen zwischen Ende der 60er und Mitte der 70er Jahre stark erweitert worden war, zu einem entwicklungspolitischen Desaster ohnegleichen. Dieses Desaster war um so gravierender, als das Regime, in Kooperation mit westlichen Industriekonzernen, statt angepaßter Technologie einen Kurs der weltmarktabhängigen Entwicklungsgigantomanie verfolgt hatte: Mit Auslandskrediten finanziert, waren Staudämme, Überland-Hochspannungsleitungen, Industriebetriebe und Großfarmen angelegt worden, die teilweise mit minimaler Kapazitätsauslastung arbeiteten. Die Realisierung solcher Riesenprojekte brachte weder einen Zuwachs der Exporterlöse noch einen Devisenspareffekt, bescherte Zaire jedoch eine Auslandsverschuldung von inzwischen 11 Mrd. US-Dollar und Schuldendienste, die bereits Mitte der 70er Jahre nicht mehr bezahlbar waren. Seither befand sich das Mobutu-Regime nahezu ununterbrochen in einem Tauziehen mit IWF, Weltbank und Pariser Club um den Kurs der ökonomischen Sanierung, von der die Bewahrung bzw. Wiedergewinnung von politischer Stabilität maßgeblich mitbestimmt wird.

Während Landeskenner unterstellten, daß Mobutu und seine Klientel von den Staatseinkünften, Deviseneinnahmen, Auslandskrediten und Entwicklungshilfegeldern so viel Geld in die eigenen Schatullen abgezweigt haben, daß es für sie ein Leichtes wäre, Zaires Auslandsschulden aus ihrem Privatvermögen zu begleichen, hintertrieb das Regime wiederholt die Abkommen mit dem IWF, der Weltbank und dem Pariser Club, weil die Konditionen der Übereinkünfte die Bereicherungsspielräume der

Staatsklasse beschnitten und soziale Härten für städtische Bevölkerungsschichten mit sich brachten, deren Protestpotential das Regime fürchtete. Die Abkommen machten dem Mobutu-Regime zur Auflage, die Wirtschaft durch eine Politik der Strukturanpassung – mit Weltmarktöffnung, Marktwirtschaft und Privatisierung – zu sanieren. Nur unter dieser Bedingung waren die Gläubiger bereit, Zaires Verbindlichkeiten umzuschulden und neue Kredite zu gewähren, von denen wiederum der Erfolg der Strukturanpassung abhing. Doch weder die Sanierungsprogramme noch die Besetzung zairischer Schlüsselinstitutionen wie Zentralbank, Finanzministerium und Zoll durch Gewährsleute der Gläubiger nach den Shaba-Kriegen der 70er Jahre konnten die Krisenursachen, insbesondere die Praktiken der Selbstbereicherung, beseitigen. Die Kombination von halbherziger Sanierung und fortbestehender Kleptokratie wirkte für das Land und seine mittlerweile fast 40 Mio. Menschen fatal: Die Produktion in Bergbau, Industrie und Landwirtschaft schrumpfte, der zu keiner Zeit der Mobutu-Ära geringe Preisauftrieb entartete 1991 zur Hyperinflation von mehreren tausend Prozent pro Jahr. Die von Armut und teilweise auch Not betroffenen Menschen aus den unterprivilegierten Schichten benötigten mehr denn je Überlebensmöglichkeiten im informellen Sektor der Städte, in der Selbstversorgungswirtschaft auf dem Lande, in den sozialen Netzen der Großfamilie und in den sozialen Einrichtungen der Religionsgemeinschaften, um ihre nackte Existenz zu sichern.

4. Der Widerstand des Regimes gegen Veränderung

Je mehr sich die ökonomische, soziale und infolgedessen auch politische Krise in Zaire zuspitzte, desto mehr geriet das Mobutu-Regime unter Druck. Rückendeckung durch die katholische Kirche Zaires und das Plädoyer der früheren westlichen Verbündeten Mobutus für die Demokratisierung ermutigten Unzufriedene, ihren Protest gegen das Regime offen zu äußern und sich politisch zu organisieren. Der Druck der Opposition hatte zur Folge, daß Mobutu im Oktober 1990 das Mehrparteiensystem legalisierte. Danach schossen Parteien wie Pilze aus dem Boden; bisher wurden über 360 Organisationen als Parteien registriert. Doch mit den Parteien kam der Spaltpilz: Neben einer Vielzahl von Oppositionsgruppierungen bildeten sich auch Organisationen, die offenkundig Tarngebilde von Mobutu-Anhängern waren. Auf diese Weise suchte das Regime Unsicherheit in die Reihen seiner Gegner zu tragen. Mobutus Handlanger nahmen Argumente von Regimekritik auf, um ihre wahren Absichten zu verschleiern und der wirklichen Opposition den Wind aus den Segeln zu nehmen. Dessen ungeachtet kristallisierten sich neben Mobutus Kräften vor allem drei heraus, deren Wirken sich als machtpolitisch bedeutsam erwies: die bereits erwähnte UDPS unter Führung von Tshisekedi, die primär in Shaba verankerte Union des Fédéralistes et des Républicains Indépendents (UFERI) unter Nguz und die auf eine Basis vor allem in und um Kinshasa gestützte Parti Démocrat et Social Chrétien (PDSC) unter Ileo, der in den frühen 60er Jahren als Regierungschef gescheitert war, heute aber den Ruf eines weisen alten Mannes genießt. UDPS, UFERI und PDSC schlossen sich Mitte 1991 mit anderen Gruppierungen zur Union Sacrée zusammen, die zur mächtigsten politischen Gegenspielerin des Regimes und zur wichtigsten Triebkraft bei der Durchsetzung der Nationalkonferenz gegen Mobutu wurde.

Mit dem erprobten Rezept von Zuckerbrot-und-Peitsche sowie Teile-und-Herrsche gelang es indes Mobutu Ende 1991, die UFERI und Nguz aus der oppositionellen Phalanx herauszubrechen und eine Herrschaftsachse Kinshasa–Shaba zu schmieden, die ihm die fortgesetzte Teilhabe an den Reichtümern der wirtschaftlichen Lebensader Zaires ermöglichte. Mit dem gleichen Rezept zog Mobutu im Frühjahr 1993 den aus Kivu stammenden Rwanda-Zairer Birindwa aus der UDPS auf seine Seite. Die neuen Herrschaftsallianzen ermöglichten es Mobutu, den Verlust der Unterstützung durch die westlichen Industriestaaten wenigstens teilweise zu kompensieren und der hinter Tshisekedi formierten Opposition Paroli zu bieten. Die eingangs kurz geschilderten ethnischen Konflikte zwischen Lunda und Baluba in Shaba sowie zwischen alteingesessenen Völkern und Rwanda-

Zairern in Kivu hatten unmittelbar mit dem Machtgerangel in Kinshasa bzw. mit der Enttäuschung über die Kehrtwendung von Politikern in Richtung Mobutu zu tun.

Tshisekedi seinerseits gewann die Sympathie der ehemaligen westlichen Partner Mobutus, die in ihm, obwohl er in früheren Jahren Kollaborateur des Regimes gewesen war, heute einen – allerdings noch relativ machtlosen – Garanten der Demokratisierung sehen. Der UDPS-Chef versteht es, die zairische und internationale Öffentlichkeit zu mobilisieren und dadurch Einfluß auszuüben. Aufgrund der exponierten Position wagte es das Regime nicht mehr, ihn wie noch Ende der 80er Jahre persönlich zu drangsalieren. Die USA, Frankreich und Belgien haben zudem seit Dezember 1992 Mobutu mehrfach zu verstehen gegeben, daß sie Übergriffe gegen den Oppositionsführer nicht hinnehmen würden. Trotz dieser Rückendeckung hat es Tshisekedi jedoch nicht vermocht, Mobutu wirkliche Macht zu nehmen. Der Versuch, dem Staatschef die Kontrolle über die Zentralbank, die Devisen und das Geld zu entwinden, ist vorerst gescheitert. Dennoch hat Tshisekedi durch politische Agitation Ende 1992, Anfang 1993 bewirkt, daß die Bevölkerung mehrheitlich die von Mobutu eingeführte – der Hyperinflation neue Nahrung versprechende – 5-Mio.-Zaire-Banknote nicht akzeptierte. Diesen Geldschein benötigte der Herrscher dringend, um die unzufriedenen Soldaten zu bezahlen und eine drohende Meuterei abzuwenden. Als die Soldaten erkannten, daß das Zahlungsmittel, das sie besänftigen sollte, wertlos war, eskalierte die seit September 1991 wogende Plünderungswelle in Kinshasa dennoch zur Meuterei. Die dadurch entfachten gewaltsamen Unruhen nahe dem Zentrum der politischen Macht eröffneten Mobutu die Chance, seine ramponierte Position durch einen blutigen Einsatz loyaler militärischer Sondereinheiten zumindest vorläufig wieder zu festigen.

Zaire drohte in eine „somalische" Situation zu driften. Die Uno entsandte Mitte 1993 einen Sonderbotschafter, um doch noch einen geordneten Übergang zur Demokratie zu erreichen. Die Lage blieb indes gespannt. Wer auf ein baldiges Ende der Mobutu-Herrschaft hofft, sollte sich trotz der zunehmend chaotischen Lage in Zaire in Erinnerung rufen, daß die angesehene „Financial Times" bereits 1967 in einem ausführlichen Artikel von „Mobutus wankendem Thron" sprach. Der Thron wankt seit 28 Jahren, doch gefallen ist er bisher nicht.

Literaturhinweise

Körner, P., Zaire: Verschuldungskrise und IWF-Intervention in einer afrikanischen Kleptokratie, Hamburg 1988.
Kuhn, B., Mehrparteiensystem und Opposition in Zaire, Münster 1992.
Schatzberg, The dialectics of oppression in Zaire, Bloomington (USA) 1988.

Chronik

1885–1960	Belgische Kolonialherrschaft
1960–67	„Kongo-Wirren": Sezessionskrieg und andere militante Konflikte
1965	Machtübernahme durch Mobutu
1967	Einführung des Einparteisystems, Verstaatlichung des Bergbaus
1971	Umbenennung von Kongo in Zaire, Authentizitätskampagne
1973–75	Zairianisierung und Nationalisierung großer Teile der Wirtschaft
1975	Beginn der wirtschaftlichen, sozialen und politischen Dauerkrise, Druck zur Weltmarktöffnung und Privatisierung der Wirtschaft, Dauerzwist mit IWF, Weltbank und Gläubigern
1977/78	Shaba-Kriege
1990	Abschaffung des Einparteisystems, Verkündung des Übergangs zur Demokratie
1991/92	Nationalkonferenz mit Entwurf einer Verfassung zur Ablösung der Mobutu-Herrschaft
1993	Gewaltsame Erneuerung der Mobutu-Herrschaft

Marina Peter
Krieg im Sudan: Ein vergessener Konflikt?

„General Omer El Beshir, Vorsitzender des Revolutionskommandorates, hat ausgeschlossen, daß Sudan die Menschenrechte verletzte, und rief dazu auf, einen Ermittlungsausschuß zur Untersuchung solcher Beschuldigungen zu bilden ... General El Beshir bekräftigte, die Feinde Sudans gönnten dem sudanesischen Volk seine Erfolge nicht und hätten daher begonnen, Gerüchte in Umlauf zu setzen, die unbegründet seien und nicht auf Fakten beruhten. Er erklärte, diese Feinde hätten die besagten Gerüchte vor internationalen Foren vorgebracht, und betonte, die Verurteilung sei völlig unbegründet", so meldet die regierungsamtliche Nachrichtenagentur SUNA am 7.12.92.

Und Sudanow, das offizielle Monatsmagazin der Khartoumer Regierung, berichtet in seiner Maiausgabe 1993, daß „nach 10 langen Jahren die Rebellenbewegung nun zur Vernunft gekommen ist und sich einverstanden erklärt hat, endlich über eine ehrliche, friedliche Beendigung des Konflikts zu verhandeln".

Es scheinen also gute Nachrichten zu sein, die uns in den letzten Monaten aus dem Sudan erreichen: die Menschenrechte werden allerorts eingehalten und der Krieg wird in absehbarer Zukunft beendet sein, da die Rebellen endlich vernünftig geworden sind – beruhend auf den Verdiensten der Militärregierung unter El Beshir, die seit 1989 versucht, im Sudan einen „Gottesstaat" nach islamischem Vorbild aufzubauen.

Wunderbar, mag sich manch einer sagen, endlich ein Krisenherd weniger in unserer unruhigen Welt. Alle besorgniserregenden Berichte über Massaker, Massensterben und Vertreibungen im Sudan sind also nur von „Feinden der arabischen und islamischen Welt" geschürt.

Diese haben allerdings die Vereinten Nationen so sehr beeinflußt, daß sie sich im März 1993 zu der Verabschiedung einer Resolution genötigt sahen, die die gegenwärtige politisch-soziale Situation im Sudan scharf verurteilt.

Um beurteilen zu können, wie es denn nun wirklich um die Menschenrechte steht und welche Chancen den weiter anstehenden Friedensverhandlungen in Abuja, Nigeria, eingeräumt werden können, müssen wir einen Blick auf die allgemeine Lage des Landes werfen und weit in die Geschichte zurückgehen.

1. Der Sudan im Überblick

Der Sudan ist der flächenmäßig größte Staat Afrikas. Etwa zehnmal so groß wie die Bundesrepublik Deutschland, hat das Land gemeinsame Grenzen zu acht Nachbarländern. Die Bevölkerung des Sudan beträgt mit rd. 20 Millionen Einwohnern rd. ein Viertel der bundesrepublikanischen, mit einer durchschnittlichen Bevölkerungsdichte von 8/qkm, wobei solche statistischen Mittelwerte wenig aussagekräftig sind, da natürlich die größeren Städte wie die Hauptstadt Khartoum im Norden, Juba und Malakal im Süden wesentlich dichter besiedelt sind, während weite Teile des Landes, besonders im Norden und Westen, Trockenzonen und von daher kaum bewohnbar sind. Das Bevölkerungswachstum liegt mit rd. 2% unter dem afrikanischen Durchschnitt. Die 20 Millionen Sudanesen teilen sich in zahlreiche verschiedene ethnische Gruppen auf – einige Autoren unterscheiden bis zu 512 (!). Offizielle Verkehrssprache des Landes ist Arabisch, das sich aber im Süden bis heute nicht durchgesetzt hat. Die offizielle Staatsreligion ist der Islam. Man schätzt die Zahl der Muslime auf rd. 13 Millionen, die der Christen auf 1–2 Millionen und die der Animisten auf rd. 5 Millionen. Allgemein spricht man davon, das Land ließe sich im Prinzip in zwei große Blöcke unterteilen, die der jetzigen Bürgerkriegslinie entsprechen – in die fünf Regionen des überwiegend arabisierten, muslimischen Nordens, und die drei Regionen des schwarzafrikanischen Südens, wobei die Teile während der Kolonialzeit zu einem „Gebilde" zusammengefaßt wurden.

1956 erlangte der Sudan die Unabhängigkeit von der Doppelherrschaft („Kondominium") durch die Ägypter und Briten, nach wechselnden Regierungen stand er von Mai 1969 bis zum

6.4.1985 unter der Einparteienherrschaft Jaffar El Nimeiris. Die Regierung unter Sadik el-Mahdi wurde ein knappes Jahr nach einer militärischen Übergangsregierung gewählt, hat zahlreiche Kabinetts- und Koalitionsumbildungen vornehmen müssen und bereits im Juli 1987 wegen des Bürgerkrieges und der sich dramatisch verschlechternden Wirtschaftslage den Ausnahmezustand für das ganze Land ausgerufen. Sie wurde 1989 durch einen Militärputsch unter Omer El Beshir des Amtes enthoben, dessen Regierung seitdem mit dem Aufbau einer islamischen Republik beschäftigt ist.

2. Geschichtliche Wurzeln des Bürgerkrieges

Der Norden des Sudan stand durch zahlreiche Eroberungsfeldzüge jahrhundertelang unter dem Einfluß der Ägypter, Osmanen und Araber, die seine Kultur und Religion wesentlich geprägt haben.

1876 wurde der britische General Gordon Pascha als Generalgouverneur des Sudan eingesetzt, gegen den Mohammed Ahmed, selbsternannter „Mahdi" (Erlöser), einen zunächst erfolgreichen Kampf führte. Diese Sammelbewegung begründete die Entstehung der sog. „Madiyya", einer islamisch religiösen Bewegung, die bis in unsere Tage ganz wesentlich die politischen Geschicke des Landes mitbestimmt, unter der derzeitigen Führung von Sadiq El Mahdi, Urgroßsohn des Gründers und letzten gewählten Premierminister des Sudan (politische Partei: Umma Party). In Rivalität zu dieser steht die ebenfalls im ausgehenden 19. Jahrhundert gegründete religiös definierte Gruppe der „Khadmiya" (politische Partei: Democratic Unionist Party/Ahmed Al Mirghani). An der Spitze beider Bewegungen stehen Familien, deren Reichtum und Macht sich während der Kolonialzeit durch die wirtschaftlichen Maßnahmen der Briten festigte und die seit der Unabhängigkeit wechselweise immer wieder den jeweiligen Regierungen vorstanden, wobei sie vom Ansatz her keine wesentlich anderen Ziele vertreten als schon ihre Vorväter, wenig unterscheidbar in der ideologischen, religiös definierten Ausrichtung, aber über mehr als 100 Jahre ge-

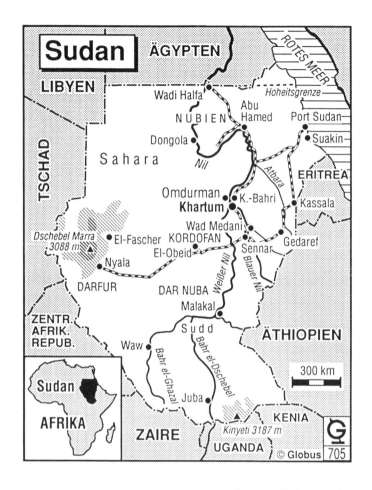

spalten in der Frage, ob sich Sudan mit dem nördlichen Nachbarn verbinden sollte oder nicht.

Der „Mahdistaat" selbst fand allerdings im Jahre 1898 mit der Eroberung Omdurmans sein Ende. Von diesem Zeitpunkt an wurde das Land durch ein britisch-ägyptisches Kondominium regiert, das die bis heute bestehende „Zweiteilung" des Landes wesentlich beeinflußte. Bereits vor der Zeit des britischen Kolonialismus hatten der Norden und der Süden eine weitgehend unabhängig voneinander verlaufende Entwicklung genommen. In beiden Teilen hatten über lange Zeit relativ differenzierte „Kleinstaaten"/Königreiche bestanden; wobei der Norden schon immer in enger Verbindung zu Ägypten stand, während die Menschen im Süden sich eher mit den Gruppen in den heutigen süd-westlichen Nachbarländern verbunden fühlten und ihre vorkolonialen Erfahrungen mit dem Norden u. a. auf den Ereignissen im Zusammenhang mit dem Sklavenhandel basierten. Dieser wurde während einer ersten Kolonialisierungsphase durch die osmanische Besatzung stark intensiviert. Die Tatsache, daß der Süden vom Norden aus über lange Zeit als eine Art „Sklavenreservoir" betrachtet wurde, ist bis heute im Bewußtsein vieler Südsudanesen sehr präsent und wird immer wieder als Beweis für einen weiterhin existierenden Rassismus angeführt.

Der Aufbau eines Territorialstaates in den jetzt bestehenden Grenzen dauerte fast 30 Jahre, da besonders die Bevölkerung im Süden der Inbesitznahme durch die britische Verwaltung teilweise erheblichen Widerstand entgegensetzte. Während sich die Grenzziehung im Norden zum größten Teil an den Gebieten orientierte, die während der osmanischen Verwaltung festgelegt worden waren, gingen die Ansprüche auf den Gesamtsudan weit über das hinaus, was je von Khartoum aus regiert worden war. Bei der teils blutigen Eroberung wurden Dörfer verlegt, ethnische Gruppen zusammengefaßt, neue Grenzen gezogen und die Aufgaben neu eingesetzter lokaler Führer ohne Rücksicht auf bestehende Traditionen festgelegt.

Die Briten legten mit drei Maßnahmen den Grund für die derzeitigen Konflikte: mit der Politik der „indirect rule", der Politik der getrennten Entwicklung zwischen Nord- und Südsudan und mit der Wirtschaftspolitik.

Mit der „indirect rule" haben die Briten versucht, ihre Herrschaft durch ein Modell der Partizipation lokaler Führer abzusichern. Es enthielt zwar in Ansätzen Beteiligung an Entscheidungsprozessen, ließ aber viel zu wenig Spielraum für die Durchsetzung berechtigter Interessen und nahm auch zu wenig

Rücksicht auf die unterschiedlichsten kulturell-wirtschaftlichen Traditionen. Dieses Modell wurde aber auch von den Regierungen des unabhängigen Sudan zunächst übernommen und bis heute nicht konsequent weiterentwickelt oder vollständig durch ein anderes ersetzt.

Die Politik der getrennten Entwicklung wurde offiziell u. a. damit begründet, daß man eine „Ruhezone" schaffen wolle, um den Südsudan nicht zu stark den Einflüssen des arabisierten muslimischen Nordens auszusetzen. Damit war aber eine Öffnung für westliche Einflüsse, besonders über die Missionierung, die speziell gefördert wurde, verbunden, die mindestens ebenso fremd wie die arabische Kultur waren. Die Bewohner brauchten spezielle Reiseausweise, um von dem einen in den anderen Landesteil reisen zu dürfen. Am schwersten dabei wog aber, daß mit dieser Politik ein Zusammenwachsen der beiden Landesteile verhindert und letztlich auch einer diffusen Angst vor „den Arabern", vor denen man geschützt werden muß, neue Nahrung gegeben wurde. Die ökonomischen Entscheidungen während der Kolonialzeit sollten sich im Sudan – wie in allen anderen Kolonien – schließlich als am schwerwiegendsten für die weitere Zukunft des Landes erweisen.

Mit dem einseitigen, in erster Linie wenigen Eliten und den Mutterländern dienenden Anbau von Baumwolle als Hauptexportprodukt war das Zentrum (Hauptanbaugebiete)-Peripheriegefälle gefestigt, das bis heute nicht überwunden ist und in dessen Folge sich einige wenige Eliten entwickelten, die immer noch gegeneinander um die Macht kämpfen.

Angelegt in diesem System waren die mangelnden Infrastrukturmaßnahmen für weite Teile des Landes, auch im Westen und Norden, die wirtschaftlich nicht genutzt bzw. entwickelt wurden.

Viel zu spät und zögerlich entschloß sich die Kolonialregierung, einzelne wirtschaftsfördernde Maßnahmen in Gebieten wie Darfour (Westen), Südkordofan und Ostsudan durchzuführen; viel zu spät und unzureichend kam die Entscheidung, die Politik der getrennten Entwicklung aufzuheben und dem Süden des Landes eine Chance zu geben, als gleichberechtigter Partner in einem unabhängigen Staat Sudan mitzuarbeiten.

So wollte der Süden 1955 die Unabhängigkeit des Landes von den britischen Kolonialherren noch hinauszögern. Er fühlte sich bei Entscheidungen zurückgesetzt und sah sich in den entsprechenden Gremien unterrepräsentiert. Schließlich rief die Angst vor einer nachkolonialen Dominanz des Nordens den bewaffneten Widerstand hervor. Diesen bei den „einfachen Leuten" durch das Anknüpfen an alte Ängste als ethnischen Kampf zu begründen, fiel aufgrund der Erfahrungen aus der Vergangenheit nicht schwer. So begann bereits am Vorabend der Unabhängigkeit der erste bewaffnete Krieg zwischen Nord- und Südsudan. Ziel dieses Krieges, der unzähligen Menschen das Leben kostete und zu großen Flüchtlingsbewegungen führte, war es, einen unabhängigen Staat „Südsudan" zu erkämpfen.

An den ständig wechselnden Zentralregierungen und zahlreichen Putschversuchen in den Jahren nach der Unabhängigkeit ist abzulesen, daß es auch im Norden nicht gelang, ein akzeptiertes politisches System zu entwickeln. Hinzu kam die ökonomische Entwicklung des ressourcenarmen Landes, das zunehmend von Importen abhängig wurde, um einen gewissen technischen Fortschritt einführen zu können, der wiederum nur einigen zugute kam, aber wachsende Verschuldung brachte.

Schließlich wurde über den Verfall der Baumwollpreise auf dem Weltmarkt die Schere zwischen Exporteinnahmen und Importausgaben weiter vergrößert; zunehmende Ölimporte, die Aufnahme von Entwicklungskrediten zum Bau von Projekten, die nur zum Nutzen weniger im Land durchgeführt wurden, und die enormen Kriegskosten trieben das Land in eine Verschuldungskrise, aus der herauszukommen unmöglich scheint. Die Auslandsverschuldung übersteigt das jährliche Bruttoinlandsprodukt, allein die fälligen Zinszahlungen sind bei weitem höher als die Exporterlöse.

Der Konflikt mit dem Süden des Landes wurde zunächst mit dem Addis-Abeba-Abkommen im Jahre 1972 beigelegt, in dem der Süden zwar nicht unabhängig wurde, ihm aber in seinen drei Regionen Bahr-El-Ghazal, Equatoria und Upper-Nile u. a. die

Bildung eines Regionalparlaments mit einer gewissen Entscheidungsfreiheit und die Ausnutzung seiner eigenen Ressourcen zugesichert wurden. Aber schon damals warnten einige der sudanesischen Oppositionellen davor, daß der Einfluß der Zentralregierung zu groß und die Garantien für die Einhaltung der Rechte des neuen Regionalparlaments zu gering seien. Eine Separatstaatbildung war zwar zunächst verhindert, aber im Zuge der mangelnden wirtschaftlichen Weiterentwicklung des Südens und wirtschaftlichen Maßnahmen, deren Nutzen für die Region nicht ersichtlich war (Jonglei-Kanal), bzw. bei denen man sogar eine erneute Ausbeutung konstatieren konnte (Ölpolitik), verschärfte sich der Konflikt im Zusammenhang mit fehlenden Infrastrukturmaßnahmen und unzureichender Versorgung erneut, so daß es nur noch einiger zusätzlicher Faktoren bedurfte, um die Kämpfe im Jahre 1983 wieder offen aufflammen zu lassen.

3. Erneuter Kriegsausbruch 1983

Der zweite Krieg im Sudan ist als direkte Folge der nicht zufriedenstellenden Lösung des ersten bewaffneten Konfliktes anzusehen. Zwar unterscheidet er sich, was den Charakter der Befreiungsbewegung und deren Zielsetzung betrifft, ganz erheblich von der Zeit 1955–1972, weist aber auch Ähnlichkeiten auf. So hatten z. B. beide Male die bewaffneten Auseinandersetzungen ihren Ausgangspunkt in der Meuterei eines kleinen Teils von Angehörigen regulärer Truppen des Sudan, die im Süden stationiert waren. Der Meuterei von zwei Bataillonen zu Beginn des Jahres 1983, die als Geburtsstunde der Sudanese Peoples Liberation Army/Movement (SPLA/M) gilt, gingen einschneidende Ereignisse voraus:

So konstatierten Mitglieder des Regionalparlaments im Süden einen offensichtlichen Bruch des Friedensabkommens von Addis Abeba, als die Zentralregierung nach Ölfunden im Grenzgebiet zum Norden versuchte, die vertraglich garantierten Grenzen neu festzulegen. Hintergrund dafür bildete die ebenfalls garantierte Nutzung der eigenen Ressourcen für den Süden, dem somit der Erlös aus den Ölfunden zugute hätte kommen müssen.

Wirtschaftlich ausgebeutet fühlten sich Teile des Südens außerdem durch den geplanten Bau des Jonglei-Kanals, einem Projekt, das bereits während der britischen Kolonialzeit ins Auge gefaßt worden war. Dabei sollte ein Großteil des Nilwassers, das im riesigen Sumpfgebiet im Süden versickert, kanalisiert und in den Norden geleitet werden. Daneben gab es gezielte Meldungen, der Norden habe vor, entlang des Kanals Nordsudanesen bzw. ägyptische Einwanderer anzusiedeln.

Als zentrale Kriegsursache wird schließlich häufig die von Nimeiri eingesetzte islamische Rechtsprechung – Sharia – genannt. Nimeiri hatte während seiner Regierungszeit einen Wandel vom kommunistischen General zum selbsternannten muslimischen Imam durchlaufen und immer wieder versucht, jedwede Opposition auszuschalten. Es ist davon auszugehen, daß er dabei zunehmend auf Schwierigkeiten stieß und insbesondere versuchte, im Jahre 1983 die zunehmend stärker werdende National Islamic Front (NIF), die Muslim-Brüder, einzubinden und zu beruhigen, indem er die Sharia im Sudan einführte. Dies rief schon zu dem damaligen Zeitpunkt erheblichen Widerstand auch bei gemäßigten muslimischen Gruppen im Land hervor, stieß aber besonders bei den christlich-animistischen Südsudanesen auf völliges Unverständnis, die ihr Recht auf freie Religionsausübung erheblich eingeschränkt sahen. Die Sharia-Frage ist bis heute als einer der wesentlichen Gründe für den noch nicht zustande gekommenen Friedensschluß zu nennen. Gleichwohl aber sollte man in der Beurteilung, es handele sich bei dem gegenwärtigen Krieg zwischen Nord- und Südsudan um einen Religionskrieg zwischen Christen auf der einen und Muslimen auf der anderen Seite, zurückhaltend sein. Sie bietet zwar eine einfache Begründung – aus der historischen Entwicklung aber sollte deutlich geworden sein, daß eine Reihe ganz anderer Faktoren eine mindestens ebenso wichtige Rolle spielen.

Nun hatten das Addis-Abeba-Abkommen und die allgemeine Entwicklung aber auch im Süden erhebliche Veränderungen mit sich gebracht. Vor allem war im Laufe der Jahre deutlich geworden, daß es sich beim Südsudan keineswegs um einen Block handelte, zunehmend hatten Auseinandersetzungen und kulturellpolitisch-traditionelle Unterschiede zwischen den vielfältigen verschiedenen ethnischen Gruppen auch in der „großen" Politik eine Rolle gespielt. Außerdem hatte die Arbeitsmigration Richtung Norden deutlich zugenommen, wesentlich mehr Südsudanesen als je zuvor waren mit an der Machtausübung beteiligt und waren Teil der Bildungselite; insgesamt hatten sich die Kontakte zwischen Nord- und Südsudan um ein Vielfaches erhöht. So definierten sich die Ziele der 1983 im Süden neu entstehenden Befreiungsbewegung SPLA/M auch nicht ethnisch oder gar religiös. Sie hatte vor allem auch nicht, wie im ersten Bürgerkrieg, die Bildung eines separaten Staates Südsudan zum Ziel, sondern verstand sich als Einheitsbewegung für den gesamten Sudan. Unter Führung des Oberkommandierenden Dr. John Garang rief sie zum gemeinsamen Kampf aller Sudanesen gegen das verhaßte Regime in Khartoum auf mit dem Ziel, zusammen einen neuen Sudan aufzubauen.

4. Kriegsverlauf bis 1989

An den Ereignissen, die schließlich 1985 zum Sturz Nimeiris führten, wird deutlich, daß die SPLA/M mit ihrem analytischen Ansatz – daß nämlich das sog. Südproblem in Wirklichkeit ein Problem des ganzen Landes sei – so falsch nicht lag. Nimeiri wurde schließlich nach den drastischen Preiserhöhungen im Zusammenhang mit einem Sanierungsprogramm des IWF durch einen regelrechten Volksaufstand gestürzt.

Der SPLA/M ist es aber nicht gelungen, zu der angestrebten Einheitsbewegung zu werden, obwohl sie zunächst große militärische Siege verzeichnen konnte und obwohl viele Menschen im Nordsudan auch mit der gegenwärtigen Regierung mehr als unzufrieden sind. Ganz im Gegensatz zu diesem Ziel hat sich die SPLA inzwischen in verschiedene Gruppierungen gespalten und Teile der Bewegung treten inzwischen wieder offen für eine Separatstaatlösung ein. Bereits zu Beginn der bewaffneten Auseinandersetzung hatte die neu gegründete Befreiungsbewegung zunächst mit Widerstand in den eigenen Reihen zu kämpfen. So waren keineswegs alle Südsudanesen der Ansicht, man solle in

Zukunft für einen gemeinsamen Staat unter neuer Regierung kämpfen. Deshalb war die SPLA/M zunächst damit beschäftigt, diese bewaffnete innersüdsudanesische Opposition auszuschalten, insbesondere die Anhänger der Befreiungsbewegung aus dem ersten Bürgerkrieg, Anya Nya.

Gleichzeitig sahen viele, auch aufgrund interner Auseinandersetzungen im südsudanesischen Regionalparlament, die Gefahr, bei der neuen Befreiungsbewegung handele es sich überwiegend um Angehörige einer größeren ethnischen Gruppe im Süden, den Dinka, die versuchten, auf diese Weise eine eigene Herrschaft zu errichten. Diesen Befürchtungen versuchte die SPLA/M entgegenzuwirken, indem sie Angehörige anderer ethnischer Gruppen in das sog. „High Command" aufnahm. Die eigentlichen Kampfhandlungen blieben zunächst regional begrenzt. Große Unterstützung fand die neue Bewegung in Äthiopien, wo sie rasch in Addis Abeba ihr Hauptquartier aufbaute, mit eigenem Radiosender, der vor allem für propagandistische Zwecke zu nutzen war. Äthiopien begrüßte aufgrund eigener Auseinandersetzungen mit der sudanesischen Regierung – wegen deren Unterstützung Eritreas – eine Widerstandsbewegung im Sudan. Bis zu seinem eigenen Sturz 1991 sollte Mengistu einer der wesentlichen Förderer der SPLA/M bleiben.

Für die Bevölkerung im Süden machten sich die Auswirkungen der erneuten Kämpfe rasch bemerkbar. Zunächst in kleinen, zunehmend aber in immer größeren Gruppen sahen sie sich gezwungen, aufgrund der Kriegshandlungen ihre Heimat zu verlassen und entweder im Norden oder im benachbarten Ausland (Äthiopien, Kenia, Uganda) Schutz zu suchen. Die genaue Zahl derer, die bereits in der Anfangszeit ihr Leben verloren, ist ebenso unbekannt wie die Gesamtzahl der Vertriebenen, Verhungerten und Getöteten – Schätzungen gehen aber in die Millionen.

Für die im Süden verbleibende Bevölkerung machte sich besonders katastrophal bemerkbar, daß sie über lange Zeit weder durch ihre eigene Regierung noch von außen Hilfe erhielt. Wegen der Sicherheitslage zogen diverse Hilfsorganisationen ihr Personal ab, der gesamte Süden wurde von Khartoum aus zum

Sperrgebiet für Ausländer erklärt. Über Jahre hinweg fand das Massenelend im Sudan über einen kleinen Kreis Engagierter hinaus keinerlei nennenswerte Beachtung.

Im Jahre 1987 verschärften sich die Kriegshandlungen. Mittlerweile war die Regierung im Norden in die Hände Sadiq El Mahdis übergegangen. Der Sturz Nimeiris und die Übergangsregierung unter General Swar El Dhahab hatten nicht die erhoffte Beendigung der Kämpfe mit sich gebracht. Zwar hatte die SPLA in diversen Gesprächen versucht, eine Einigung zu erzielen. Sie sah sich aber nicht in der Lage, mit den neuen Machthabern zu einem Friedenschluß zu kommen, der ihre Interessen ausreichend berücksichtigt hätte. So fanden auch die Wahlen 1986 wegen der fortgesetzten Kampfhandlungen ohne die Beteiligung der Südregionen statt. Aus diesem Grund hat die SPLA/M immer wieder darauf hingewiesen, daß es sich bei den Wahlen keineswegs um einen demokratischen Vorgang gehandelt habe.

Besonders erschwert wurden die Friedensverhandlungen durch die Tatsache, daß Sadiq El Mahdi zwar die Sharia zunächst für ausgesetzt erklärte, sich aber bis zum gewaltsamen Ende seiner Regierungszeit nicht zu ihrer völligen Abschaffung bereit erklärte. Er intensivierte vielmehr, besonders mit Hilfe Libyens und Saudi-Arabiens, die Kriegshandlungen gegen den Süden so, daß spätestens seit 1987 von einem Genozid gesprochen werden kann. Hunger wurde (und wird) in diesem Krieg als Waffe eingesetzt, dem Tausende von Menschen durch die Verweigerung von Nahrungsmittellieferungen zum Opfer fallen. Als besondere Komponente führte El Mahdi außerdem das „System" der sog. „armed militias" ein, indem er verschiedene ethnische Gruppen im Grenzgebiet zum Süden unter Ausnutzung alter Streitigkeiten um Wasser- und Weiderechte bewaffnete und zum Kampf aufrief. Aber auch El Mahdi sah sich einer zunehmenden Opposition ausgesetzt – nicht zuletzt innerhalb seiner eigenen Regierung, die sich neben Mitgliedern seiner Partei, der Umma, aus dem alten Gegenspieler, der DUP, und Mitgliedern der National Islamic Front zusammensetzte. Außerdem griffen die Kampfhandlungen teilweise auf nördliche Gebiete über, in denen Teile der Bevölkerung mit der SPLA/M sympathisierten.

Ende 1988 schließlich schloß die DUP ein Separatabkommen mit der SPLA (Koka Damm Declaration), das El Mahdi zunehmend unter Druck setzte. Forderungen verschiedener Parteien, Bewegungen und Organisationen nach Einberufung einer verfassungsgebenden Konferenz, auf der gemeinsam über die Lösung der vielfältigen Probleme entschieden werden sollte, mehrten sich und fanden zunehmend auch internationale Unterstützung. Zugleich wurden die Muslim-Brüder unter Hassan Al Turabi immer stärker. Sie waren es schließlich, die sich immer wieder Versuchen, zu einer Einigung zu gelangen, massiv widersetzten.

Die Koalition aus Umma, DUP und NIF geriet im Frühjahr 1989 ins Wanken, die NIF verließ die Regierung. Sadiq El Mahdi konnte dem zunehmenden Druck nicht länger standhalten und sah sich gezwungen, der Einberufung einer verfassungsgebenden Konferenz im Sommer 1989 zuzustimmen, bei der u. a. eine gerechte Teilhabe aller Regionen an den politisch-wirtschaftlichen Geschicken und eine umfassende Rücksichtnahme auf kulturell-soziale Besonderheiten der verschiedenen Bevölkerungsgruppen ausgehandelt werden sollte, unter Beteiligung der SPLA/M. Diese verfassungsgebende Konferenz sollte jedoch nicht zustande kommen, denn am Vorabend gab es – wieder einmal im Sudan – einen Militärputsch, bei dem zunächst niemand so genau wußte, welche politische Kraft denn da eigentlich geputscht hatte.

5. Entwicklung seit 1989

Ägypten, das wie einige andere voreilig ein Glückwunschtelegramm an die neuen Machthaber gesandt hatte, bereute sehr schnell seinen Irrtum. Es waren nicht etwa Sympathisanten der Ägypten-freundlichen DUP, die im Juni 1989 die Macht an sich rissen, sondern es stellte sich heraus, daß hinter dem Putsch niemand anders als Turabis Muslim-Brüder standen. Durch den Einsatz immenser Geldmittel und ideologische Schulung war es ihnen gelungen, Teile des Militärs auf ihre Seite zu ziehen und auch innerhalb der Universitäten Fuß zu fassen.

Trotz gegenteiliger Beteuerungen begann die neue Regierung sehr rasch mit dem Aufbau eines religiös begründeten Regimes, das über keinerlei demokratische Legitimation verfügt. Zunächst wurde die freie Presse verboten, ebenso wie sämtliche Parteien und Organisationen einschließlich der Gewerkschaften. Prominente Oppositionelle, darunter auch viele Militärs, wurden in Windeseile ebenso verhaftet wie zahlreiche „namenlose" Regimegegner. Innerhalb kürzester Zeit gelang es der neuen Regierung so, jedwede Opposition im Norden auszuschalten.

Angehörige der oppositionellen Eliten sahen sich zur Flucht ins Ausland gezwungen, von wo aus sie jetzt versuchen, in der sog. „National Democratic Alliance" (NDA), einem Zusammenschluß von Umma und Teilen der SPLA-Anhänger, Widerstand zu organisieren. Für die Bevölkerung im Land brachte der Regierungswechsel zunächst erhebliche wirtschaftliche Verschlechterungen. Die Zunahme des ohnehin bestehenden Mangels an Grundnahrungsmitteln sowie drastischer Preisanstiege etc. kennzeichneten die ersten Monate. Hinzu kamen immer wiederkehrende Verhaftungswellen, Ausgangssperren, Berichte über Folterungen und die Vollstreckung der Todesstrafe ohne Gerichtsurteil.

Die Regierung verkündete schließlich die volle Wiedereinsetzung der Sharia, erließ entsprechende Kleidervorschriften, Sitten- und Moralgesetze, führte Arabisch als einzige Unterrichtssprache in Schulen und Universitäten ein, ebenso wie die Pflichtlektüre des Koran, richtete neben der „normalen" eine Sitten- und Geheimpolizei ein und baute Sondergefängnisse.

Besonders hart getroffen von diesen Maßnahmen waren Hunderttausende südsudanesischer Vetriebener, die um die Hauptstadt Khartoum herum ihr kümmerliches Dasein fristeten. Ihre Lager wurden zur Jahreswende 91/92 zerstört, sie selbst in weit von der Hauptstadt entfernte Gebiete verfrachtet. Sie leben jetzt weit abgeschnitten von jeglicher Versorgung bzw. Möglichkeiten, selbst für ihren Lebensunterhalt zu sorgen. Immer wieder wird berichtet, Nahrungsmittelverteilungen in den Lagern seien mit Zwangskonvertierungen zum Islam verbunden.

Wirtschaftlich spricht die Regierung von großen Erfolgen: so habe ein Programm zur Umgestaltung der Landwirtschaft gegriffen, Rekordernten seien in den letzten zwei Jahren eingefahren worden. Zugleich aber sind große Teile der Bevölkerung von der Nahrungsmittelversorgung abgeschnitten: in den Nuba-Bergen, in denen die Regierung jetzt eine massive Umsiedlungs- und Ausrottungspolitik betreibt, und weiterhin der Süden des Landes.

Hier hat sich die Lage ebenfalls nochmals dramatisch verschlechtert. Zwar hatten die Vereinten Nationen 1989 eine bis dato unbekannte Hilfsaktion zur Rettung der Menschen im Südsudan ins Lebens gerufen. Durch diese Aktion bzw. ihr vorausgehende Berichte ist erstmalig das Massensterben im Sudan in die Aufmerksamkeit der internationalen Öffentlichkeit gekommen.

Ein seltsames Schweigen – gemessen an der immensen Zahl von Vertriebenen und Todesopfer – hat jahrelang die internationale Politik in Bezug auf die Vorgänge im Sudan gekennzeichnet. Im Zuge des Golfkrieges aber, in dem Sudan sich offen auf die Seite Iraks gestellt hat, wurden vermehrt Stimmen laut, die sich auch mit der innenpolitischen Lage im Sudan und mit dem Kriegselend beschäftigten.

Dem Regime in Khartoum ist es mittlerweile durch eine beispiellose Offensive gelungen, einen Großteil der südsudanesischen Orte, die sich lange in Händen der SPLA befanden, zurückzuerobern – was für die Bevölkerung teilweise die erneute Vertreibung bedeutete. Unterstützt wird der Nordsudan dabei von chinesischen Waffen, gekauft mit iranischem Geld. Den Weg bereitet haben aber auch die Südsudanesen selbst:

Durch den Zusammenbruch des Mengistu-Regimes in Äthiopien war die SPLA ohnehin geschwächt, hatte sie doch ihre wichtigste Nachschubbasis und ihre „Diplomatische Vertretung" verloren. Tausende südsudanesischer Flüchtlinge wurden aus Äthiopien zurück in den Südsudan vertrieben.

Im Juni 1991 erklärten die Kommandanten Riak Machar und Lam Akol – gefolgt von einer weiteren Abspaltung durch William Nyong (ehemaliger Stellvertreter Garangs) im Oktober – ihrem Oberbefehlshaber John Garang den Kampf. Sie wollten weder seine „diktatorischen Maßnahmen, seine Menschenrechtsverletzungen, sein mangelndes Demokratieverständnis" noch seine Kriegsziele teilen. Nicht mehr für einen in einem föderativen System vereinten, säkularen, demokratischen Gesamtsudan wollen sie kämpfen, sondern „endlich auf den Willen der Völker des Südsudan Rücksicht nehmen" und einen vom Norden unabhängigen Staat errichten.

Anfangs fand diese Kritik auch außerhalb des Südsudan schnelle Unterstützung. Unbestreitbar hatte sich John Garang selbst an die Spitze der Bewegung gesetzt. Im Laufe der Jahre war es wiederholt zu schweren Menschenrechtsverletzungen, auch durch die Führung der SPLA, gekommen. Es war ihr nicht gelungen, neben den militärischen Erfolgen auch eine in den Völkern verankerte politische Bewegung aufzubauen. Viele Stimmen in den verschiedenen ethnischen Gruppen plädierten schon lange hinter vorgehaltener Hand dafür, für einen separaten Südsudan zu kämpfen, anstatt weiter die Idee der Einheit in einem „Neuen Sudan" aufrecht zu erhalten. Unbestreitbar ist auch, daß spätestens mit den Veränderungen in Äthiopien/Eritrea, der ehemaligen UdSSR und in Jugoslawien die Zeichen günstig schienen, mit der Idee eines eigenen Staates an die Weltöffentlichkeit zu gehen. Doch schon bald zeigten sich auch die Unterstützer der sog. „Nassir-Fraktion" um Riak Machar im Ausland verwirrt. Irritierend war dabei nicht nur die Brutalität, mit der diese Gruppe ihre Basis zu vergrößern suchte – mit Massakern vor allem unter den Dinka in benachbarten Orten –, sondern vor allem auch die „Frankfurt Declaration", ein Abkommen, in dem ein Referendum über die Zukunft des Südsudan in Aussicht gestellt wurde. Dieses Abkommen wurde zwar sowohl von dem Vertreter der Nassir-Fraktion als auch von Ali El Haj, dem Chef-Unterhändler der Khartoumer Regierung, unterschrieben, von seiten der Regierung aber an keiner Stelle offiziell verkündet oder gar ratifiziert. Sie machte aber dem Norden quasi den Weg frei zu der geplanten Großoffensive gegen den Rest der SPLA, die Torrit-Fraktion unter John Garang.

Es gibt Stimmen, die von einem Ausverkauf des Südens sprechen – und die gegenwärtige Situation scheint das zu bestätigen.

Ohne die Spaltung und ein entsprechendes Stillhalten der Nassir-Fraktion hätte die Offensive des Nordens nicht so erfolgreich verlaufen können, hätte der Norden sein schon seit Jahren verfolgtes Ziel, den Süden aufzubrechen, indem er ethnische Spannungen schürte, nicht erreicht. Bis heute ist es nicht gelungen, die zerstrittenen Teile wieder zusammenzubringen – Gespräche scheitern in erster Linie immer wieder an der Frage der Führung der Bewegung. Immer mehr Südsudanesen unterstützen allerdings die Idee eines eigenen Staates, denn zu lang ist die Kette der Verletzungen und Vertrauensbrüche inzwischen geworden, als daß sie noch an eine Chance auf ein friedliches Miteinander in einem Staat glauben mögen.

Seit Mai dieses Jahres tagen die „Konfliktparteien" wieder, auf Vermittlung der Organisation Afrikanischer Einheit (OAU), in Abuja, Nigeria. Beteiligt an diesen Gesprächen ist allerdings nur ein Teil der SPLA/M – die Gruppe um John Garang. Angeblich wird mit der Nassir-Fraktion von seiten der Regierung weiter geheim verhandelt. Zweimal schon wurden die Verhandlungen in Abuja für gescheitert erklärt, der Termin für die Neuaufnahme ist noch nicht fixiert. Beide Male wurde die Sharia-Frage als letztlich ausschlaggebend für das Scheitern angeführt.

Angeschlagen sind beide Verhandlungsparteien – an sich eine gute Voraussetzung für eine Einigung. Der Norden gerät zunehmend in internationale Isolation, auch durch arabische Länder. Der internationale Druck nimmt endlich zu, entsprechende Resolutionen in diversen Parlamenten, auf der Ebene von Kirchen, Staaten, der EG und den Vereinten Nationen zur Verurteilung der Vorgänge im Sudan wurden bereits verabschiedet. Vereinzelt sind sogar Stimmen zu hören, die sich mit der Frage einer direkten Intervention durch die Vereinten Nationen beschäftigen. Die enormen Kriegskosten lassen sich immer weniger rechtfertigen, zumal jeder seit langem weiß, daß der Krieg militärisch von keiner Seite zu gewinnen ist.

Die andere Seite, die SPLA um John Garang, leidet ebenfalls unter einer gewissen Isolierung und vor allem auch unter Nachschubproblemen. Ihre Stellung ist durch die Fraktionsbildungen und Gebietsverluste längst nicht mehr so gefestigt wie noch vor gut einem Jahr. An sich bietet diese Konstellation ähnlich wie 1972 gute Chancen, zu einer Friedenslösung zu kommen. Aber sind Verhandlungen in Abuja dafür der geeignete Weg?

Wieder einmal sind es die direkt Betroffenen, die nicht einbezogen werden, deren Stimme nicht gehört wird. Wieder einmal ist fraglich, wie denn die Einhaltung eventuell ausgehandelter Ergebnisse garantiert werden kann. Bei allem Respekt: Die OAU allein scheint dazu gegenwärtig kaum in der Lage.

So wird denn auch auf anderen Ebenen gegenwärtig an Lösungsvorstellungen gearbeitet, die sich zunächst allerdings überwiegend mit dem Südsudan beschäftigen. Die Menschen in den Nuba-Bergen, denen die Khartoumer Regierung im letzten Herbst den „Heiligen Krieg", erklärt hat, sind noch kaum Gegenstand ernsthafter Überlegungen. Für sie würde jedenfalls weder eine angedachte Autonomie, noch eine geforderte Separatstaatlösung einen Ausweg bieten. Die Bildung eines föderativen Systems ist ebenfalls seit langem im Gespräch. Khartoum scheint manchmal zur Aufgabe des Südens bereit – manche meinen, um sich anschließend weiter in Ruhe dem Aufbau der islamischen Republik im Norden widmen zu können und von dort aus entsprechend auf andere Länder einzuwirken. Wollen und können sie aber wirklich auf die Ressourcen des Südens verzichten? Würde ihnen das nicht als große Niederlage angerechnet? Als eine Idee, zu einer dauerhaften Lösung zumindest für den Süden zu gelangen, wird die Einberufung einer repräsentativen Versammlung genannt, bei der alle Gruppen/Organisationen vertreten sein sollen, von der Ebene der lokalen Führer bis zur SPLA. Flankierend dazu sollen sichere Korridore zur Versorgung der Bevölkerung eingerichtet werden, die zunächst aus der Luft und später auf dem Landweg erreicht werden sollen. Noch ist das alles Zukunftsmusik, müssen diverse Organisationen versuchen, die größte Not im Süden zu lindern, hoffen die Menschen im Norden auf ein Wunder.

Literaturhinweise

Mattes, H., Sudan. In: Nohlen, D./F. Nuscheler (Hg.): Handbuch der Dritten Welt, Bd. 5: Ostafrika und Südafrika, Bonn 1993, S. 156–177.
Tetzlaff, R., Sudan – Selbstzerfleischung eines rassisch zweigeteilten Landes. In: Hofmeier, R./V. Matthies (Hg.): Vergessene Kriege in Afrika, Göttingen 1992, S. 215–249.
Wirz, A., Krieg in Afrika. Die nachkolonialen Konflikte in Nigeria, Sudan, Tschad und Kongo, Wiesbaden 1982.

Rolf Hofmeier
Mühsame Demokratisierung in Kenya

Im Rahmen des in jüngster Zeit auf breiter Front in Gang gekommenen Demokratisierungsprozesses in Afrika fanden die am 29. Dezember 1992 durchgeführten Präsidentschafts-, Parlaments- und Kommunalwahlen in Kenya auch im Ausland ein herausgehobenes Interesse. In Kenya, das aus westlicher Perspektive lange als afrikanisches Musterland galt, hat sich die politische Führung besonders lange gegen jegliche politische Öffnung gesperrt und war daher zusehends unter massive Kritik geraten. Erst zum Jahresende 1991 hatte sich das kenyanische Regime einer Kombination von äußerem und innerem Druck gebeugt und durch eine Verfassungsänderung den formellen Rahmen für die Wiederherstellung eines pluralistischen Mehrparteiensystems geschaffen. Die Beurteilung der Ordnungsmäßigkeit des gesamten Wahlprozesses war unter verschiedenen Beobachtern höchst umstritten. Trotz zeitweiliger Boykottüberlegungen wegen behaupteter massiver Verfälschungen des Wählerwillens nahmen die unterlegenen Oppositionsparteien aber letztlich das Ergebnis an und akzeptierten – wenn auch unter erheblichen Vorbehalten – die Amtsbestätigung des Präsidenten Daniel arap Moi und die Fortführung einer Alleinregierung der früheren Einheitspartei KANU (Kenya African National Union). Entgegen mancher skeptischen Vorhersagen kam es trotz einer unverkennbaren Zunahme politischer, sozialer und ethnischer Spannungen weder zu einem Bürgerkrieg noch zu einem allgemeinen Zusammenbruch der staatlichen Ordnung. Vielmehr stand Kenya nach den Wahlen vor einem politischen Neubeginn mit durchaus unsicherem Ausgang, mit der Chance zur graduellen Herausbildung einer differenzierten Zivilgesellschaft, wofür in mancher Hinsicht bessere Voraussetzungen als anderswo in Afrika gegeben sind. Vor dem Hintergrund der Entwicklung des politischen und sozio-ökonomischen Systems Kenyas seit der Unabhängigkeit sollen im folgenden die Kernpunkte der seit Beginn der 90er Jahre wirksam gewordenen Veränderungen näher beleuchtet werden.

1. Die Ära Kenyatta

Die stark durch die Existenz weißer Siedler geprägte britische Kolonie Kenya hatte im Dezember 1963 die politische Unabhängigkeit erreicht, nachdem es in den Jahren 1952–55 durch den Mau-Mau-Aufstand zu systematischen Guerillaaktionen gegen die Kolonialverwaltung gekommen war. Aufbauend auf bis in die Zeit nach dem 1. Weltkrieg zurückgehende politische Vorläuferorganisationen wurden 1960 die Parteien KANU und KADU (Kenya African Democratic Union) gegründet, wobei die KADU eine Abspaltung von Vertretern der kleineren Völker von der KANU darstellte, da sie bei dieser eine zu starke Dominanz der beiden größten Volksgruppen – Kikuyu und Luo – befürchteten. Während die KANU für ein zentralistisches Regierungssystem eintrat, verfocht die KADU die Idee einer föderativen Verfassung („Majimbo" auf Kiswahili) mit einem relativ starken Grad regionaler Autonomie. Nach dem Wahlsieg der KANU übernahm im Juni 1963 Jomo Kenyatta, der bereits seit den 30er Jahren politisch aktive prominenteste Führer des Volkes der Kikuyu, das neugeschaffene Amt des Premierministers, nachdem er wegen angeblicher Mitverantwortung für die Mau-Mau-Unruhen von 1952 bis 1961 inhaftiert bzw. in Verbannung gewesen war. Die KANU-Regierung veränderte rasch die föderativen Grundzüge der Unabhängigkeitsverfassung zugunsten ihres zentralistischen Staatskonzepts, woraufhin sich schon 1964 angesichts der Aussichtslosigkeit der Opposition die KADU auflöste und ihre Mitglieder (darunter auch der spätere Präsident Moi) zur KANU übertraten. Damit war Kenya faktisch ein Einparteistaat geworden. Nach Umwandlung in eine Republik übernahm Kenyatta im Dezember 1964 das Amt des Staatspräsidenten.

Die ersten 15 Jahre der Unabhängigkeit waren gekennzeichnet von äußerlicher politischer Stabilität und unumstrittener

Herrschaft der Vaterfigur Kenyatta, obgleich mit zunehmendem Alter viele Entscheidungen an ihm vorbeiliefen und eine kleine Clique in seinem Umfeld zuletzt immer stärker die tatsächliche Macht ausübte. Diese Periode war geprägt von – im innerafrikanischen Vergleich – beachtlichen ökonomischen Fortschritten: Modernisierung und Kommerzialisierung der Landwirtschaft, Verbreiterung des modernen Industriesektors, Ausbau der Infrastruktur, Expansion von Erziehungs- und Gesundheitswesen und rascher Zuwachs des devisenbringenden Fremdenverkehrs. Kenya galt als erfolgreiches Entwicklungsvorbild in Afrika, wobei Kritiker eine allzu einseitige Festschreibung neokolonialer sozio-ökonomischer Strukturen monierten. Unzweifelhaft verdeckten die gesamtwirtschaftlichen Indikatoren und die äußeren Zeichen des Fortschritts eine sich immer schneller vertiefende Kluft zwischen verschiedenen sozialen Gruppen, die in höchst unterschiedlichem Maße von der nachkolonialen Wirtschaftspolitik profitierten bzw. zu deren Opfern wurden. Dies war 1966 Anlaß für die Abspaltung eines sozialistisch orientierten Flügels von der KANU und zur Gründung der KPU (Kenya People's Union) unter Führung von Oginga Odinga, dem ersten Vizepräsidenten des Landes. Bei den erforderlichen Parlamentsnachwahlen blieb die KPU-Gefolgschaft weitestgehend auf Odingas Ethnie, die Luo, beschränkt. Mit dem Verbot der KPU 1969 wurde dann das Monopol der KANU als Einheitspartei wieder hergestellt, die allerdings kein eigenständiges programmatisches Profil neben der staatlichen Administration entwickelte. Im gleichen Jahr wurde unter nie ganz geklärten Umständen der populäre KANU-Generalsekretär Tom Mboya, ebenfalls ein Luo, ermordet. In der Folgezeit fühlten sich die Luo immer stärker in Politik und Wirtschaft an den Rand gedrängt, während allgemein der Eindruck vorherrschte, daß das Kenyatta-Regime vornehmlich den Kikuyu (oder zumindest wesentlichen Teilen dieses Volkes) zugute komme. 1975 wurde auf mysteriöse Weise der Kikuyu-Politiker J. M. Kariuki ermordet, der als scharfer Kritiker der immer offensichtlicheren sozialen Ungerechtigkeiten zu einem populären Gegenspieler der Regierung geworden war. In der aufgeheizten politischen Atmosphäre hatten vermutlich höchste Sicherheitskreise einen unbequemen Opponenten aus dem Wege geräumt. Voraussagen über eine soziale Revolution und wilde Gerüchte über die Machtkämpfe um die Nachfolge Kenyattas häuften sich. Doch als dieser schließlich im August 1978 über 80jährig starb, kam es zu einer erstaunlich komplikationslosen Fortführung der Regierungsautorität entsprechend den Regelungen der Verfassung. Unbestreitbar aber markierte der Tod Kenyattas einen Einschnitt.

2. Die Präsidentschaft von Moi

Der weithin als schwach geltende langjährige Vizepräsident Daniel arap Moi, Angehöriger einer kleinen, zur Sprachfamilie der Kalenjin-Volksgruppe gehörenden Ethnie, wurde als neuer Präsident vereidigt und übernahm das alte Kabinett nahezu unverändert. Als Hinweis auf die politische Kontinuität und zur Legitimation seiner eigenen Position prägte Moi den Begriff Nyayo (Fußstapfen auf Kiswahili), der die Nachfolge auf den Spuren Kenyattas aufzeigen sollte, aber später dahingehend umgemünzt wurde, daß alle Politiker dem Kurs des – bei den alten Machtgruppen keineswegs unumstrittenen – Präsidenten zu folgen hätten. Moi verfolgte in den ersten Jahren eine stark populistisch ausgerichtete Politik, die sich darum bemühte, auf die Nöte der breiten Masse zumindest verbal einzugehen und sich von den Praktiken der späten Kenyatta-Ära abzuheben. Trotz eines neuen Stils stellte sich jedoch bald heraus, daß es vor allem darum ging, die aus der politischen Macht abgeleiteten Pfründe nun einer anderen Klientel zukommen zu lassen. Mit einer sorgfältigen Ausbalancierung der verschiedenen ethnisch-regionalen und sonstigen Interessen und einer charakteristischen Mischung aus harten Repressionsmaßnahmen und beschwichtigenden Liberalisierungsangeboten gelang es Moi, sich wesentlich länger an der Macht zu halten, als zunächst vermutet worden war.

In einer Phase genereller innenpolitischer Verhärtung – Gerüchte wollten von einer von Odinga neuerlich beabsichtigten Gründung einer sozialistischen Partei wissen – wurde im

Juni 1982 im Eilverfahren die Verfassung geändert und Kenya nunmehr auch de jure zum Einparteistaat (mit der KANU als einzig legaler Partei). Wachsendes Unbehagen äußerte sich sodann am 1.8.1982 in einem von unteren Rängen der Luftwaffe getragenen Putschversuch, der von loyalen Armee-Einheiten niedergeschlagen wurde. Es gab weit über 100 Tote und in Nairobi erhebliche Plünderungen und Ausschreitungen gegen die asiatische Händler-Minderheit. Unter Einsatz staatlicher Repressionsinstrumente konnte Moi seine Machtstellung wieder stabilisieren und im Laufe der Zeit auch seine anfänglich wichtigsten Kikuyu-Stützen ins politische Abseits stellen. Innenminister Charles Njonjo, der schon unter Kenyatta als Attorney-General die „graue Eminenz" gewesen war, wurde 1983 in einer absurden Verräterkampagne entlassen und aus der Partei ausgeschlossen. Auch Vizepräsident Mwai Kibaki wurde immer mehr an den Rand gedrängt und schließlich 1988 zum Gesundheitsminister herabgestuft. Ab 1986 ging das Regime besonders hart gegen Anhänger der Untergrundbewegung Mwakenya vor, die sich überwiegend aus linksradikalen intellektuellen Kikuyu zusammensetzte, aber nie eine tatsächliche Bedrohung für die Staatsmacht darstellte. Größeren Unmut erregten offensichtliche Manipulationen bei den Parlamentswahlen vom März 1988, als die parteiinternen Vorwahlen zur Bestimmung der offiziellen KANU-Kandidaten nach dem seit 1986 kontrovers diskutierten System des öffentlichen Schlangestehens, d.h. ohne geheime Abstimmung, stattfand. Hierbei wurden – auf lokaler wie auf nationaler Ebene – harte Interessenkonflikte innerhalb der KANU ausgetragen, die unter Moi als Machtinstrument erheblich gestärkt worden war und inzwischen sogar Anspruch auf politische Dominanz gegenüber Parlament und Regierung erhob. Manipulationsvorwürfe gab es auch bei den im September 1988 vorzeitig angesetzten und innerhalb einer Woche von der lokalen bis zur nationalen Ebene nach dem System des Schlangestehens durchgepeitschten Parteiwahlen. Verkehrsminister Kenneth Matiba, ein erfolgreicher Kikuyu-Geschäftsmann, trat daraufhin im Dezember 1988 zurück.

Der wegen seines geringen Charismas häufig unterschätzte Moi hatte sich als geschickter Manipulator der Macht erwiesen. Er verstand es, einerseits eine sorgfältig austarierte Repräsentanz der ethnischen Vielfalt im Kabinett und bei anderen öffentlichen Ämtern herzustellen, andererseits aber die wirklich wichtigen Machtpositionen immer stärker zugunsten seiner eigenen Kalenjin-Volksgruppe zu verschieben. Die Folge war eine wachsende Unzufriedenheit, insbesondere unter dem wirtschaftlich nach wie vor dominanten Kikuyu-Establishment, aber auch generell unter der Mehrheit der Kikuyu und Luo, die sich nicht ausreichend politisch repräsentiert fühlten. Für Moi war eine Absicherung seiner Machtposition objektiv wesentlich schwieriger als für seinen Vorgänger Kenyatta, da das zahlenmäßige und ökonomische Gewicht der Kalenjin bei den nationalen Positionskämpfen erheblich weniger zu Buche schlug als bei den Kikuyu, die die größte und wirtschaftlich erfolgreichste Volksgruppe stellten. Dennoch sahen die gesamtwirtschaftlichen Indikatoren Kenyas im innerafrikanischen Vergleich während der gesamten 80er Jahre weiterhin durchaus zufriedenstellend aus. Zugleich wurde immer deutlicher, daß die erwarteten Effekte der seit Jahren betriebenen Umstrukturierungs- und Liberalisierungsmaßnahmen der Volkswirtschaft wesentlich langsamer Wirkung zeigten als ursprünglich angenommen. Zwar wurden die wirtschaftlichen Steuerungsmechanismen im allgemeinen kompetenter gehandhabt als im restlichen Afrika, dennoch war das Zusammenspiel zwischen Politik und Wirtschaft keineswegs ohne Probleme. Die Einmischung höchster politischer Stellen in Wirtschaftsabläufe und die Durchsetzung privater Einzelinteressen nahm in erschreckendem Maße zu und trug zu wachsender Zurückhaltung ausländischer Investoren bei. Die im engeren Sinne politischen Machtkämpfe hatten somit auch unübersehbare Auswirkungen auf die Wirtschaft. Von Moi selbst wie von einigen seiner Anhänger wurde die Kikuyu-Wirtschaftselite mehrfach plakativ für die verschiedensten Wirtschaftsprobleme verantwortlich gemacht. Alle derartigen Auseinandersetzungen dienten nicht zuletzt der Ablenkung von den schnell zunehmenden sozialen Problemen angesichts hoher Arbeitslosigkeit, realer Einkommensverschlechterungen der Lohnbezieher und der Grenzen der Leistungsfähigkeit von Gesundheits- und Bildungswesen. Das Verhältnis zwischen Regierung und ausländischen Geberorganisationen war nunmehr ebenfalls nicht ohne Brisanz und Delikatesse. Kenya war zur Aufrechterhaltung des Wachstums stärker als früher auf umfangreiche Finanztransfers angewiesen und daher abhängig von wirtschaftlichen wie politischen Konditionen der Geber, doch auch diese standen unter Erfolgszwang und konnten einem der noch immer wirtschaftlich erfolgreichsten afrikanischen Länder nur in Grenzen ihren Willen aufzwingen. Hauptstreitpunkte waren die Eindämmung des Haushaltsdefizits, die immer wieder verzögerte Privatisierung staatlicher Unternehmen, die generelle Liberalisierung des Binnen- und Außenhandels sowie der Abbau der vielfältigen Schutzmechanismen für privilegierte Einzelinteressen. Dennoch hatte die Weltbank noch im Herbst 1990 die kenyanische Regierung ausdrücklich für ihre erfolgreiche Wirtschaftspolitik und die Einleitung politischer Reformen gelobt. Wesentliche Merkmale des politischen Systems blieben die enge Verknüpfung von politischer Macht und wirtschaftlichen Interessen, das erhebliche Ausmaß einer politisch protektionierten Pfründewirtschaft und von Korruption auf den verschiedensten Ebenen. Dennoch besaß Kenya ein im afrikanischen Vergleich relativ ordentlich funktionierendes Verwaltungs- und Rechtssystem (wenn man von einigen politisch motivierten Einflußnahmen absieht). Wegen Menschenrechtsverletzungen war das Regime in den letzten Jahren zunehmend in die internationale Kritik geraten, obgleich es diese Tatbestände auch schon früher gegeben hatte. Trotz der Berechtigung der Kritik war aber nicht zu übersehen, daß an Kenya wesentlich schärfere Maßstäbe angelegt wurden als an viele andere Staaten, die sich nicht in vergleichbarer Weise im Blickpunkt westlicher Medien befanden. Der Repressionsapparat wurde zwar mit voller Härte gegen einzelne Kritiker und Opponenten eingesetzt, alles in allem war Kenya aber doch eine vergleichsweise offene Gesellschaft geblieben.

3. Wachsender innerer und äußerer Reformdruck

Ab 1990 verschärfte sich dann die Opposition gegen das – entgegen früherer Perzeption – zunehmend als repressiv und korrupt geltende Regime. Hierbei spielte neben der veränderten internationalen Situation nach dem Ende des Ost-West-Konflikts und des überall in Afrika spürbaren Aufbruchs auch der Mord an dem als integer geltenden Außenminister Robert Ouko, des prominentesten Luo in der Regierung, im Februar 1990 eine Rolle, dessen Aufklärung durch Einflußnahme höchster Stellen vertuscht werden sollte. Weit verbreitete Gerüchte besagten, daß Ouko aus Furcht vor der Offenlegung massiver Korruptionsfälle von Handlangern der Machthaber aus dem Weg geräumt worden sei. In den folgenden Monaten mündete die öffentliche Kritik in die Forderung nach Zulassung eines offenen Mehrparteiensystems. Als prominenteste Kritiker traten die ehemaligen Minister Matiba und Charles Rubia, beides Kikuyu, hervor, aber auch Kirchenvertreter, Juristen, Journalisten, Studenten und andere städtische Mittelstandsgruppen setzten sich vehement für eine politische Liberalisierung ein. Dabei handelte es sich keineswegs um Verfechter radikaler linker Parolen, sondern überwiegend um durchaus wohlsituierte Vertreter des Establishments. Die Repräsentanten des Regimes attackierten demgegenüber alle Kritiker auf das heftigste, schreckten auch vor massiven Einschüchterungen, u. a. gegen Presseorgane, nicht zurück und wiesen die Zulassung mehrerer Parteien unter Hinweis auf die Gefahren des Tribalismus für die Einheit der Nation weit von sich. Vor dem Hintergrund immer deutlicher spürbarer sozialer Spannungen ging es bei den Diskussionen über politischen Pluralismus jedoch vornehmlich um Auseinandersetzungen innerhalb der wirtschaftlichen und politischen Elite und den Versuch einer wenigstens teilweisen Machtbeschränkung der über die KANU abgesicherten Führungszirkel. Sich innerhalb weniger Wochen häufende Manifestationen der Opposition führten zu wachsender Nervosität der Machthaber, die schließlich Anfang Juli in einer brutalen Niederschlagung der Oppositionsbewegung gipfelte. Matiba, Rubia und Raila Odinga, der

Sohn des früheren Vizepräsidenten, wurden in Vorbeugehaft genommen, mehrere regierungskritische Rechtsanwälte zeitweise verhaftet, vor allem aber mehrtägige Straßenunruhen und Plünderungen in Nairobi und anderen Städten, die nach Verbot einer Massenveranstaltung der Opposition ausgebrochen waren, massiv niedergeknüppelt. Unter vollem Einsatz der Staatsgewalt war damit zunächst äußerlich die Ruhe wiederhergestellt. Gleichzeitig erkannte Moi angesichts der weitverbreiteten Unzufriedenheit und Angst im Lande sowie wachsender ausländischer Mißfallensäußerungen die Notwendigkeit begrenzter Zugeständnisse an. Bei einer KANU-Sonderdelegiertenkonferenz im Dezember 1990 setzte er gegen die Stimmung der Betonköpfe in der Partei eine Reform der besonders kritisierten Wahlmodalitäten (u. a. das Schlangestehen) durch und ließ Kompromißbereitschaft erkennen, rückte aber keinen Zoll vom strikten Festhalten am Einparteisystem ab. Kenya geriet, auch in Afrika, zu diesem Zeitpunkt zusehends in eine Außenseiterrolle.

Auch 1991 setzte sich das Wechselspiel von oppositionellen Forderungen und deren Unterdrückung durch die Machthaber zunächst unvermindert fort. Einer neuerlichen Parteigründung Oginga Odingas war wegen Verweigerung der offiziellen Zulassung kein Erfolg beschieden. Eine ganz neue Dimension erhielt der Kampf für politische Veränderungen dann jedoch im August durch die Formierung von FORD (Forum for the Restoration of Democracy), einer überparteilichen Gruppierung mit dem Ziel der Einberufung einer Verfassunggebenden Versammlung, die einen Rahmen für ein Mehrparteiensystem entwerfen sollte. Bei den Gründern des bewußt nicht als politische Partei angelegten Forums handelte es sich um eine ethnisch und regional sorgfältig ausbalancierte Gruppierung. Neben dem Luo Odinga die beiden Politikveteranen Masinde Muliro und Martin Shikuku aus dem Volk der Luhya (mittlerweile zweitgrößte Ethnie Kenyas) sowie je ein Kikuyu, Kamba sowie Vertreter der Küstenbevölkerung. Trotz eines umgehenden Verbots gewann FORD in allen Landesteilen schnell an Popularität, während sich gleichzeitig die Einschüchterungen durch Vertreter des Regimes häuften. Alles deutete auf eine Wiederholung der Entwicklungen von 1991. Bei der gewaltsamen Verhinderung einer Massenversammlung in Nairobi am 16.11. gab es mehrere Verletzte und einen Toten. Mehrere prominente FORD-Mitglieder wurden festgenommen und wegen Verletzung der öffentlichen Ordnung angeklagt. Die demonstrative Beobachtung der Ereignisse durch westliche Diplomaten wurde von der Regierung vehement als Einmischung kritisiert. Doch schon wenige Tage später hatte sich die politische Gesamtlage plötzlich entscheidend verändert und die Wiederherstellung der konstitutionellen Voraussetzungen für ein Mehrparteiensystem stand unmittelbar bevor.

Bis dahin hatten die KANU und die Regierung ein zwiespältiges Verhalten – schwankend zwischen Anzeichen für eine beabsichtigte Liberalisierung und sturem Festhalten an der Unterdrückung jeglicher Opposition – an den Tag gelegt. Dies spiegelte die durchaus unterschiedlichen ideologischen, ökonomischen, ethnischen und regionalen Interessen unter dem breiten Dach der nationalen Einheitspartei wider. Moi ließ sich dabei ausschließlich vom Erhalt der Macht leiten und reagierte taktisch. Alle Forderungen nach einem pluralistischen Mehrparteiensystem wies er mit der Begründung zurück, daß Kenya dafür noch nicht reif sei und daß Parteien sich – angesichts der gegebenen gesellschaftlichen Realitäten – vorrangig nach ethnischen Kriterien herausbilden würden, so daß es zwangsläufig zu tribalistischen Auseinandersetzungen kommen werde. Mit dieser Argumentation wurden auch alle von außen vorgetragenen Demokratievorstellungen brüsk als unrealistisch und als ungerechtfertigte Einmischung abgetan.

Dennoch kam es Ende November 1991 innerhalb weniger Tage zu einer überraschenden Wende. Zum einen erwies sich die bereits im Oktober 1990 eingesetzte gerichtliche Untersuchungskommission zum Mordfall Ouko als Zeitbombe, als der Leiter des Scotland Yard-Untersuchungsteams den Energieminister Nicholas Biwott als einen Hauptverdächtigen nannte und auf massive Behinderung der Untersuchungen hinwies. Damit war die Glaubwürdigkeit des Regimes ernsthaft erschüttert, da der Kalenjin Biwott, seit langem einer der engsten Vertrauten

Mois, als gefürchteter Drahtzieher im Hintergrund und prototypischer Exponent der mafia-ähnlichen Verzahnung von politischer Protektion und wirtschaftlichen Interessen galt. Erst kurz zuvor war Biwott von der Weltbank mangelnde Mittelkontrolle in seinem Ressort (d.h. Korruption großen Stils) vorgehalten worden. Angesichts der Anschuldigungen mußte Moi Biwott fallenlassen. Nach wenigen Tagen der Haft wurde er mangels klarer Beweise wieder freigelassen und konnte sogar sein Abgeordnetenmandat behalten. Zum anderen zeigte die bereits seit längerem veränderte Haltung der westlichen Geberländer und -institutionen Wirkung, die („politische Konditionalität") verstärkt die Einhaltung von Menschenrechten und die Zulassung eines politischen Pluralismus sowie mit Blick auf eine „gute Regierungsführung" auch wirklich ernsthafte Wirtschaftsreformen einforderten. Ihren dramatischen Ausdruck fand diese Haltung in dem Beschluß der Gebergemeinschaft beim Treffen der Weltbankkonsultativgruppe am 25./26.11. in Paris, die Entscheidung über neue Hilfsmaßnahmen (insbesondere die wichtige Finanzierung schnell wirksamer Importprogramme) zunächst für sechs Monate bis zum Nachweis der Einleitung von Reformen zu suspendieren. Nach eigenem Eingeständnis Mois erfolgte infolge dieses externen Drucks der Geber die plötzliche Kehrtwendung in Richtung auf ein Mehrparteiensystem.

In kürzester Zeit überschlugen sich nun die politischen Entwicklungen. Im Dezember stimmten eine KANU-Sonderdelegiertenkonferenz und das Parlament den Verfassungsänderungen über eine Aufhebung des KANU-Monopols und die Zulassung weiterer Parteien zu. Noch am 31.12. 1991 wurde FORD formal als Partei registriert. Wegen zahlreicher Austritte, auch von mehreren Ministern, geriet die KANU in eine zunächst schwer überschaubare Krise, zumal weitere Parteineugründungen angekündigt wurden. Damit war zum Jahresende als Folge einer Mischung von äußerem und innerem Druck eine wichtige Zäsur erreicht worden, während sich gleichzeitig die wirtschaftliche Situation gegenüber früher gewohnten Verhältnissen wesentlich verschlechtert hatte.

4. Mehrparteiensystem und erste Wahlen

Zunächst sah es so aus, als ob bei den nächsten – spätestens im März 1993 verfassungsmäßig fälligen – Wahlen die KANU-Herrschaft angesichts der lange aufgestauten Wut über das Regime mit Leichtigkeit von dem mit der Widerstandsaura umgebenen FORD hinweggefegt werden könnte. Doch Moi nutzte geschickt sein Privileg der Festlegung des Wahltermins und ließ genügend Zeit verstreichen, um von den bald offensichtlichen Rivalitäten innerhalb der Opposition zu profitieren. Es war schnell klar, daß sich das Regime nicht so leicht geschlagen geben würde und eine Gratwanderung einzuschlagen suchte zwischen Einhaltung eines Minimums formaler demokratischer Spielregeln (im Interesse der Wiedergewinnung externer Unterstützung) und der schamlosen Ausnutzung des „Heimvorteils" gegenüber den noch keineswegs auf die neue Rolle vorbereiteten oppositionellen Kräften. Ebenso schnell aber zerbrach auch deren bisher in gemeinsamer Konfrontation mit dem Regime geeinte Linie, was sich bald als verhängnisvoll für die Realisierung des erhofften Wandels herausstellen sollte. Ein wesentliches Charakteristikum der neuen politischen Szenerie war die Tatsache, daß nahezu alle Führungspositionen der Opposition von langjährigen Politikveteranen eingenommen wurden, die – mehr oder weniger lange und intensiv – mit dem KANU-System verbunden gewesen waren. Eine Ausnahme bildeten lediglich einige Rechtsanwälte und Universitätsangehörige der mittleren Generation, die bisher noch nicht in der Politik aktiv gewesen waren.

Neben einer Anzahl kleinerer, unbedeutend bleibender Parteien entstand sehr schnell die DP (Democratic Party of Kenya) unter Führung des bis Weihnachten 1991 in Mois Kabinett verbliebenen Kibaki. Innerhalb von FORD bildeten sich bald zwei Flügel heraus, die monatelange Rangeleien um Führungspositionen und über die Modalitäten parteiinterner Wahlen veranstalteten, bis es im Oktober zur formellen Registrierung von zwei getrennten Parteien als FORD-Kenya und FORD-Asili (Original auf Kiswahili) kam. Bei der Zersplitterung der Opposition spielten kaum ideologische Unterschiede, sondern vor allem persönliche (und generationsmäßige) Rivalitäten sowie die Zugehörigkeit zu verschiedenen Ethnien eine Rolle. Es war offenkundig, daß die Frage der Ethnizität und das Bemühen um die Bildung ethnischer Allianzen einen wesentlichen Faktor bei der Herausbildung des neuen Parteiensystems darstellte. Auf Wahlkreisebene (außerhalb der wenigen Großstädte und einiger gemischter Siedlungsgebilde) hatten – wie auch schon früher – sowieso nur Kandidaten der jeweiligen lokalen Ethnie eine Chance, aber auch auf der nationalen Ebene war die Frage der Volksgruppenzugehörigkeit von größter Bedeutung. Die Furcht vor einem allzu virulenten Tribalismus war ja eines der Hauptargumente Mois gegen das Mehrparteiensystem gewesen. Allerdings trugen offensichtlich prominente Vertreter des Regimes kräftig dazu bei, daß sich Mois Prophezeiungen erfüllten. Zwischen Oktober 1991 und Frühjahr 1993 kam es, insbesondere in der Rift-Valley-Provinz, zwischen verschiedenen Kalenjin-Völkern und anderen Volksgruppen (u. a. Luo, Luhya, Kikuyu) zu gewaltsamen „ethnischen Auseinandersetzungen", die als Streitigkeiten um Landrechte begannen, aber schnell die Dimension eines Kampfes um territoriales politisches Monopol erhielten. Dabei gab es an die tausend Tote. Mehrere zigtausend Personen wurden von ihrem Land und ihren Arbeitsplätzen vertrieben, ohne daß die Polizei wirkungsvoll dagegen eingeschritten wäre. Untersuchungskommissionen des Kirchenrats und des Parlaments wiesen auf eine Beteiligung regierungsnaher Kreise beim Anheizen dieser Überfälle und Kämpfe hin.

Während die DP insbesondere wegen der unbestrittenen Führungsfigur Kibaki weithin als Kikuyu-Partei angesehen wurde, kam es bei FORD zu ausgeprägten Flügelkämpfen. Bei FORD-Kenya erhielt der über 80jährige Odinga den Vorsitz und die Präsidentschaftskandidatur, aber im zweiten Glied spielten programmatisch orientierte Intellektuelle mittleren Alters aus verschiedenen Ethnien (manchmal als Jungtürken bezeichnet) die entscheidende Rolle. Erst als sich diese Entwicklung abzuzeichnen begann, kam es zur separaten Forcierung des von Shikuku und Matiba dominierten Flügels als FORD-Asili, wobei sich letzterer an die Spitze setzen konnte. Matiba hatte erst im

Mai nach längerer Rekonvaleszenz in Großbritannien (wegen eines in der Haft erlittenen, aber noch keineswegs voll überwundenen Schlaganfalls) wieder in die Politik eingegriffen. Im Vergleich zu den regional sehr ungleich verankerten und sowohl organisatorisch wie finanziell nur auf schwachen Beinen stehenden neuen Parteien hatte KANU trotz einer erheblichen Austrittswelle einen signifikanten Vorteil durch eine in allen Landesteilen etablierte Parteistruktur.

Trotz der Vorlage von Wahlprogrammen durch alle Parteien spielte eine deutlich unterscheidbare Parteiprogrammatik beim Kampf um die Wählergunst keine wesentliche Rolle. Alle Oppositionsparteien attackierten gleichermaßen die Mißwirtschaft der KANU, während diese Kenya als Hort des Wohlstands und der Stabilität im Vergleich zum restlichen Afrika darstellte und vor entsprechendem Chaos bei einem Sieg der Opposition warnte. Zumindest ansatzweise waren bei FORD-Kenya am ehesten gewisse sozialreformerische Zielvorstellungen zu erkennen (mit schwachen, allerdings bewußt nicht herausgestellten Reminiszenzen an die KPU), wohingegen FORD-Asili und die DP zwar eine größere ökonomische Kompetenz als die Regierung reklamierten, aber letztlich kein inhaltliches Kontrastprogramm präsentierten.

Das Vorfeld der Wahlen war von scharfen Auseinandersetzungen über die Rahmenbedingungen für einen fairen und freien Ablauf geprägt. Schon die Wählerregistrierung, die die Opposition zunächst boykottieren wollte, verlief höchst kontrovers und wurde abgeschlossen, ohne daß rund eine Million Jungwähler – wegen fehlender Ausweise – ins Wahlregister eingetragen wurde. Oppositionspolitiker wurden in bezug auf Zugang zu Rundfunk und Fernsehen und bei der Abhaltung von Wahlveranstaltungen, ja sogar bei der Kandidatennominierung von der staatlichen Verwaltung massiv behindert. Wegen der unübersehbaren Vorteile der KANU konnte von einer offenen Auseinandersetzung mit gleichen Chancen keine Rede sein. Bedrohlich wirkten vor allem die während der ganzen Periode anhaltenden gewaltsamen „ethnischen Auseinandersetzungen", insbesondere im Rift Valley. Demgegenüber verlief der Wahltag aber ohne Gewalt und Anzeichen von offener Fälschung. Die internationalen Wahlbeobachter (vornehmlich vom Commonwealth-Sekretariat und aus den USA) wiesen zwar deutlich auf die Einseitigkeiten und Manipulationen hin, gelangten aber letztlich doch zu dem Schluß, daß das Wahlergebnis den Wählerwillen im großen und ganzen korrekt wiedergegeben habe.

Bei der Präsidentschaftswahl konnte Moi bei einer Wahlbeteiligung von 66,5 % der registrierten Wähler mit 36,4 % wegen der Zersplitterung der Opposition (Matiba 25,6 %, Kibaki 19,6 %, Odinga 17,1 %) einen relativen Sieg erringen und zugleich die neu eingeführte Bedingung erfüllen, in mindestens fünf der acht Landesprovinzen wenigstens 25 % der Stimmen zu erhalten. Das Ergebnis zeigte aber auch, daß Moi gegen einen gemeinsamen Oppositionskandidaten keine Chance gehabt hätte. Gleichzeitig wurde das Ausmaß des durch ethnische Loyalitäten geprägten Wählerverhaltens deutlich. So erlitt Moi in Nairobi, im Kikuyu-Herzland (Zentralprovinz) und in der vorwiegend von Luos bewohnten Nyanzaprovinz eine verheerende Abfuhr, während Odinga in der Zentralprovinz ebenso wie Matiba und Kibaki in Nyanza nur verschwindend wenig Stimmen sammeln konnten. Gegenüber den meisten Vorhersagen stellte das relativ gute Abschneiden von Matiba und das schlechte von Odinga eine gewisse Überraschung dar. Zwischen Matiba und Kibaki hatte es einen besonders erbitterten Kampf um die Vorherrschaft bei den Kikuyu gegeben.

Bei den Parlamentswahlen erhielten die KANU 100, FORD-Asili und FORD-Kenya je 31, die DP 23 Sitze. Je einer ging an drei Splitterparteien. 12 weitere Abgeordnete werden vom Präsidenten ernannt. FORD-Kenya erreichte als einzige Partei Mandate in allen acht Provinzen, während FORD-Asili und DP regionale Erfolge erzielten und die KANU – trotz prominenter Minister als Kandidaten – in den Kikuyu- und Luo-Gebieten nicht ein einziges Mandat erringen konnte. Die KANU repräsentierte mit Abgeordneten aus insgesamt 21 (meist kleineren) Ethnien das größte ethnische Spektrum, während dies bei FORD-Kenya (7), DP (5) und FORD-Asili (3) wesentlich enger war. Eine häufig übersehene, jedoch keineswegs unbedeutende

Ebene stellten die gleichzeitig abgehaltenen Kommunalwahlen dar, bei denen die Mehrzahl der Sitze auf Oppositionskandidaten entfiel, was aber durch die nachträgliche Ernennung KANU-orientierter Personen durch den zuständigen Minister für Lokalverwaltung in die Stadt- und Kreisräte teilweise wieder konterkariert wurde. Alles in allem brachten die Wahlen deutlich zum Ausdruck, daß das Phänomen einer „politisierten Ethnizität" zwar unverkennbar eine bedeutende Rolle gespielt hatte, daß es vielfach aber auch um primär persönlichkeitsbezogene Faktoren gegangen war. Die KANU-Stimmen stellten faktisch eine Allianz der kleineren Völker unter Ausschluß der Kikuyu und Luo und bei Aufsplitterung der Luhya dar. In einer pikanten Umkehr der Geschichte vertrat damit die KANU nunmehr die Gruppen, die zum Zeitpunkt der Unabhängigkeit von der damaligen Oppositionspartei KADU repräsentiert worden waren. Wiederholt waren in jüngster Zeit auch die alten Konzepte einer „Majimbo"-Verfassung wieder aus der Versenkung geholt, dann aber von Moi im Interesse der Erhaltung des zentralen Machtanspruches schnell tabuisiert worden. Insgesamt stellte der sog. „Tribalismus" ein Herrschaftsinstrument der Politiker aller Parteien beim Kampf um die Machtverteilung dar, da sie tribalistische Loyalitäten zur Absicherung ihrer jeweiligen politischen Gefolgschaft nutzen wollten (und weitgehend auch konnten).

5. Die politische Konstellation nach den Wahlen

Trotz Protests der drei Oppositionsführer gegen die Manipulationen, Forderungen nach Wahlwiederholung und kurzzeitigen Überlegungen eines Parlamentsboykotts nahm das Mehrparteienparlament schließlich in geordneter Form seine Arbeit auf. Moi wurde im Januar 1993 für eine vierte Amtszeit vereidigt und bildete eine ausschließlich auf der KANU basierende Regierung, der keine gewählten Volksvertreter der Kikuyu und Luo angehörten. Bei der faktischen Ausübung der Staatsgewalt wurde keine erkennbare Rücksicht auf den durch die Wahlen zum Ausdruck gebrachten mangelnden Rückhalt bei der Bevölkerungsmehrheit genommen. Innerhalb der KANU setzten sich Flügelkämpfe zwischen eher kompromißbereiten Tauben und auf absolute Machtdurchsetzung pochenden Falken weiter fort, wobei Biwott als Vertreter eines rücksichtslosen Kurses wieder erheblichen Auftrieb erhielt. Aber auch die Opposition entwickelte nach der zu erheblichen Teilen selbst verschuldeten Niederlage keine gemeinsame tragfähige Strategie, sondern setzte ihre Streitigkeiten unvermindert fort, u. a. beim Kampf um die Rolle der „offiziellen Opposition" im Parlament. Schon im März gelang der KANU die Abwerbung von zwei oppositionellen Abgeordneten. Bei den erforderlichen Nachwahlen im Mai ging ein DP-Mandat an die KANU über, während im anderen Fall im Luoland FORD-Kenya die Position ohne Schwierigkeiten verteidigen konnte. Auf der kommunalen Ebene kam es ebenfalls mehrfach zu Parteiübertritten und ausgesprochen verschlungenen Machtabsprachen. Im Mai wurde gegen Kibaki der Vorwurf erhoben, die Wiederbelebung der 1980 verbotenen tribalistischen GEMA (Gikuyu, Embu and Meru Association) zu unterstützen.

Obgleich Regierung wie Opposition sich auf die Modalitäten eines pluralistischen politischen Systems eingelassen hatten, waren die Formen der Auseinandersetzung noch stärker von Drohungen und Konfrontationen als von einem erreichten Grundkonsens der gegenseitigen Toleranz geprägt. Dennoch war mit der Akzeptierung der Wahlen und der Notwendigkeit der Herstellung eines bestimmten „modus vivendi" zwischen den verschiedenen Gruppierungen ein wichtiger erster Schritt in Richtung auf eine offenere gesellschaftliche und politische Zukunft getan. Alles in allem gibt es in Kenya für die Herausbildung einer von der Dominanz der staatlichen Autoritäten unabhängigen Zivilgesellschaft bereits relativ gute Voraussetzungen. Hierzu gehören das vergleichsweise gute und breite Ausbildungsniveau, die verhältnismäßig kompetente Verwaltungsstruktur, die prinzipielle Anerkennung der Idee eines staatlichen Gewaltmonopols und einer unabhängigen Justiz durch große Teile der Elite, die Existenz von unabhängigen Medien und professionellen Gruppen (wie z. B. der „Law Society"), das Engagement der Kirchen für öffentliche Angelegenheiten, die Existenz staatsunabhängiger Unternehmer und Geschäftsleute und die allmähliche Herausbildung eines „modernen" Mittelstandes. Dies wären keine schlechten Bedingungen für einen optimistischen Zukunftsausblick, wenn es gelingen sollte, auch im engeren Bereich der Politik eine entsprechende „politische Kultur" zu etablieren und dauerhaft zu gewährleisten.

Eine wesentliche Rolle dürften auch in Zukunft externe Kräfte und Finanzgeber spielen. Nach den Wahlen und der Entscheidung der neuen Regierung für weitergehende Liberalisierungsschritte im Bereich der Währungs- und Außenhandelspolitik hatte Moi mit einer raschen Wiederaufnahme der seit November 1991 blockierten westlichen Entwicklungshilfe gerechnet. Als dies nicht so schnell eintrat kam es erneut zu einem Intermezzo der Verhärtung. Das Regime nahm die gerade erlassenen Maßnahmen zurück und konfrontierte die Geber mit massiven Vorwürfen wegen der anhaltenden äußeren Einmischung. Da aber beide Seiten unter Erfolgszwang standen, wurde im April 1993 im Hinblick auf die wirtschaftspolitischen Maßnahmen ein Einverständnis zwischen Regierung und Weltbank erzielt, das Aussichten für eine baldige Wiederaufnahme der gesamten Hilfsprogramme – allerdings wohl kaum im bis Ende der 80er Jahre üblichen Umfang – eröffnete. Auch in bezug auf die im engeren Sinne politischen Forderungen sahen sich die westlichen Regierungen vor einem Dilemma, da sie nach Einführung des Mehrparteiensystems und Abhaltung der Wahlen – trotz erheblicher Bedenken über deren Manipulation – der Regierung kaum länger die Zusammenarbeit verweigern konnten.

Alles in allem hat es somit das Regime von Präsident Moi in einem schwierigen taktischen Balanceakt verstanden, sich an die stark veränderten Bedingungen inneren und äußeren Drucks anzupassen, ohne Macht und Kontrolle einzubüßen. Nur bei längerer und konsequenter Aufrechterhaltung dieses Drucks kann hoffentlich, ohne ein Abgleiten in unkontrollierbare Gewalt, eine allmähliche Öffnung Kenyas in Richtung auf eine tatsächliche pluralistische Demokratie gelingen.

Literaturhinweise

Barkan, J. D., The Rise of a Governance Realm in Kenya. In: Hyden, G./M. Bratton (Hg.): Governance and Politics in Africa, Boulder/London 1992.

Erdmann, G., Ethnizität und Wahlen. Weshalb die Opposition verloren hat (Kenia). In: Blätter des iz3w 190 (1993), S. 37–42.

Hellmann, H., Wahlen in Kenia. Rückblick, Verlauf, Ergebnisse. In: KAS-Auslandsinformationen (Konrad Adenauer Stiftung) 3 (1993), S. 33–47.

Hofmeier, R., Kenya. In: Nohlen, D./F. Nuscheler (Hg.): Handbuch der Dritten Welt, Bd. 5: Ostafrika und Südafrika, Bonn 1993, S. 88–113.

Widner, J. A., The Rise of a Party-State in Kenya. From „Harambee!" to „Nyayo!", Berkeley/Los Angeles/Oxford 1992.

Gudrun Krämer
Die fundamentalistische Bedrohung Ägyptens

Annähernd fünfzehn Jahre nach dem Sieg der islamischen Revolution im Iran gilt der islamische Fundamentalismus erneut als gefährlichster Feind der nahöstlichen Staaten und Regime, der arabischen ebenso wie Israels. Im Mittelpunkt besorgter Aufmerksamkeit steht einmal mehr Ägypten – nicht länger die Führungsmacht im arabischen Lager, noch immer aber einer der zentralen Staaten und einer der wichtigsten Verbündeten des Westens in der Region. Jahrzehntealte Spannungen erreichten einen neuen Höhepunkt, als militante islamische Gruppen im Herbst und Winter 1992/93 ihre Aktionen nicht länger ausschließlich gegen Vertreter und Einrichtungen des Regimes, mißliebige Journalisten, Intellektuelle und Angehörige der christlichen Minderheit richteten, sondern gezielt ausländische Touristen anzugreifen und ausländische Firmen zu bedrohen begannen. Innerhalb weniger Wochen eskalierte die Gewalt. Die Islamisten verstanden es, ihren Kampf von der Peripherie, dem seit langem unruhigen und von der Regierung nur unvollständig kontrollierten Oberägypten, ins Zentrum der ägyptischen Hauptstadt und darüber hinaus in die Metropolen des westlichen Gegners zu tragen. Im Februar 1993 explodierten mehrere Bomben im Herzen Kairos, und auch der Anschlag, der am 26. Februar 1993 das New Yorker World Trade Center traf, wurde Anhängern eines radikalen ägyptischen Regimegegners, Scheich 'Umar 'Abd ar-Rahman, angelastet. Das Ziel der Anschläge war offenkundig: Sie sollten den Ruf und Rückhalt einer Regierung untergraben, die weder ihre eigenen Repräsentanten noch ihre nichtmuslimischen Bürger und ausländischen Gäste zu schützen vermochte.

Zum politischen kam der wirtschaftliche Schaden: Neben den Einnahmen aus Suez-Kanal-Gebühren, Gastarbeiterüberweisungen und Ölverkäufen erbrachte der Tourismus zu Beginn der 90er Jahre rund ein Drittel der staatlichen Deviseneinnahmen (1991/92 rd. 3 Mrd. US-Dollar). Die Angst vor Anschlägen ließ den Touristenstrom Ende 1992 um rund die Hälfte zurückgehen; nur die Besucher aus arabischen Staaten zeigten sich zunächst unbeeindruckt. Der Einbruch im arbeitsintensiven Fremdenverkehr war umso beunruhigender, als im Zuge der Strukturanpassungs- und Privatisierungsmaßnahmen die Arbeitslosigkeit ohnehin auf über 20 % angestiegen war.

Auf die Herausforderung reagierte der Staat mit vertrauter Härte. Ganze Dörfer und Stadtviertel wurden nach islamischen Aktivisten durchkämmt, Flüchtige mit oder ohne Gegenwehr erschossen, Tausende Verdächtiger verhaftet und in Schnellverfahren vor Sondergerichten abgeurteilt, mehrere Todesurteile vollstreckt. Unabhängige Menschenrechtsorganisationen dokumentierten die Zunahme von Folter und Mißhandlungen. Um die militanten Islamisten nachhaltig auszugrenzen, lancierte die Regierung außerdem eine großangelegte Aufklärungs- und Plakataktion. Als Drahtzieher des religiösen Terrors wurden – auch dies ein vertrauter Zug – ausländische Mächte benannt, an erster Stelle Iran und Sudan, die die Extremisten mit Waffen versorgt sowie ehemalige Afghanistankämpfer finanziert, ausgebildet und nach Ägypten eingeschleust haben sollten. Unterdessen beschuldigte die Opposition die Regierung, allein auf Härte zu setzen und die sozialen, wirtschaftlichen und politischen Hintergründe des Protestes zu ignorieren und zu übersehen, daß die Gewalt der Islamisten auch als Gegengewalt zu staatlicher Willkür und Repression zu verstehen sei. Was die Eskalation der Gewalt für das politische Klima und die Stabilität des Regimes, die Aussicht auf wirtschaftliche Sanierung und die Chancen einer Liberalisierung oder gar Demokratisierung des Landes bedeutete, war zunächst nicht abzusehen.

1. *Golfkrieg und Erdbeben*

Zu Beginn der 90er Jahre war allgemein erwartet worden, die von der irakischen Kuwait-Invasion ausgelöste Golfkrise werde die regionale Ordnung grundlegend erschüttern. Dies erwies sich zumindest in Teilen als falsch. Gerade die ägyptische Regierung ging dank ihres entschlossenen Eintretens gegen den Irak gestärkt aus dem Golfkrieg hervor. Ihr Engagement auf seiten der Sieger wurde politisch wie wirtschaftlich honoriert, die regionale Isolation wohl endgültig überwunden. Schon vorher hatten sich die Beziehungen zum arabisch-islamischen Umfeld normalisiert, die Sadats separater Friedensschluß mit Israel 1979 gestört hatte, ohne dabei die gleichfalls von Sadat begründete Westanbindung als Voraussetzung unverzichtbarer Hilfsleistungen und Kredite zu gefährden. Die Zuwendungen der Weltbank, des Internationalen Währungsfonds (IWF) und der westlichen Industrienationen – im Fall der USA immerhin rund 2,3 Mrd. US-Dollar Wirtschafts- und Militärhilfe jährlich, im Falle der EG 780 Mio. US-Dollar (1992–96) Finanzhilfe pro Jahr –, sind und waren jedoch an Gegenleistungen gebunden: Rigorose „Strukturanpassungsmaßnahmen", die tief in das Gefüge von Wirtschaft und Gesellschaft einschneiden, sowie außenpolitisches Wohlverhalten, darunter an erster Stelle die Einhaltung des ägyptisch-israelischen Friedensvertrags.

Andererseits war im arabischen Lager die Führungsposition 1990 verloren, die Ägypten – keineswegs unangefochten – unter Nasser von der Suez-Krise 1956 bis zum Juni-Krieg von 1967 behauptet hatte. In den 80er Jahren wirkte das Land als Garant westlicher und konservativer arabischer Interessen – nicht länger, wie unter Sadat, gegen ein sowjetisches Vordringen in der Region, sondern als Verbündeter gegen den revolutionären Iran (an der Seite des Irak) im ersten und gegen den Irak (an der Seite Saudi-Arabiens und der kleineren Golfemirate) im zweiten Golfkrieg. Der 1991 neubelebte Friedensprozeß wertete Ägypten in seiner Rolle als Mittler zwischen Arabern, Israelis und Amerikanern auf. Allerdings gelang es nicht, die konservative Achse dauerhaft zu festigen: Die Differenzen über Aufgabe und Entlohnung ägyptischer Schutztruppen am Golf, über Investitionen, Aufträge und Arbeitsplätze erwiesen sich als unüberwindbar. Einer sicherheitspolitischen Kooperation mit den Golfkriegsverbündeten Ägypten und Syrien zogen die Golfstaaten eine engere Bindung an die raumfremden Mächte USA, Großbritannien und Frankreich vor. Insgesamt aber ließ sich die Golfkriegsbilanz als Erfolg der Regierung verbuchen.

Erste Erfolge zeichneten sich 1992/93 auch auf wirtschaftlichem Gebiet ab. Zwar gelang es nicht, die Grundprobleme der ägyptischen Volkswirtschaft – rasches Bevölkerungswachstum, enge Begrenzung des landwirtschaftlichen Nutzlandes, Versorgungsmängel, massiver Druck auf Wohnungs- und Arbeitsmarkt, bürokratische Schwere, Inkompetenz und Korruption – zu lösen. Immerhin konnte das Bevölkerungswachstum von (1985/86) jährlich 2,7 % auf (1991/92) 2,3 % gesenkt werden, was noch immer rund 1,6 Mio. Geburten pro Jahr und mindestens 400 000 Neuzugänge auf dem Arbeitsmarkt bedeutet. Für den Staatshaushalt hatte der Golfkrieg Entlastung geschaffen. Ein Schuldenerlaß von 14 Mrd. US-Dollar, zusätzliche Zahlungen arabischer und westlicher Partner und eine stufenweise Umschuldung im Rahmen des Pariser Clubs reduzierten die ägyptischen Auslandsschulden von über 50 Mrd. auf rund 40 Mrd. US-Dollar (im Mai 1993); im gleichen Zeitraum stiegen die Devisenreserven der Zentralbank auf annähernd 15 Mrd. US-Dollar. 1992/93 begannen auch die von IWF und Weltbank verordneten Strukturanpassungsmaßnahmen zu greifen: Ein entschiedenerer Abbau der Subventionen für Grundartikel des täglichen Bedarfs, Energie und Transportmittel, gekoppelt mit einem deutlichen Rückgang der Warenimporte, verringerte das Budgetdefizit von annähernd 10 % (1991/92) auf 6,5 %. Der Wechselkurs des ägyptischen Pfundes wurde stabilisiert, die Zahlungsbilanz wies erneut einen Überschuß auf. Die Erschließung neuer Erdölquellen und die Steigerung der landwirtschaftlichen Produktion verstärkten die positiven Signale und die angekündigte Privatisierung öffentlicher Unternehmen ließ die Erwartungen in- und ausländischer Investoren weiter steigen.

Weit kritischer sah die Lage aus der Sicht der Privathaushalte aus, die die Kosten von Golfkrise und Strukturanpassung zu verkraften hatten: 1990/91 zunächst die Rückkehr von rund 500 000 Auslandsarbeitern, den Ausfall ihrer Rücküberweisungen, vielfach verbunden mit dem Verlust aller Ersparnisse, und einen kurzzeitigen Einbruch im Fremdenverkehr. Die Folgen der Strukturanpassung erfuhren die lohnabhängige städtische

Mittelschicht und die städtischen und ländlichen Unterschichten (noch immer leben rund 35 % der ägyptischen Bevölkerung unter der Armutsgrenze) zunächst nur als Verschlechterung ihrer Lebensbedingungen. Der starke Preisanstieg im Zuge des Subventionsabbaus ließ – auch wenn die Inflation offiziellen Angaben zufolge binnen eines Jahres von den 20,7 % (1991) auf 9,7 % (1992) gedrosselt werden konnte – die Kaufkraft der Löhne und Gehälter z.T. dramatisch absinken. Begleitet wurden Inflation und Kaufkraftverlust vom Anstieg der Arbeitslosigkeit.

Da die Bevölkerung die Legitimation und Leistung der Regierung bzw. des Präsidenten nicht an außenpolitischen Erfolgen und am Zustand der Staatsfinanzen mißt, sondern am Brotpreis und an der Entwicklung von Pacht- und Mietzinsen, war nach Ende des Golfkrieges mit wachsender Unzufriedenheit zu rechnen. Dennoch kam es zunächst nicht zu Unruhen, nicht einmal, als im Oktober 1992 ein schweres Erdbeben erhebliche Schäden anrichtete und über 400 Menschen das Leben kostete und islamische Aktivisten einmal mehr rascher mit Hilfe zur Hand waren als der Staat. Allgemeine Verbitterung über Unfähigkeit und Korruption in Bürokratie und Privatwirtschaft, eine große Distanz zum Regime, Zynismus, Teilnahmslosigkeit waren die Folge. In diesem Klima intensivierten die radikalen Islamisten im Herbst 1992 ihren Kampf gegen das System und für eine „islamische Ordnung".

2. „Der Islam ist die Lösung"

Die Religion spielt im persönlichen Verhalten der Ägypter, in Gesellschaft und politischem Leben des Landes nach wie vor eine bedeutende Rolle. Die überwältigende Mehrheit der Ägypter – Muslime wie Christen – bezeichnen sich als gläubig, ohne deshalb die religiösen Pflichten immer vorschriftsmäßig einzuhalten und ohne damit einen im engeren Sinn politischen Anspruch zu verbinden. Offen bekannter Atheismus ist selbst unter Künstlern und Intellektuellen ausgesprochen selten. Dabei ist der Islam in Ägypten vielgestaltig und keineswegs auf den mehr oder minder militanten „Fundamentalismus" zu reduzieren. Zahlenmäßig am bedeutsamsten sind mit etwa 3 Mio. Anhängern noch immer die Sufi-Bruderschaften, die einen emotional vertieften, gelegentlich „unorthodoxen", auf jeden Fall aber politikfernen Islam pflegen. Dennoch hat der politische bzw. politisierte Islam an Aufmerksamkeit gewonnen, seit sich in den ausgehenden 70er Jahren die islamische Strömung zur beherrschenden Kraft in Kultur und Gesellschaft entwickelte. Sie reicht von islamischen Wohltätigkeits- und Bildungseinrichtungen bis zu islamischen Banken, Investmentgesellschaften und Computerfirmen, von liberalen Intellektuellen, die Religion und moderne Gesellschaft miteinander zu versöhnen suchen, bis zu kompromißlosen Eiferern, die jegliche Anpassung an Normen und Konzepte nicht-islamischen Ursprungs verweigern und den radikalen Bruch mit der eigenen Gesellschaft propagieren.

Mit ihrem Schlagwort „Der Islam ist die Lösung" finden islamische Aktivisten jeglicher Couleur Gehör bei all denjenigen, die an den Schwierigkeiten ihres Alltags zu verzweifeln drohen und das Vertrauen in die Regierung verloren haben. Von einer Rückkehr zu Geist und Buchstaben des göttlichen Gesetzes, der Scharia, erhoffen sie sich soziale Gerechtigkeit, kollektive Stärke und kulturelle Selbstverwirklichung, die Sadat und vor ihm Nasser versprochen, aber nicht herbeigeführt hatten. Die islamische Bewegung versteht sich selbst als einzig authentische Alternative zum bestehenden System, und sie verkörpert Gegenmacht. Das gilt für die politischen Gruppierungen von der Muslimbruderschaft bis zu den militanten Organisationen, den „Islamischen Gemeinschaften" (al-Jama'at al-Islamiyya), den Jihad-Gruppen, at-Takfir wal-Hijra u. a. m. Zu ihnen kommen unabhängige, zum Teil radikal regimekritische Prediger in Tausenden autonomer Moscheen, die der Staat seit Jahren, und bislang ohne Erfolg, unter Kontrolle zu bekommen sucht. Die Islamisten werben mit sozialen Diensten, Alphabetisierungs- und Computerkursen, mit Wohnungs- und Stellenvermittlung, Kinder- und Altenbetreuung und sind damit in Bereichen engagiert, in denen der Staat (Beispiel Erdbebenhilfe) nicht ausreichend präsent ist. Einzelne islamische Gruppen sind finanziell stark, und zwar nicht nur oder nicht primär auf Grund ausländischer Zahlungen (die das Regime und ihre politischen Gegner ihnen regelmäßig unterstellen), sondern auf Grund von Beiträgen und Spenden finanzkräftiger Mitglieder im In- und Ausland. Ihre Beziehungen zum sog. islamischen Wirtschaftssektor sind diffus; nur wenige der großen „islamischen" Unternehmen, wie etwa die al-Sharif-Gruppe, weisen nachprüfbar Bindungen zur islamischen Politszene auf.

Die Stärke der islamischen Bewegung hat ohne Zweifel mit der sozioökonomischen Krise des Landes zu tun; aber sie läßt sich nicht auf diese reduzieren. Sie ist gewiß die Folge von wirtschaftlicher Not und Hoffnungslosigkeit, mehr noch aber Ausdruck einer tiefreichenden gesellschaftlichen Malaise, eines Gefühls der Entfremdung und Unzufriedenheit weiter Bevölkerungskreise. Natürlich drückt sie Protest aus, aber nicht nur den Protest einer marginalisierten Jugend, die einer ungesicherten Zukunft entgegensieht, sondern auch städtischer Mittelschichten, bei denen sich soziale Ängste mit der Sehnsucht nach Identität, Sicherheit und moralischer Erneuerung verbinden. Präzise Angaben über ihre Stärke und Verankerung sind weder für die Muslimbruderschaft noch für die von Polizei und Geheimdiensten observierten Untergrundorganisationen zu erhalten. Auch Ergebnisse von Parlaments-, Stadt- und Gemeinderatswahlen, wo islamische Kandidaten seit den 80er Jahren durchschnittlich 8–15% der Mandate errangen, vermitteln infolge gezielter staatlicher Manipulation – von der Gestaltung der Wahlkreise bis zur direkten Einmischung – kein verläßliches Bild. Sicher ist, daß die Anziehungskraft zumindest der gemäßigten, auf Gewalt verzichtenden islamischen Gruppen weit in die gutsituierte und gebildete Mittelschicht (Angestellte und Beamte, Freiberufler und Akademiker, Händler und Unternehmer) hineinreicht. Sie ist keineswegs auf die Randgruppen enttäuschter Arbeitsloser, dörflicher Neuzuwanderer oder halbgebildeter Jugendlicher begrenzt. Dementsprechend werden auch soziale und wirtschaftliche Reformen allein die Islamisten nicht aus Politik und Öffentlichkeit des Landes verdrängen können.

3. Zwischen Integration und Konfrontation

Die Unterschiede zwischen den einzelnen islamischen Gruppen werden weniger an ihren Zielen als an ihrer Haltung zur Legitimität des Systems und daraus abgeleiteter Strategien deutlich. Eine „gemäßigte" Mehrheit, vertreten durch Rechtsgelehrte der Azhar-Universität, die Muslimbruderschaft, Teile der „Islamischen Gemeinschaften" und unabhängige Intellektuelle, erkennt die gegebene Ordnung grundsätzlich als Islam-konform oder zumindest doch als reformierbar an. Sie befürwortet daher eine Integration in die bestehenden Strukturen, einen Marsch durch die Institutionen und lehnt die Anwendung von Gewalt ab. Eine militante, zu allem entschlossene Minderheit hingegen – der Hauptstrom der Islamischen Gemeinschaften, verschiedene Untergrundorganisationen und einzelne Prediger wie etwa der genannte 'Umar 'Abd ar-Rahman – verweigert jegliche Zusammenarbeit mit dem als un-islamisch und illegitim verurteilten System und sieht Gewalt als einziges Mittel im Kampf gegen staatliche Repression.

Die unterschiedlichen Haltungen sind zu einem gewissen Grad historisch zu erklären. In den 30er Jahren traten erstmals politische islamische Bewegungen auf, die in den 40er Jahren eine breite Massenbasis gewannen und sich rasch über Ägypten hinaus in der arabischen Welt ausweiteten. Wichtige Erfahrungen im Umgang mit recht unterschiedlichen Regimen sammelte dabei vor allem die 1928 von Hassan al-Banna (1906–49), einem angehenden Lehrer, gegründete Gemeinschaft der Muslimbrüder. Ihr Ziel war und ist eine Reform der ägyptischen Gesellschaft an Haupt und Gliedern, die sie in eine auf die Scharia gegründete, starke und geeinte, wahrhaft islamische Gesellschaft umwandeln will. In den 30er und 40er Jahren verfolgte die Muslimbruderschaft zunächst eine Reformstrategie, die das bestehende politische System als legitim anerkannte und daher vorrangig auf Mission (da'wa) und Erziehung setzte, Gewaltanwendung jedoch nicht grundsätzlich ablehnte. Die Aktivitäten ihres zu Beginn der 40er Jahre im Kampf gegen Briten und Zionisten gebildeten „Geheimapparates" führten im Dezember 1948 zu ihrem ersten Verbot. Dennoch galt die Muslimbruderschaft neben der nationalistischen Wafd-Partei weiterhin als stärkste Massenbewegung des Landes. Obwohl sie im Juli 1952 den Putsch der „Freien Offiziere" unter Jamal 'Abd an-Nasir (Nasser) unterstützte, kam es nach dessen Gelingen rasch zum Kampf um die Macht, den die Freien Offiziere für sich entschieden. Im Oktober 1954 wurde die Muslimbruderschaft erneut aufgelöst und in zwei großen Verfolgungswellen 1954 und 1965 faktisch zerschlagen. Einige ihrer führenden Vertreter wurden hingerichtet, Hunderte von Mitgliedern und Sympathisanten flüchteten ins Exil, vor allem auf die Arabische Halbinsel.

Die Erinnerung an die „große Heimsuchung" (al-mihna) der Nasser-Zeit ist in der islamischen Bewegung nach wie vor lebendig. Doch wurden aus ihr unterschiedliche Konsequenzen gezogen. Das größte Aufsehen erregten jene Aktivisten, die sich unter dem Eindruck von Unterdrückung, Haft und Folter radikalisierten. Ihren Erfahrungen verlieh Sayyid Qutb (1906–66) in seiner Schrift „Wegmarkierungen" (ma'alim fi t-tariq) Ausdruck, die 1964 aus dem Gefängnis heraus verbreitet wurde. Qutb propagierte den kompromißlosen Kampf einer revolutionären Avantgarde wahrer Muslime gegen ein System, das sich die allein Gott zustehende Souveränität (hakimiyya) angemaßt, die Scharia außer Kraft gesetzt und die Gesellschaft damit in die vor-islamische Epoche der „Unwissenheit" (Jahiliyya) zurückgestoßen habe. Aus seiner Sicht war der Widerstand gegen ein Regime, das die islamische Bewegung – und damit den Islam an sich – unterdrückte, nicht nur zulässig, sondern zwingend. Militante Gruppen wie „al-Jihad" (Heiliger Kampf) und „at-Takfir wal-Hijra" (Exkommunikation und Rückzug aus der Gesellschaft) leiteten daraus in den 70er und 80er Jahren die religiöse Pflicht ab, den „Herrscher" als Abtrünnigen und Ungläubigen zu bekämpfen, und sprachen dem Regime, unabhängig von seinen Leistungen bei der Bekämpfung von Armut, Analphabetismus und Ungerechtigkeit, von Imperialismus und Zionismus, jegliche Legitimation ab.

Weniger Aufmerksamkeit fand demgegenüber die große Zahl derjenigen Aktivisten, die aus der Erfahrung der Nasser-Zeit die entgegengesetzte Lehre zogen, daß nämlich gegenüber einem übermächtigen Staatsapparat die direkte Konfrontation selbstzerstörerisch und daher im Interesse des Islam und der islamischen Bewegung nicht zu verantworten sei. Sie forderten daher die Rückkehr zur Reformstrategie des schrittweisen Vorgehens (tadarruj), der Erziehungs- und Überzeugungsarbeit an der Basis und der Einflußnahme innerhalb bestehender Strukturen. Ihre Stunde kam in den 70 er Jahren, nachdem die arabische Niederlage im Juni-Krieg von 1967 den Niedergang des von Nasser verkörperten sozialistischen Panarabismus beschleunigt hatte. Nach Nassers Tod im September 1970 suchte dessen Nachfolger, (Muhammad) Anwar as-Sadat (1918–81), seine Macht stärker islamisch zu legitimieren. Die 1961 verstaatlichte, prinzipiell regimetreue und weit über Ägypten hinaus angesehene Azhar-Universität wurde dabei ebenso gefördert wie die unpolitischen Sufi-Bruderschaften. In Radio, Fernsehen und staatlicher Presse nahmen religiöse Programme und Beiträge breiten Raum ein. Bis 1974 wurden fast alle islamischen Aktivisten aus dem Gefängnis entlassen, viele Muslimbrüder durften aus dem Exil zurückkehren. Staatliche Stellen leisteten diskrete Hilfe bei der Gründung „Islamischer Gemeinschaften" in Fabriken und Universitäten. Der Muslimbruderschaft wurde erlaubt, sich neu zu formieren, Zeitschriften und Bücher herauszugeben und einen internationalen Apparat aufzubauen. Als religiöse Vereinigung oder gar politische Partei legalisiert wurde sie bezeichnenderweise nicht. Während sich die Muslimbruderschaft auf die Strategie der 30 er und 40 er Jahre besann, verweigerten jüngere, radikalere Kräfte die Kooperation mit dem „un-islamischen" Staatsapparat. Zwar änderte Sadat 1980 die Verfassung von 1971 dahingehend, daß die (allerdings nicht näher definierten) „Grundsätze der Scharia" zur „Hauptquelle" der ägyptischen Gesetzgebung erhoben wurden, doch folgte dem keine systematische Islamisierung der ägyptischen Rechtsordnung. Zugleich traf Sadats wirtschafts- und außenpolitischer Kurs der ökonomischen Liberalisierung (Infitah), der Zusammenarbeit mit den USA, und des Friedens mit Israel, auf Proteste, die der islamischen Opposition breiteren Rückhalt in der Bevölkerung verschafften.

Sadat wurde im Oktober 1981 von Angehörigen der islamischen Jihad-Gruppe ermordet. Sein Nachfolger, der Luftwaffenoffizier und ehemalige Verteidigungsminister (Muhammad) Husni Mubarak (geb. 1928) setzte auf eine Synthese aus Nasserismus und „Sadatismus". Seine „produktive Infitah-Politik" suchte die „sozialistischen Errungenschaften" der Nasser-Ära zu wahren und die von Sadat eingeleitete Öffnungs-Politik fortzusetzen. So sollte die von Sadat begonnene, bald jedoch zurückgenommene, politische Liberalisierung vertieft werden, ohne die präsidiale Vorherrschaft anzutasten. Zugleich sollte das Verhältnis zur arabischen Welt, zum sozialistischen Block und zur Bewegung der Blockfreien normalisiert werden, ohne die besonderen Beziehungen Ägyptens zu den USA und den Frieden mit Israel in Frage zu stellen. Mit diesem Balanceakt war Mubarak rund ein Jahrzehnt lang bemerkenswert erfolgreich. Zunächst gelang es ihm, durch größere Toleranz gegenüber der kooperationsbereiten Opposition aller Lager einen neuen „nationalen Konsens" gegen den islamischen „Extremismus" herbeizuführen. Er stärkte damit zugleich das Gegengewicht zu Armee und Sicherheitsdiensten, von deren Unterstützung seine Stellung – wie ein Aufstand im Zentralen Sicherheitsdienst im Februar 1986 unterstrich – im Krisenfall jedoch weiter abhing. Politische Zwecke bestimmten die Mittel: Die politische Öffnung sollte das Regime in einer Situation besonderer Gefährdung absichern und nicht etwa die freie Entfaltung autonomer gesellschaftlicher Kräfte oder gar die Machtübernahme alternativer Eliten ermöglichen. Im Zuge der Liberalisierung gab der Staat daher keine Kompetenzen ab, sondern steckte lediglich Freiräume ab, innerhalb derer sich ausgewählte Akteure legal und unbehinderter als zuvor betätigen konnten. Gegenüber dem festgefügten Staatsapparat – Präsident, Bürokratie und Sicherheitsdiensten – blieben die Organe der Zivilgesellschaft – Berufsvereinigungen, Gewerkschaften, Menschenrechtsgruppen, Bürgerinitiativen, private Nachbarschafts- und Selbsthilfegruppen, karitative, zumeist religiöse Einrichtungen – vergleichsweise schwach und verwundbar.

Wichtigster Adressat der neuen Politik war die islamische Bewegung. Die Strategie der Regierung bestand im Kern darin, die

Forderungen der Islamisten dort aufzugreifen, wo sie die staatliche Kontrolle über Politik und Gesellschaft nicht unmittelbar in Frage stellten. Zugeständnisse machte das Regime bei der Anpassung des Ehe- und Familienrechts an traditionelle islamische Vorstellungen, beim Alkoholverbot und der Zensur freizügiger Literatur und Kunst. Das religiöse Angebot in Radio, Fernsehen und Presse wurde noch weiter ausgedehnt. Die Islamisten sind in Wirtschaft und Gesellschaft in allen zentralen Bereichen präsent und, solange sie nicht zur Gewalt greifen, weithin toleriert. Im Bündnis mit legalisierten Parteien oder über unabhängige Kandidaten konnten sie bei den Parlamentswahlen von 1984 etwa zehn und 1987 rund 35 Mandate erringen. Die Parlamentswahlen von 1990 boykottierten sie gemeinsam mit der liberalen Opposition aus Protest gegen fortdauernde Chancenungleichheit und staatliche Manipulation. Alle Anträge der Muslimbrüder auf Zulassung als religiöse Vereinigung oder politische Partei hingegen blieben erfolglos. Zugleich wurden die militanten Gruppen mit aller Härte verfolgt. Der Ausnahmezustand, der nur im Sommer vor Sadats Ermordung einmal kurzfristig außer Kraft gesetzt worden war, entwickelte sich zum Normalzustand. Ergänzt durch eine Reihe weitreichender Notstandsgesetze gab er den Behörden jede Möglichkeit, kritische Äußerungen und die Aktivitäten mißliebiger Personen und Gruppierungen zu unterbinden.

Bei ihrem unnachgiebigen Kurs konnte die Regierung auf das Verständnis des Auslands und die stillschweigende oder offene Rückendeckung aus Kreisen der nicht-religiösen Opposition zählen. Die Kritik der Islamisten an fremder Einmischung im allgemeinen – sei es in Form politischer Einflußnahme, militärischer Kooperation oder wirtschaftlicher Auflagen – und an der Zusammenarbeit mit den USA und dem Frieden mit Israel im besonderen erklärt die Zurückhaltung des Auslands, das eine „Destabilisierung" nicht nur Ägyptens, sondern der nahöstlichen Region allemal mehr fürchtet als einen Rückschlag auf dem Weg zu Demokratie und Wahrung der Menschenrechte.

Ebenso bedeutsam ist aber die Haltung der politischen Kräfte im Innern des Landes. Hier ist im wesentlichen von einer Dreieckskonstellation – der Regierung, der islamischen Bewegung und der nicht-religiösen Opposition – auszugehen. Die islamische und die nicht-religiöse Opposition fordern gemeinsam den Schutz der Menschenrechte, politische Mitsprache und Verantwortlichkeit der Regierung. Einig sind sie sich auch in ihrer Berufung auf die Werte der Religion und die Anwendung der Scharia. Differenzen treten dort auf, wo die Scharia nicht als von allen anerkanntes religiös-sittliches Wertesystem, sondern als Regelwerk zivil- und strafrechtlicher Normen und Gesetze verstanden wird. Hier zeigen sich neben Andersgläubigen und Andersdenkenden – Kopten, Liberalen, Linken, Atheisten und freisinnigen Künstlern – auch viele Frauen beunruhigt. Die Beziehungen zwischen der islamischen und der nicht-religiösen Opposition sind jedoch offen und im wesentlichen von kurz- und mittelfristigen Opportunitätsüberlegungen bestimmt. Im Prinzip kann dabei jeder jeden benutzen: die Regierung die gemäßigten Islamisten in Azhar und Muslimbruderschaft gegen ihre linken und liberalen Kritiker, aber auch gegen die Extremisten des islamischen Untergrunds. Sie kann von der nicht-religiösen Opposition gedrängt werden, den gemeinsamen islamistischen Feind in Schach zu halten oder auszuschalten; sie kann von den gemäßigten Islamisten unter Druck gesetzt werden, politische, rechtliche und symbolische Zugeständnisse zu machen, um den Radikalen das Wasser abzugraben.

Insgesamt herrscht jedoch tiefes Mißtrauen gegenüber den Islamisten, auch und gerade gegenüber den Verfechtern einer gemäßigten, legalistischen Strategie. Es richtet sich auf deren vermutete Querverbindungen ins radikale Lager und zu ausländischen Mächten und gipfelt in dem Verdacht, die gemäßigten Islamisten könnten ihre Bekenntnisse zu Toleranz und Pluralismus, zu Demokratie und Menschenrechten nur heucheln, die aus der schiitischen Tradition bekannte „taqiyya" (Verstellung) üben, um (auch) in Ägypten einen autoritären „Gottesstaat" zu errichten.

Im Verlauf der Auseinandersetzung ist – wie zuvor schon in Algerien und Tunesien – auch in Ägypten die Regierung dazu übergegangen, den politischen Islam als Staatsfeind Nr. Eins darzustellen. Unannehmbar wegen seiner obskurantistischen, reaktionären und zugleich utopischen Botschaft, seines fanatisch-extremistischen Charakters, seiner terroristischen Methoden und seiner tatsächlichen oder vorgeblichen Kontakte zu ausländischen Mächten (Iran, Sudan, Saudi-Arabien, Libyen, früher einmal Großbritannien, den USA oder auch Israel). Dabei handelt es sich um den erkennbaren Versuch, die Waffe der Islamisten gegen diese zu kehren und die Vertreter der Authentizität ihrerseits für unauthentisch zu erklären. In der Tendenz trifft das die Radikalen ebenso wie die Gemäßigten. Die Militanz der Radikalen und die Vorbehalte breiter Kreise der ägyptischen Intelligenz und Mittelschicht erlauben es dem Staat, sich als den wahren Verteidiger ägyptisch-islamischer Authentizität darzustellen, der sowohl die nationale Einheit wie auch den wahren Islam, den sozialen Frieden und die Zivilgesellschaft, wenn nicht sogar die Zivilisation überhaupt vor dem fanatischen Ansturm verblendeter Extremisten bewahrt. Das nicht nur aus der islamischen Geschichte bekannte Argument, demzufolge nur die entschiedene Durchsetzung staatlicher Gewalt die Gesellschaft vor Terror und Anarchie zu schützen vermag, findet weithin Anklang. Die Angst vor den Islamisten schafft Sympathien für das Regime, selbst wenn es die bürgerlichen Freiheiten und politischen Rechte immer weiter beschränkt.

Unter den Islamisten selbst ist die richtige Strategie bis in die Reihen der Muslimbruderschaft umstritten. Gerade die Verfechter des Integrationskurses müssen sich fragen, was in einem politischen Prozeß überhaupt zu gewinnen ist, der vom Regime definiert wird und im wesentlichen dazu dient, dessen Machterhalt zu sichern und alle ernsthaften Konkurrenten auszuschalten. Sie selbst sehen sich, wie erwähnt, als einzig authentische und integre Alternative zur herrschenden Werte- und Gesellschaftsordnung. Der Marsch durch die Institutionen stellt zugleich ihre Fähigkeit auf die Probe, für die vielfältigen Probleme der modernen ägyptischen Gesellschaft Lösungen anzubieten, die über allgemeine Aufrufe zu moralischer Umkehr hinausgehen. Die Zunahme religiöser Militanz bringt die Gemäßigten in eine Zwangslage. Zum einen distanzieren sie sich von den im Namen des Islam verübten Gewaltakten, die ihre eigenen politischen und ökonomischen Interessen schädigen. Zum anderen macht sie ihre Rolle als Sprecher des wahren, richtigen, gemäßigten Islam, der gegenüber einer irregeleiteten Jugend die Werte der Vernunft, der Geduld und der Verhältnismäßigkeit der Mittel anmahnt, nützlich für das Regime – nützlicher auf jeden Fall als die als regierungstreu verrufenen Azhar-Gelehrten oder den Mufti von Ägypten. Aber sie brauchen auch Erfolge, die sie im Bereich öffentlicher Moral zweifellos errungen haben, nicht aber bei ihrer zentralen Forderung, der Durchsetzung der Scharia. Nicht einmal ihre Legalisierung vermochten die Muslimbrüder zu erwirken. Im Rahmen eines im Februar 1993 durchgepeitschten „Gesetzes zur Sicherung der Demokratie in den Berufsverbänden" sollen sie – nachdem sie zuletzt die Vereinigungen der Ärzte und Apotheker, Ingenieure, Professoren und im September 1992 schließlich auch der politisch traditionell regen Anwälte kontrolliert hatten – aus diesem wichtigen gesellschaftlichen Feld zurückgedrängt werden. Diese Rückschläge wiederum dienen den radikalen Verweigerern zum Beweis, daß mit Mäßigung und Gewaltlosigkeit auch in Ägypten nichts zu erreichen ist. Der Verfassungsputsch in Algerien vom Januar 1992, der eine friedliche Machtübernahme der Islamischen Heilsfront vereitelte, dürfte sie in ihrem Urteil bestätigt haben.

Der ägyptische Staat hat es bislang weder verstanden, wirksame Reformen durchzusetzen, noch der islamischen Gewalt ein Ende zu bereiten. Mitte 1993 sieht es so aus, als könnten die Islamisten die Macht nicht gewinnen und das bestehende System nicht aus den Angeln heben. Sie bestärken lediglich die autoritären Tendenzen in Regierung, Bürokratie und staatstragender Schicht, die unter Berufung auf die fundamentalistische Bedrohung die politische Liberalisierung aufzuhalten suchen. Schon heißt es wieder, daß eine politische Liberalisierung erst auf dem Boden wirtschaftlicher Gesundung möglich sei. Das mahnt an den nasseristischen „Sozialpakt", der gleichfalls wirtschaftliche Entwicklung und soziale Gerechtigkeit gegen politische Mitsprache und Kontrolle aufrechnete, die erhofften Leistungen aber nicht erbrachte. Mittlerweile hat sich die Wirtschaftspolitik gewandelt: Nun soll die wirtschaftliche Liberalisierung rasch vorangetrieben, die politische jedoch verlangsamt und sorgfältig dosiert werden. Über die akuten Gefahren für Leib und Leben ägyptischer Bürger und der ausländischen Gäste und Besucher Ägyptens hinaus liegt hier möglicherweise die größte Gefahr der eskalierenden Auseinandersetzung. Die islamische Gewalt würde Ägypten demnach zwar nicht in eine Hochburg des radikalen Islam verwandeln, die Entwicklung hin zu Partizipation und Menschenrechten und damit auch zu echter Stabilität als Grundlage selbsttragender Entwicklung jedoch entscheidend zurückwerfen. Auch dies wird unweigerlich über Ägypten hinaus auf die Region ausstrahlen.

Literaturhinweise

Ayubi, N. N., Political Islam. Religion and Politics in the Arab World, London/New York 1991.

Bianchi, R., Unruly Corporatism. Associational Life in Twentieth-Century Egypt, New York usw. 1989.

Hinnebusch, R. A., Egyptian politics under Sadat, Cambridge 1985.

Krämer, G., Ägypten unter Mubarak: Identität und nationales Interesse. Baden-Baden 1986.

Sivan, E., Radical Islam. Medieval Theology and Modern Politics, New Haven/London 1985.

Thomas Koszinowski
Vereinigung und Demokratisierung im Jemen

Bei Darstellungen über den Jemen und seine Vereinigung stößt man immer wieder auf die Behauptung, daß der Jemen eigentlich nie richtig ein Staat gewesen sei und die Forderung der Jemeniten nach Einheit deshalb nicht ganz berechtigt sei. Dies verkennt die Tatsache, daß es im Nahen Osten vor dem Ersten Weltkrieg keinen Nationalstaat wie in Europa gegeben hat. Fast das gesamte Gebiet der heute zur arabischen Welt gehörenden Staaten war Bestandteil des Osmanischen Reiches. Auch der Nordjemen gehörte bis zum Ende des Ersten Weltkrieges, zumindest formell, zum Osmanischen Reich. Der Südjemen hingegen, genauer gesagt die Stadt Aden mit ihrem Hinterland, stand seit 1839 unter britischer Herrschaft. Man kann wohl zu Recht behaupten, daß diese beiden Fremdmächte die Entstehung eines einheitlichen jemenitischen Staates verhinderten. Jedenfalls war so lange die Bildung eines einheitlichen Jemen unmöglich, solange diese beiden Mächte, nämlich das Osmanische Reich und Großbritannien, Teile des Jemen beherrschten. Die türkische Fremdherrschaft endete im Nordjemen mit dem Ende des Ersten Weltkrieges und dem Zusammenbruch des Osmanischen Reiches; dies war die Voraussetzung für die Entstehung eines unabhängigen Jemen mit Imam Yahya an der Spitze.

Es war sicher nicht bloßes Machtstreben, wenn Imam Yahya schon frühzeitig die Ausweitung seines Herrschaftsbereiches auf den von England kontrollierten südlichen Teil des Jemen zu einem seiner politischen Ziele erhob. Vielmehr dürfte hierbei die Überzeugung seine Politik diktiert haben, daß beide Teile eine Einheit bildeten und daß es seine Pflicht sei, seine Herrschaft auf den gesamten Jemen auszudehnen. Hierbei dürfte er sich der Unterstützung aller Jemeniten sicher gewesen sein. So steht Imam Yahya am Anfang der Entwicklung der politischen Vereinigung des Jemen. Er mußte freilich einsehen,

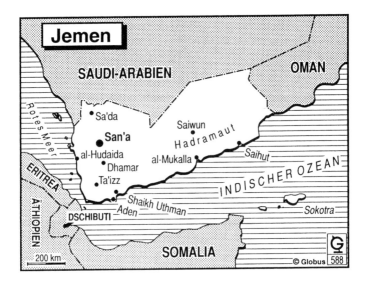

daß er gegenüber der überlegenen Macht Großbritanniens keine Chance hatte, und er sah sich daher zur Anerkennung der bestehenden Grenzen gezwungen. Ein entsprechender Vertrag wurde 1934 von ihm unterzeichnet, womit er zugleich auch die offizielle Anerkennung durch Großbritannien erreichte.

In dasselbe Jahr 1934 fällt ein anderes Ereignis, das in gewisser Weise ebenfalls einen Aspekt der jemenitischen Einheit darstellt, nämlich der Verlust der drei Provinzen Asir, Najran und Jizan, die von den Jemeniten bis heute als Bestandteile ihres Landes betrachtet werden. Wie im Süden gegenüber Großbritannien so stieß Imam Yahya bei dem Versuch, seinen Herrschaftsbereich auf alle „jemenitischen" Gebiete auszudehnen, auch im Norden auf einen militärisch überlegenen Gegner, Ibn Saud. Nach einem kurzen Krieg mußte der Jemen die drei Provinzen an Saudi-Arabien abtreten. Solange die britische Kolonialherrschaft im Südjemen andauerte, war an eine Änderung der Grenzen bzw. die Ausdehnung der Herrschaft des Imamats auf den Süden nicht zu denken. Mit dem Abzug der Briten aus Aden und den übrigen

Gebieten am 30. November 1967 trat eine neue Situation ein. Erstmals bestand nun konkret die Möglichkeit, die Einheit des Jemen zu verwirklichen.

1. Einigungsbestrebungen zwischen dem Nord- und Südjemen

In Aden übernahm die Nationale Befreiungsfront (NLF) die Macht, die jahrelang (seit 1963) im Untergrund gegen die britische Kolonialherrschaft gekämpft und die Briten zu einem vorzeitigen Abzug gezwungen hatte. Auf dieser Tatsache beruhte in hohem Maße die Legitimität dieser politischen Organisation, die ihre politischen Wurzeln in der Bewegung der Arabischen Nationalisten hatte. Die politische Orientierung der NLF ließ ein Zusammengehen mit dem republikanischen Regime in Sana eigentlich als zwingend erscheinen, zumal dadurch die progressiven Kräfte im Norden entscheidend gestärkt worden wären. Da sich auch die Führung in Aden den Angriffen der von Saudi-Arabien aus operierenden Oppositionsgruppen ausgesetzt sah, bestand eine zusätzliche Interessenübereinstimmung. Die mögliche Koordinierung auf militärischem Gebiet war deshalb, neben wirtschaftlichen Fragen, der eigentliche Gegenstand von Verhandlungen. Diese Themen wurden bei dem Besuch einer südjemenitischen Delegation unter Leitung von Außenminister Saif al-Dali im Juli 1968 in Sana angesprochen. Auch Abd al-Latif al-Sha'bi, Mitglied des Politbüros, besprach während seines Treffens mit Ministerpräsident al-Amri im August vor allem Fragen der militärischen Zusammenarbeit. Qadi Abd al-Rahman al-Iryani, Vorsitzender des Präsidentschaftsrates, unterstützte ausdrücklich die Koordinierung der militärischen Aktionen gegen die Royalisten im Norden. Im September rief dann Hasan al-Amri im Rundfunk zur Vereinigung der beiden Staaten des Jemen auf.

Bei der Suche nach einem Ausweg aus dem Bürgerkrieg gewannen in der Zwischenzeit jedoch die gemäßigten Kräfte die Oberhand, da nur sie einen Kompromiß mit den Vertretern des royalistischen Lagers auszuhandeln imstande waren. Während in Sana mit dem Ende des Bürgerkrieges 1970 die Royalisten zurückkehrten und somit das konservative Element in der nordjemenitischen Politik entscheidend verstärkten, gewannen im Süden die linksextremistischen radikalen Kräfte die Oberhand und bestimmten die Politik. Dieses Auseinanderdriften der politischen Richtungen in den beiden Jemen war keine günstige Voraussetzung für die Sache der jemenitischen Vereinigung.

Die beiderseitigen Beziehungen wurden durch die wachsenden Aktivitäten der aus dem Süden in den Nordjemen geflüchteten Oppositionellen, zu denen sich nach dem Sturz von Qahtan al-Sha'bi im Juni 1969 auch dessen Anhänger gesellten, belastet. Der Forderung der südjemenitischen Führung an die Regierung in Sana, diese Exilgruppen zu kontrollieren, begegnete Ministerpräsident al-Aini mit der Bemerkung, daß der Nordjemen nicht Polizist für Aden spielen könne. Die Lage im Grenzgebiet spitzte sich im Februar 1972 zu, nachdem sechzig nordjemenitische Stammesführer vom Südjemen ermordet worden waren. Im September drohte nach ersten militärischen Zusammenstößen der Ausbruch eines offenen kriegerischen Konfliktes zwischen den beiden jemenitischen Staaten. Unter Aufsicht der Arabischen Liga kam es am 21. Oktober zwischen den beiden Ministerpräsidenten, Muhsin al-Aini (Sana) und Ali Nasir Muhammad (Aden), in Kairo zu einem Zusammentreffen, um den Konflikt auf friedlichem Wege beizulegen. Zur allgemeinen Überraschung der Öffentlichkeit unterzeichneten die Staatsoberhäupter beider Jemen, Abd al-Rahman al-Iryani und Salim Rubai' Ali, am 28. Oktober 1972 in Tripolis (Libyen) ein Abkommen über die Vereinigung des Jemen.

Mit der Machtübernahme durch den marxistischen Flügel unter Abd al-Fattah Isma'il im Jahre 1978 erklärte der Südjemen als einziges arabisches Land den „wissenschaftlichen Sozialismus", d.h. den Marxismus, zur Grundlage seiner Wirtschafts- und Gesellschaftspolitik. Außenpolitisch wurde der Südjemen zu einem zuverlässigen Verbündeten der Sowjetunion. Zum Prinzip der südjemenitischen Außenpolitik wurde der „proletarische Internationalismus" erhoben, was bedingungslose Unterordnung unter die Interessen der sowjetischen Außenpolitik und der Weltrevolution bedeutete. Dies erklärte, warum der Südjemen als einziges arabisches Land im Konflikt zwischen der marxistischen Regierung Äthiopiens und der eritreischen Befreiungsfront die Position der äthiopischen Regierung unterstützte.

In der Frage der jemenitischen Einheit nahm Abd al-Fattah Isma'il im Prinzip eine Position zugunsten der Einheit ein. Aber auch in dieser nationalen Frage hatte der „proletarische Internationalismus" Vorrang. Eine Vereinigung mit dem Norden kam für ihn nur in Frage, wenn damit die Ausdehnung des im Süden herrschenden „sozialistischen" Systems auf den Norden verbunden war. Für Isma'il wurde die Forderung der Vereinigung somit zum Mittel für weitergehende Ziele, nämlich die Ausbreitung der marxistischen Gesellschaftsordnung.

Im Norden bestand grundsätzlich kein Interesse an einer Übernahme des marxistischen Modells. Wenn einige Politiker, wie z. B. al-Hamdi, dennoch ein Zusammengehen mit dem Süden befürworteten, so vor allem aus Gründen der Stärkung ihrer eigenen Stellung bzw. die der Zentralgewalt gegenüber den Stämmen, die ihrerseits ihre partikularen Ziele verfolgten und kein Interesse an einer Festigung der Zentralgewalt hatten. Wenn sowohl in Sana als auch in Aden die Forderung nach Vereinigung der beiden Jemen immer wieder auf die Tagesordnung gesetzt wurde, so geschah das auch aus Rücksicht auf die allgemeine Stimmung in der Öffentlichkeit, die die Einheit befürwortete. Tatsächlich aber war keine Seite ernsthaft gewillt, im Interesse der Einheit grundlegende Konzessionen zu machen. Weder wollte Aden das sozialistische Gesellschaftsmodell opfern, noch Sana auf das auf dem Islam und auf Stammestraditionen basierende System verzichten.

Wenn sich in den folgenden Jahren die Beziehungen zwischen den beiden Jemen verschlechterten, so dürften die Ursachen hierfür eher in Aden als in Sana gelegen haben. Ausdruck dieser „negativen" Beziehungen zwischen den beiden Jemen war die Ermordung des nordjemenitischen Präsidenten al-Ghashmi im April 1978 durch einen Abgesandten der südjemenitischen Regierung. Aden versuchte offensichtlich mit aller Gewalt, Einfluß auf die politische Entwicklung im Nordjemen zu nehmen.

Die Ermordung al-Ghashmis belastete die beiderseitigen Beziehungen so sehr, daß erneut der Ausbruch eines militärischen Konfliktes drohte. Zwar schickte der südjemenitische Staatschef dem neugewählten Präsidenten in Sana, Ali Abdallah Salih, ein Glückwunschschreiben, in dem er seiner Hoffnung Ausdruck gab, daß seine Wahl zur Lösung der Probleme zwischen beiden Staaten beitragen werde, zugleich wurde aber in den Medien beider Staaten ein heftiger Propagandakrieg geführt. Während Salih von der südjemenitischen Presse als Reaktionär, Faschist und Verbündeter der Imperialisten bezeichnet wurde, nannte der nordjemenitische Präsident die Führung Adens „faschistisch und atheistisch". Als es im Januar 1979 zu militärischen Zusammenstößen im Grenzgebiet kam, griff erneut die Arabische Liga ein, um den Konflikt zu schlichten. Ende März trafen sich die beiden Präsidenten Ali Abdallah Salih (Sana) und Abd al-Fattah Isma'il (Aden) in Kuwait. Auch dieses Mal wurde der Konflikt zwischen den beiden Jemen mit der Unterzeichnung eines Abkommens, das die Vereinigung des Jemen vorsah, beigelegt. Angesichts der unterschiedlichen gesellschaftspolitischen Ordnungen in den beiden Jemen war an die Verwirklichung dieses Ziels jedoch nicht ernsthaft zu denken. Für beide Seiten dürften deshalb taktische Überlegungen ausschlaggebend gewesen sein. Die treibende Kraft für den Abschluß des Vertrages über die Vereinigung des Jemen war offenbar Aden. Abd al-Fattah Isma'il, der starke Mann und Chefideologe, erhoffte sich allem Anschein nach von diesem Abkommen die Möglichkeit, auf den Norden Einfluß zu gewinnen und über den Weg der Vereinigung das kommunistische System auf den Norden auszudehnen. Der nordjemenitische Präsident Ali Abdallah Salih sah sich zu diesem Abkommen eher aus einer Notlage heraus gezwungen. Ihm machte der wachsende Druck der Nationaldemokratischen Front (NDF), die seinen Sturz betrieb und von Aden kontrolliert wurde, zu schaffen. Durch das Vereinigungsabkommen verpflichtete sich Aden, seine Hilfe für die NDF einzustellen, was für Salih ohne Zweifel der entscheidende Grund für seine Zustimmung zum Einigungsvertrag gewesen sein dürfte.

Bevor das neue Einigungsabkommen ernsthaft getestet werden konnte, trat im Südjemen eine wichtige innenpolitische Änderung ein. Im Kampf zwischen den radikalmarxistischen Kräften unter Führung Isma'ils und den pragmatisch-liberalen unter Leitung von Ministerpräsident Ali Nasir Muhammad konnte sich im April 1980 der letztere durchsetzen. Damit war auch eine deutliche Entspannung an der ideologischen Front verbunden. Ali Nasir Muhammad hielt zwar grundsätzlich an dem bestehenden sozialistischen System und vor allem an der engen Zusammenarbeit mit dem sozialistischen Lager fest, war im übrigen aber für eine allgemeine Liberalisierung der Innen- und Wirtschaftspolitik und suchte darüber hinaus auch bessere Beziehungen zu den benachbarten – konservativen – arabischen Ölstaaten, von denen er eine größere finanzielle Unterstützung für die dahinsiechende Wirtschaft erhoffte.

Der politische Kurswechsel in Aden hatte unmittelbare Auswirkungen auf die Beziehungen zwischen den beiden jemenitischen Staaten, die sich nun spürbar entspannten. In Sana schwand die Furcht vor einer marxistischen Unterwanderung durch den Südjemen. Zwar wurde von beiden Regierungen in Sana und Aden die Vereinigung des Jemen weiterhin als ein wichtiges politisches Ziel propagiert, und es wurden Verhandlungen über die Verwirklichung der im Abkommen von Kuwait festgelegten Bestimmungen geführt, keine der beiden Seiten schien es dabei jedoch eilig zu haben. In beiden Jemen war man sich offenbar darüber im klaren, daß angesichts der sehr unterschiedlichen gesellschaftspolitischen Verhältnisse eine Vereinigung nur in einem langwierigen Prozeß zu erreichen war. Letztlich war die Einheit nur zu verwirklichen, wenn ein Teil des Jemen seine Ordnung dem anderen Teil aufzwang. Dies war die Politik, die Abd al-Fattah Isma'il verfolgt hatte. Um dieses Ziel zu erreichen, war der Südjemen gegenüber dem Nordjemen zu schwach, wie allein die unterschiedlichen Bevölkerungsgrößen zeigen. Spätestens mit der Machtübernahme Gorbatschows und der Perestroika war eine Politik der Expansion und des Exportes des kommunistischen Modells nicht mehr möglich.

2. Die Umwälzungen im Südjemen

Die innenpolitische Entwicklung im Südjemen war seit dem Beginn, der Unabhängigkeit 1967, eine ununterbrochene Folge von Machtkämpfen zwischen den gemäßigten und radikalen Kräften, wobei die radikalen marxistischen Kräfte unter Führung von Abd al-Fattah Isma'il sich schließlich durchsetzen konnten. Isma'il konnte sich aber nicht allzulange seines Erfolges freuen, und im April 1980 wurde er zum Rücktritt gezwungen, nicht zuletzt wegen der ungünstigen Wirtschaftsentwicklung infolge der sozialistischen Maßnahmen. Aber die Anhänger Isma'ils, der selbst ins Moskauer Exil ging, blieben in führenden Stellungen von Staat und Partei, und Ali Nasir Muhammad, der neue starke Mann, war offensichtlich nicht stark genug, um alle seine Gegner auszuschalten. Das lag zum Teil wohl daran, daß hinter jeder Person zugleich auch ein Stamm stand und daß die Absetzung einer Person die Interessen des gesamten Stammes berührte und somit zu größeren personellen Veränderungen führte, was die Stabilität des Regimes insgesamt in Frage stellte. Bei den Machtkämpfen spielten zwar auch Fragen der Ideologie sowie der Wirtschafts- und Innenpolitik eine Rolle, in erster Linie aber handelte es sich hierbei um die Rivalität zwischen den einzelnen Stämmen bzw. ihren Vertretern an exponierten Stellen in Staat und Partei.

Wenn es Abd al-Fattah Isma'il nicht gelungen war, sich dauerhaft an der Partei- und Staatsspitze zu halten, so galt das gleiche auch für Ali Nasir Muhammad, seinen Nachfolger. Der Zwang, die eigene Stellung durch die Besetzung wichtiger Posten mit Vertretern des eigenen Stammes absichern zu wollen, wirkte im allgemeinen kontraproduktiv, da sich die benachteiligten Stämme dann jeweils zu einer Oppositionsfront zusammenschlossen. Die Rückkehr Abd al-Fattah Isma'ils im Frühjahr 1985 aus seinem Moskauer Exil war deshalb weniger Ausdruck einer radikaleren ideologischen Position der gegen Ali Nasir Muhammad gerichteten Oppositionsfront – obwohl dieser Punkt sicher eine Rolle spielte, denn man warf Muhammad auch vor, den Sozialismus zu verraten –, sondern Isma'il sollte einfach die Opposition stärken.

Da im Südjemen innerparteiliche Konflikte traditionell gewaltsam gelöst werden, lief auch der Konflikt zwischen Ali Nasir Muhammad und seinen Gegnern auf eine gewaltsame Auseinandersetzung hinaus, denn keine der beiden Parteien war bereit nachzugeben. Das Ausmaß an Gewalt, das sich dann am 13. Januar 1986 Bahn brach, kam allerdings für die meisten Beobachter überraschend. Den Ausgang des Machtkampfes dürfte wohl die Sowjetunion bestimmt haben. Bereits die Zustimmung Moskaus zur Rückkehr Isma'ils, die der eigentliche Auslöser für den Ausbruch des Bürgerkrieges war, kann nicht ohne politische Absichten erfolgt sein. Indem sie Ali Nasir Muhammad schon relativ früh ihre Unterstützung entzog, entschied sie praktisch über sein Schicksal und seinen Sturz.

Im weiteren Verlauf der politischen Entwicklung im Südjemen machte sich der Einfluß der neuen sowjetischen Politik bemerkbar. Ohne die Perestroika Gorbatschows wäre die sowjetische Politik im Südjemen wohl anders verlaufen. Die Sowjetunion hatte kein Interesse an einer Rückkehr der südjemenitischen Politik zu dem doktrinären Standpunkt Isma'ils und seiner Gefolgsleute, sowohl in der Innen- als auch in der Außenpolitik. Vielmehr dürfte die sowjetische Führung ihren Einfluß geltend gemacht haben und auch ihre weitere Unterstützung, auf die das Land wegen der enormen Zerstörungen während des Bürgerkrieges dringend angewiesen war, davon abhängig gemacht haben, daß der von Ali Nasir Muhammad eingeleitete Kurs der Liberalisierung und innenpolitischen Öffnung fortgesetzt würde.

Wenn sich nach dem Bürgerkrieg trotz der Niederlage Ali Nasir Muhammads erneut die gemäßigten Kräfte durchsetzen konnten, so lag das wohl auch daran, daß der Bürgerkrieg vom Januar 1987 die Jemenitische Sozialistische Partei und ihre Politik zutiefst diskreditiert hatte, nicht nur in der Masse des Volkes, sondern wohl auch bei vielen Anhängern. Die Erkenntnis, daß der Sozialismus nicht zu den versprochenen Erfolgen geführt hatte, sondern im Gegenteil die Ursache für die wirtschaftliche und politische Misere war, mußte um so mehr um sich greifen, als selbst in der Sowjetunion mit der Demontage des Sozialismus und des kommunistischen Systems begonnen wurde.

Von hier war der Schritt nicht allzugroß zu der Überlegung, daß die Vereinigung mit dem Nordjemen, dessen Wirtschaft insgesamt besser funktionierte und wegen der beginnenden Erdölexporte in Zukunft eine noch günstigere Entwicklung versprach, einen Ausweg aus der politischen und wirtschaftlichen Krise bot. Wenn das sozialistische System ohnehin seinen Wert verloren hatte und die Entwicklung auf eine Angleichung an das Modell im Nordjemen hinauslief, dann bestand auch kein Hindernis mehr für die Vereinigung zwischen den beiden Jemen. Für die in einer tiefen Krise steckende politische Führung in Aden war die Vereinigung mit dem Norden der einzige Weg, um ihr politisches Überleben zu sichern.

3. Die Vereinigung

Der Bürgerkrieg im Südjemen beschleunigte den Einigungsprozeß. Wie in Zeiten von Krisen in den beiderseitigen Beziehungen in der Vergangenheit, nämlich 1972 und 1979, die Vereinigung als Ausweg betrachtet wurde, so griff man auch diesmal wieder auf dieses Mittel zurück. Die Ereignisse in Aden, mehr noch aber die Flucht des gestürzten Präsidenten Ali Nasir Muhammad in den Nordjemen, verursachten erneut starke Spannungen zwischen beiden Staaten und beschworen die Gefahr eines Krieges herauf. In Aden befürchtete man eine Intervention des Nordens zugunsten des unterlegenen Muhammad. Tatsächlich gab es in Sana einflußreiche Kräfte, die für eine Intervention plädierten. Wenn die sowjetische Regierung die jemenitische Führung nicht energisch vor einer Intervention gewarnt hätte (am 21.1.1986), hätte sich der nordjemenitische Präsident Ali Abdallah Salih vielleicht weniger Zurückhaltung auferlegt. Während die Gefahr einer nordjemenitischen Intervention bald schwand, belastete die Flucht Ali Nasir Muhammads und die Präsenz von rund 30000 bewaffneten Gefolgsleuten im Grenzgebiet die Beziehungen.

Anfang Juli 1986 kam es erstmals zu direkten Kontakten zwischen den Präsidenten der beiden Jemen, Salih und Attas, in Tripolis (Libyen) in Anwesenheit des libyschen Staatschefs Qadhafi. In der wichtigen Frage der Amnestie für den gestürzten Ali

Nasir Muhammad wurde jedoch keine Einigung erzielt, was das beiderseitige Verhältnis spürbar belastete. Bei den Gesprächen des Generalsekretärs der Jemenitischen Sozialistischen Partei, Ali Salim al-Baid, im Juli 1987 in Sana machte der nordjemenitische Präsident Salih den Vorschlag, beide Länder zu vereinigen. Als Termin schlug er den folgenden September vor, was für al-Baid allerdings zu früh war. Er schlug als ersten Schritt eine Revision des gemeinsamen Verfassungsentwurfs vom 31. Dezember 1980 vor und plädierte insgesamt für ein vorsichtiges Vorgehen in dieser Frage. Er lehnte den Vorschlag Salihs aber nicht ab. Bei den Feiern zur Revolution im folgenden September reiste der südjemenitische Präsident Attas nach Sana, wo die Frage der Vereinigung erneut diskutiert wurde. Während der Norden vor allem an der Lösung des Flüchtlingsproblems interessiert war, wünschte der Süden die wirtschaftliche Koordinierung.

Ein neuer Konfliktherd, der sich im Grenzgebiet von Shabwa wegen der dort befindlichen Ölvorräte aufbaute und im März 1988 zu Truppenkonzentrationen beiderseits der Grenze führte, verstärkte die Aktivitäten zwischen den beiden Regierungen. Im April trafen sich Präsident Salih und der Generalsekretär der JSP, Ali Salim al-Baid, in der nordjemenitischen Stadt Ta'izz, wo nicht nur der Rückzug der Truppen aus dem Grenzgebiet und die Normalisierung der Beziehungen vereinbart wurde, sondern auch die Wiederaufnahme der vor dem Bürgerkrieg von 1986 vereinbarten Treffen im Rahmen von Komitees zur Verwirklichung der Einheit des Jemen. Bei einem erneuten Treffen Anfang Mai in Sana bekräftigten sie den Willen zur Einheit.

Mit Beginn des Jahres 1989 wurden die Kontakte und Vereinbarungen bezüglich der Vereinigung intensiviert und beschleunigt, was darauf schließen ließ, daß beide Seiten ernsthaft die Einheit anstrebten. So wurde auf der 4. Sitzung der interjemenitischen Ministerkommission unter der Leitung der beiden Ministerpräsidenten Abd al-Ghani (Sana) und Nu'man (Aden) die Bildung eines Komitees für die politische Organisation bestehend aus zwölf Mitgliedern (7 Norden, 5 Süden) vereinbart. Ihre erste Sitzung fand vom 31.10.–2.11. in Ta'izz statt, wo u.a. der Entwurf für die gemeinsame Verfassung beraten wurde. Anläßlich der Unabhängigkeitsfeiern Ende November hielt sich auch der nordjemenitische Präsident Salih in Aden auf. Im Nordjemen war bereits zuvor der Eindruck vermittelt worden, daß bei dieser Gelegenheit die Einheit des Jemen proklamiert würde. Dazu kam es jedoch nicht. Stattdessen einigte man sich auf ein Programm, demgemäß die Einheit innerhalb von zwölf Monaten vollzogen werden sollte. Anschließend sollten ein Referendum über die neue Verfassung und Wahlen für ein einheitliches Parlament stattfinden. Dieses Parlament sollte dann den fünfköpfigen Präsidentschaftsrat wählen. Zur Hauptstadt des vereinigten Jemen wurde Sana bestimmt.

Mit diesem Beschluß waren erstmals konkrete Schritte zur Vereinigung des Jemen unternommen worden. Beide Regierungen waren diesmal weiter gegangen als bei den beiden vorherigen Malen. Trotzdem blieben die ausländischen Beobachter skeptisch und hielten auch diese Vereinbarungen für nicht viel mehr als taktische Maßnahmen, um von anderen Problemen abzulenken. Tatsächlich wurden die gemeinsamen Aktivitäten zur Vorbereitung der Vereinigung in den folgenden Monaten so intensiviert, daß kaum noch ein Zweifel an der Ernsthaftigkeit des Einigungswillens bestehen konnte. Zwischen dem 30. Oktober 1989 und Mai 1990 fanden allein sechs Gipfelbegegnungen zwischen Ali Abdallah Salih und Ali Salim al-Baid statt.

Nicht weniger wichtig war, daß zur gleichen Zeit die südjemenitische Führung eine Reihe von Entscheidungen traf, die praktisch die Abschaffung des sozialistischen Wirtschafts- und Gesellschaftssystems zum Ziel hatte. Grundsätzlich wurde die Einführung eines Mehrparteiensystems gebilligt und die Freiheit der Presse und der Meinung gesetzlich festgeschrieben. Damit waren im Südjemen die Grundlagen für eine Entwicklung zur Demokratie gelegt worden. Vor allem aber wurden damit die unabdingbaren Voraussetzungen für die Vereinigung mit dem Nordjemen geschaffen.

Im Mai 1990 verdichteten sich dann die Gerüchte, daß die Vereinigung unmittelbar bevorstehe. Am 21.5. ratifizierten die beiden Parlamente in Sana und Aden die Verträge über die Vereinigung, und am folgenden Tag, dem 22. Mai 1990, proklamierte Ali

Abdallah Salih mit der Hissung der Fahne in Aden die „Jemenitische Republik". Damit war ein Traum der Jemeniten in Erfüllung gegangen.

Die Vorverlegung der Vereinigung ging auf die Initiative der nordjemenitischen Präsidenten zurück. Im Norden machte sich in zunehmendem Maße Widerstand gegen die Einheit bemerkbar. Zum Teil ging es hierbei um sekundäre Aspekte und nicht die Einheit selbst. Die Muslimbrüder lehnten die neue Verfassung ab, weil sie nicht die Scharia zur alleinigen Rechtsquelle erhob. Sie fürchteten zudem den Einfluß der südjemenitischen „Atheisten". Auch bei einigen Stämmen soll es Widerstand gegeben haben. Die Stämme befürchteten im Falle der Vereinigung eine Stärkung der Zentralgewalt, was sich auf ihre eigenen Interessen kaum positiv auswirken würde. Schwerer wogen Gerüchte über eine Aufwiegelung der Stämme gegen die Einheit seitens des Auslandes, womit Saudi-Arabien gemeint war. Die saudische Führung hatte die Einigungsbestrebungen zwischen den beiden Jemen immer mit Mißtrauen verfolgt. In der Vergangenheit befürchtete Riad davon eine Ausweitung des kommunistischen Systems und des sowjetischen Einflusses auf den Nordjemen, was auch auf Saudi-Arabien destabilisierende Auswirkungen gehabt hätte. Diese Befürchtungen waren in der jetzigen Situation jedoch nicht mehr berechtigt. Auch wenn König Fahd Präsident Salih bei einem Treffen im Februar 1990 offiziell versichert hatte, daß Saudi-Arabien die Vereinigung des Jemen unterstütze, war man sich in Sana der saudischen Absichten nicht sicher.

Die Vorbehalte im Nordjemen wurden bei der Abstimmung für die Einheit im Parlament offenkundig, als 25 von insgesamt 159 Abgeordneten, vorwiegend Islamisten, die Abstimmung boykottierten. Im südjemenitischen Parlament, dem Obersten Volksrat, hingegen wurde der Vereinigungsvertrag einstimmig angenommen. Das bedeutete allerdings nicht, daß es nicht auch im Südjemen bei bestimmten Gruppen Vorbehalte gegenüber der Einheit gab und gibt. Vor allem die Frauen fürchteten, daß sie die mühsam errungenen Rechte nun unter dem wachsenden Einfluß der Islamisten und der insgesamt konservativeren nordjemenitischen Stämme wieder verlieren würden.

4. Der Demokratisierungsprozeß nach der Vereinigung

Die am 22. Mai 1990 vollzogene Einheit zwischen den beiden Staaten des Jemen galt für eine Übergangsperiode von 30 Monaten, bis zu deren Ablauf Parlamentswahlen stattfinden sollten. In der Zwischenzeit sollte die noch vor dem Einigungsbeschluß von beiden Regierungen verabschiedete Verfassung der Bevölkerung in einem Referendum zur Abstimmung vorgelegt werden. Diese Verfassung ging auf eine bereits im Rahmen der früheren Einigungspläne ausgearbeitete Vorlage zurück. Sie enthielt deshalb eine Reihe von Elementen, die noch von der früheren sozialistischen Politik der südjemenitischen Regierung beeinflußt waren.

Die Verfassung stellt die eigentliche Grundlage für den im Zusammenhang mit der Vereinigung zu verwirklichenden Demokratisierungsprozeß dar. Gemäß der Verfassung herrscht Gewaltenteilung zwischen der Legislative, der Exekutive und der Judikative. Wesentliches Element der Demokratisierung ist die in Artikel 26 der neuen Verfassung garantierte Presse- und Versammlungsfreiheit, wo es heißt: Jeder Bürger hat das Recht, am politischen, wirtschaftlichen, sozialen und kulturellen Leben teilzunehmen. Der Staat soll Freiheit des Denkens und der Rede in Wort, Schrift und Bild innerhalb des Gesetzes garantieren.

Während in anderen arabischen Staaten ähnliche Verfassungsbestimmungen lediglich auf dem Papier stehen und keinerlei Bedeutung für die politische Praxis haben, hat die neue Verfassung im Jemen innerhalb kürzester Zeit zu einer politischen Meinungsvielfalt und einem Parteienpluralismus geführt, wie in kaum einem anderen arabischen Land. Im Nordjemen gab es vor dem Vereinigungsabkommen als einzige zugelassene politische Organisation den 1978 gegründeten Allgemeinen Volkskongreß (AVK), der keinerlei politische Bedeutung hatte, im Südjemen die 1978 aus dem Zusammenschluß mehrerer „progressiver" Parteien hervorgegangene Jemenitische Sozialistische Partei (JSP), quasi eine Einheitspartei nach osteuropäischem Muster. Nun konstituierte sich im Rahmen der neuen Verfassung, fast über Nacht, eine Vielzahl von Parteien (40–50), von denen die meisten allerdings nur Splitterparteien ohne jeden Einfluß und ohne jede politische Bedeutung sind. Neben dem AVK und der JSP entwickelte sich die Jemenitische Allianz für Reform (Reform-Partei) zur wichtigsten politischen Kraft. Die Reform-Partei stellt eine Allianz der Stämme und der Muslimbrüder dar, repräsentiert also zwei wichtige politische Kräfte. Angeführt wird sie von Abdallah Ibn Husain al-Ahmar, Oberscheich der Hashid-Konföderation, dem mächtigsten Stammesverband im Norden des Jemen.

Zugleich mit den Parteien entstand ein vielfältiges Pressewesen mit rund 140 Presseorganen. Überregionale Bedeutung haben aber nur die Tageszeitungen der beiden führenden Parteien AVK und JSP, die schon vor der Vereinigung existierten, wie al-Thaura und 14. Oktober. Von Bedeutung ist auch die englischsprachige Wochenzeitung Yemen Times. Die neue Verfassung war nicht unumstritten. Seitens der konservativen Kräfte, vor allem der Muslimbrüder, wurde insbesondere Artikel 3 abgelehnt, nach dem das islamische Recht (Scharia) die Hauptquelle der Gesetzgebung ist. Gefordert wurde, daß die Scharia „alleinige" Quelle der Gesetzgebung sei und Artikel 3 entsprechend geändert werde. Auch die Gleichheit aller vor dem Gesetz (Artikel 27) wurde von den ultraorthodoxen Kräften abgelehnt, da nach ihrer Auffassung dadurch die Frau dem Mann gleichgestellt würde. Dieser Artikel wurde auch deshalb abgelehnt, weil nach ihm Nichtmuslime die jemenitische Staatsangehörigkeit erhalten könnten. Die Kampagne der Muslimbrüder gegen die Verfassung steigerte sich unmittelbar vor dem Referendum am 15./16. Mai 1991, als in Sana große Demonstrationen gegen die Verfassung abgehalten wurden. Mit der Verfassung würde, so ihre Behauptung, der Einfluß der „Atheisten" aus dem Süden ausgeweitet. Die Vertreter der Reform-Partei riefen deshalb zum Boykott des Verfassungsreferendums auf. Zur Beruhigung der Verfassungsgegner hatte der Präsidialrat im April eine Erklärung abgegeben, wonach kein Gesetz im Gegensatz zur Scharia stehen dürfe. Nur 22 % aller Wahlberechtigten ließen sich in die Wahllisten eintragen, und von diesen beteiligten sich wiederum nur 72,2 % an dem Referendum, von denen 98,3 % für die neue Verfassung votierten.

Neben der Volksabstimmung über die Verfassung waren die vor Ablauf der 30monatigen Übergangsperiode am 21. November 1992 abzuhaltenden Parlamentswahlen der zweite wichtige Test für das Funktionieren der jungen Demokratie im Jemen. Von ihr erwartete man auch Auskunft über die tatsächlichen Machtverhältnisse und die Stärke der einzelnen Parteien im vereinigten Jemen, nicht nur der beiden Regierungsparteien AVK und JSP, sondern auch der vielen kleinen Parteien. Im Mai 1992 trafen sich 150 Vertreter von Parteien und Massenorganisationen und gründeten eine Nationale Konferenz, um sich über einen „innenpolitischen Konsens" zu einigen. Ein am 17. August 1992 vom Präsidialrat ernanntes Oberstes Wahlkomitee kam zu dem Ergebnis, daß die Wahlen aus technischen Gründen nicht zu dem vorgesehenen Zeitpunkt stattfinden könnten. Daraufhin wurden die Wahlen auf den 27. April 1993 verschoben. Dieser Termin wurde dann tatsächlich eingehalten. Nach dem Urteil internationaler Beobachter verliefen die Wahlen fair und ohne große Unregelmäßigkeiten. Die Opposition warf allerdings der JSP vor, im Süden die Wahl manipuliert zu haben, was allein schon daraus zu ersehen sei, daß sie rund 90 % aller Sitze erhalten habe. Von anderen Beobachtern wurde hingegen erklärt, die JSP habe ihre Anhänger besser mobilisieren können und deshalb das gute Ergebnis erzielt. Die Wahlbeteiligung lag bei 43 %, ein Viertel davon waren Frauen. Als Sieger aus den Wahlen ging der AVK hervor, jedoch ohne die absolute Mehrheit zu erreichen. Die 301 Sitze im Parlament verteilen sich wie folgt: AVK 124, Reform-Partei 62, JSP 56, Unabhängige 47, Ba'th-Partei 7, Partei des Rechts (fundamentalistisch) 2, drei nasseristische Gruppen je ein Vertreter. Zwei Frauen wurden – in den südjemenitischen Städten Aden und Mukalla – ins Parlament gewählt.

Die Parlamentswahlen bestätigten das sich schon vor den Wahlen abzeichnende Kräfteverhältnis. AVK und JSP bildeten gemeinsam die stärkste politische Kraft. Daneben etablierte sich die Reformpartei als zweitstärkste Einzelpartei. Sie konnte deshalb kaum aus der Regierung ausgeschlossen werden, zumal Scheich al-Ahmar als Führer der mächtigen Hashid-Konföderation eine der wichtigsten politischen Kräfte im Jemen repräsentiert. Wie schon vor den Wahlen vermutet worden war, bildeten der AVK und die JSP gemeinsam mit der Reform-Partei und der Ba'th-Partei (pro-irakischer Flügel unter Mujahid Abu Shawarib) eine Regierungskoalition. Entsprechend wurden die zu vergebenden Ämter verteilt. Scheich al-Ahmar wurde auf der ersten Sitzung des neuen Parlaments zum Parlamentspräsidenten gewählt. Dieses Amt hatte er bereits früher inne. Während Ali Abdallah Salih weiterhin das Amt des Staatspräsidenten ausübt, wurde Haidar Abu Bakr al-Attas (JSP) mit der Neubildung der Regierung beauftragt. Dem neuen Kabinett vom 30. Mai 1993 gehören 15 Vertreter des AVK, acht der JSP, sechs der Reformpartei sowie Abu Shawarib als Vertreter der Ba'th-Partei an. Zwischen dem AVK und der JSP gingen nach den Wahlen die schon vorher begonnenen Verhandlungen über eine Koalition im Parlament mit dem Ziel einer vollständigen Vereinigung beider Parteien weiter. Die oppositionellen Parteien hingegen sehen in der engen Zusammenarbeit der drei führenden politischen Kräfte die Gefahr, daß diese die Politik nach ihrem Willen manipulieren können und daß sich dies auf den Demokratisierungsprozeß negativ auswirken könnte.

Literaturhinweise

Braun, U., Ein anderer Fall von Vereinigung: Jemen. In: Außenpolitik, Nr. 2, 1992, S. 174–184.
Katz, M., Yemeni Unity and Saudi Security. In: Middle East Policy, Vol. 1, No. 1, 1992, S. 117–135.
Koszinowski, T., Außenpolitische Aspekte der jemenitischen Vereinigung. In: Nahost-Jahrbuch 1990, Opladen 1991, S. 201–206.

Hartmut Sangmeister
Regionale Integration und Kooperation in den beiden Amerikas: Auf dem Weg zu einer gesamtamerikanischen Freihandelszone?

Im Juni 1990 präsentierte der damalige US-Präsident Bush der Weltöffentlichkeit die Enterprise for the Americas-Initiative, seine Vision einer panamerikanischen Freihandelszone, die von Kap Bathurst im kanadischen Norden bis Puerto Williams im argentinischen Süden die gesamte Hemisphäre umfassen sollte. Im Rahmen dieser Initiative wurde Lateinamerika nicht nur die schrittweise Öffnung der US-Märkte in Aussicht gestellt, sondern auch die Förderung ausländischer Direktinvestitionen sowie Schuldenreduzierung gegen Umweltschutz. Kritische Stimmen innerhalb und außerhalb Amerikas haben die Bush-Initiative als Versuch der Rekolonisierung Lateinamerikas abgetan, entstanden aus der Notwendigkeit, „Lateinamerika wie einem Esel irgendeine Möhre vorzuhalten, damit es weitertrabt". In den meisten Staaten Lateinamerikas und der Karibik wurde aber die neue Lateinamerikapolitik der USA positiv bewertet. Der Gedanke regionaler Integration und wirtschaftlicher Kooperation erhielt damit zusätzlichen Auftrieb – ungeachtet der Tatsache, daß die meisten bisherigen Ansätze regionaler Zusammenarbeit in der annähernd zweihundertjährigen Geschichte lateinamerikanischer Kooperations- und Integrationsprojekte weitgehend gescheitert sind. Das vorrangige Ziel bisheriger Integrationsprojekte in Lateinamerika, durch Umlenkung von Handelsströmen den intraregionalen Warenaustausch zu fördern, ist überwiegend verfehlt worden. In den meisten Fällen blieb der Anteil des intraregionalen Handels am gesamten Außenhandel der Mitgliedsländer relativ niedrig und stagnierte nach vorübergehenden Anfangserfolgen (Tabelle 2). Lediglich im Rahmen des gemeinsamen Zentralamerikanischen Marktes (MCCA) wurde zwischen 1960 und 1980 eine beachtliche Ausweitung des intraregionalen Handels registriert, die aber während der achtziger

Jahre wieder deutlich an Schwung verlor – zumal es zeitweilig zu kriegerischen Auseinandersetzungen zwischen den Mitgliedsländern El Salvador und Honduras gekommen war.

Wenn in Lateinamerika und der Karibik seit Ende der achtziger Jahre – trotz der wenig ermutigenden Erfahrungen in der Vergangenheit – wirtschaftliche Regionalisierungsperspektiven wieder verstärkt diskutiert werden, dann lassen sich hierfür im wesentlichen drei Gründe nennen:

– Die Vorbildfunktion der Industrieländer mit ihren Tendenzen zur Formierung regionaler Handelsgruppen, innerhalb derer auf Störungen im multilateralen Handelssystem flexibler reagiert werden kann. Wollen die Länder Lateinamerikas den Regionalgruppen der Industrieländer nicht vereinzelt gegenüberstehen, müssen sie sich entweder diesen anschließen oder eigene Formen regionaler Kooperation entwickeln.

– Im Zuge der konzeptionellen Neuorientierung der Wirtschaftspolitik, die durch die Verschuldungskrise Lateinamerikas erzwungen wurde, tritt an die Stelle des ein halbes Jahrhundert lang favorisierten Modells binnenorientierter, industrieller Importsubstitution das Paradigma exportorientierter Weltmarktintegration. Durch (sub-)regionale wirtschaftliche Zusammenarbeit lassen sich Binnenmarktpotentiale vergrößern und der Übergang zu kostensenkender Massenproduktion wird erleichtert. Erweiterte Regionalmärkte können für nationale Unternehmen zudem wichtige Erprobungsfelder für die international üblichen Produktions- und Kommerzialisierungstechniken sein, ohne deren Beherrschung es kaum möglich ist, sich in einem Segment der anspruchsvollen Märkte in den Industrieländern zu behaupten.

– In einem Großteil der lateinamerikanischen Länder ist die Phase des Überganges vom Autoritarismus zur Demokratie zwar abgeschlossen, aber die demokratischen Verhältnisse sind keineswegs überall vollständig konsolidiert. In den Staaten, in denen noch Hemmnisse der vollen Geltung demokratischer Mechanismen im Wege stehen, kann die Zugehörigkeit zu übernationalen Institutionen, die von ihren Mitgliedern die Einhaltung demokratischer Grundregeln verlangen, eine „assoziierte

Tabelle 2: Bilanz ausgewählter regionaler Handelsvereinbarungen in Lateinamerika

	Intraregionale Exporte in % der regionalen Gesamtexporte				Anteil des regionalen Handelsraums am Weltexport in %			
	1960	1970	1980	1990	1960	1970	1980	1990
ALALC/ALADI[1] (gegründet 1960/1980)	7,9	9,9	13,7	10,6	6,0	4,4	4,2	3,4
MCCA[2] (gegründet 1961)	7,0	25,7	24,1	14,8	0,4	0,4	0,2	0,1
GRAN[3] (gegründet 1969)	0,7	2,0	3,8	4,6	2,9	1,6	1,6	0,9

1) Asociación Latinoamericana de Libre Comercio/Asociación Latinoamericana de Integración (Mitglieder sind alle südamerikanischen Länder sowie Mexiko).
2) Mercado Común Centroamericano (Costa Rica, El Salvador, Guatemala, Honduras, Nicaragua).
3) Grupo Andino (Bolivien, Chile bis 1976, Ecuador, Kolumbien, Peru, Venezuela ab 1973).
Quelle: Melo/Panagariya 1992, S. 39.

Demokratisierung" begünstigen, von der sich ein Beitrag zur politischen Stabilisierung der internen Demokratie erwarten läßt.

Trotz der derzeitigen institutionellen Vielfalt wirtschaftlicher Integrations- und Kooperationsprojekte in Lateinamerika lassen sich zwei grundsätzliche Optionen für den weiteren Ausbau der interregionalen Zusammenarbeit unterscheiden. Die eine Option lautet: Einordnung in die nordamerikanische Regionalgruppe durch Anschluß an das North American Free Trade Agreement (NAFTA) zwischen den USA, Kanada und Mexiko. Die zweite Option beinhaltet die Bildung subregionaler Freihandelszonen oder Zollunionen nach Art des MERCOSUR, des Mercado Común del Cono Sur, bestehend aus Argentinien, Brasilien, Paraguay und Uruguay.

1. Das Nordamerikanische Freihandelsabkommen – Erfolgsrezept für ungleiche Partner?

Nach mehr als zwei Jahren zäher Verhandlungen unterzeichneten die Regierungschefs der USA, Kanadas und Mexikos im Dezember 1992 das Nordamerikanische Freihandelsabkommen, NAFTA (Tabelle 3). Vor Inkrafttreten muß allerdings noch in allen drei Unterzeichnerstaaten die entscheidende Hürde der parlamentarischen Ratifizierung genommen werden.

Eine besondere Bedeutung erhält NAFTA dadurch, daß es sich um ein Freihandelsabkommen zwischen zwei Industrieländern und einem Entwicklungsland handelt. Bislang fanden solche Zusammenschlüsse entweder zwischen Industrieländern statt (Nord-Nord-Vereinbarungen) oder zwischen Entwicklungsländern (Süd-Süd-Vereinbarungen). Die Frage stellt sich, was die drei höchst unterschiedlichen Partner von der Verwirklichung der Nordamerikanischen Freihandelszone erwarten können, die sowohl nach der Bevölkerungszahl als auch im Hinblick auf die aggregierte Wirtschaftskraft die EG übertrifft (Tabelle 4). Neben den eigenen wirtschaftlichen Vorteilen eines erweiterten Marktes sind die USA wohl vor allem auch an den politischen Stabilisierungseffekten südlich des Rio Grande interessiert, die

Tabelle 3: Verhandlungsetappen auf dem Weg zum Nordamerikanischen Freihandelsabkommen

11.06.1990	Die Präsidenten Mexikos und der USA weisen ihre Handelsminister an, mit Vorbereitungen und Konsultationen zu Verhandlungen über ein Freihandelsabkommen zu beginnen.
8.08.1990	Beginn der formellen Verhandlungen über ein Freihandelsabkommen.
25.09.1990	US-Präsident Bush bittet den Kongress um Bevollmächtigung, die Verhandlungen über ein Freihandelsabkommen mit Mexiko auf dem schnellsten Wege (fast track) aufzunehmen.
5.02.1991	Die Präsidenten der USA und Mexikos sowie der Ministerpräsident Kanadas geben ihre Entscheidung bekannt, trilaterale Verhandlungen über ein Nordamerikanisches Freihandelsabkommen aufzunehmen.
12.06.1991	Formeller Beginn der trilateralen NAFTA-Verhandlungen über 4 Themen (Handel, Dienstleistungen, Investitionen, Handelsbestimmungen) in 17 Arbeitsgruppen.
12.07.1992	Abschluß der NAFTA-Verhandlungen nach über tausend Sitzungen der verschiedenen Arbeitsgruppen.
5.11.1992	Präsidentschaftskandidat Clinton teilt dem mexikanischen Präsidenten seine Unterstützung für das vereinbarte Vertragswerk mit.
17.12.1992	Die Regierungschefs der USA, Kanadas und Mexikos unterschreiben das Nordamerikanische Freihandelsabkommen.
17.03.1993	Komplementäre Verhandlungen der NAFTA-Partner über die im Nordamerikanischen Freihandelsabkommen ausgeklammerten Fragen des Umweltschutzes und der Arbeitsbedingungen.

von einer Dynamisierung der mexikanischen Wirtschaft erwartet werden. Kanada wird als Mitglied der NAFTA seine Position in internationalen Handelsvereinbarungen stärken können.

Das Abkommen sieht vor, daß Mexiko die Zölle auf Einfuhren aus den USA, die derzeit durchschnittlich 10 % des Warenwertes betragen, innerhalb einer Frist von zehn Jahren völlig abbaut, etappenweise differenziert nach Warengruppen und Wirtschaftszweigen. Die USA verpflichten sich im Gegenzug, die Einfuhrzölle auf mexikanische Waren in Höhe von gegenwärtig durchschnittlich knapp 4 % innerhalb von 15 Jahren zu beseitigen. Waren mit einem regionalen Wertschöpfungsanteil von

Tabelle 4: NAFTA – Basisdaten 1991

Land	Bevölkerung 1991 (Mio.)	Fläche (Tsd. km²)	BSP[1] 1991 (Mio. US-$)	BSP pro Kopf 1991 (US-$)
Kanada	26,756	9976	568 765	21 260
Mexiko	87,821	1958	252 381	2 870
USA	252,040	9373	5 686 038	22 560
NAFTA	366,617	21 307	6 507 184	17 748w

1) Bruttosozialprodukt zu Marktpreisen.
w) Mit der Bevölkerungszahl gewogenes arithmetisches Mittel.
Quelle: World Bank 1992.

mehr als 50 % sollen im vierten Jahr nach Inkrafttreten des Abkommens zollfrei gehandelt werden. Kanada wird gegenüber seinen Vertragspartnern einen ähnlichen Zollabbau durchführen. Mexiko sind dabei vergleichsweise größere Vorteile als im Kanada-USA-Abkommen eingeräumt worden. Schon bei Inkrafttreten des NAFTA-Vertrages könnte das Land (gerechnet auf der Basis des Warenaustauschs von 1991) etwa 84 % seiner Nicht-Erdölexporte zollfrei in die USA und nach Kanada ausführen, während lediglich 43 % der Nicht-Erdölexporte aus den USA bzw. 41 % aus Kanada zollfrei nach Mexiko möglich wären. Fünf Jahre nach Inkrafttreten könnte Mexiko bereits 92 % seiner Exporte zollfrei in die USA und 87 % zollfrei nach Kanada liefern. Ohne Belastung mit Einfuhrzöllen könnten dann aus den USA 61 % der Waren und aus Kanada 60 % der Waren nach Mexiko kommen. Zehn Jahre nachdem NAFTA in Kraft getreten ist, müssen in allen drei Vertragsstaaten 99 % der trilateralen Einfuhren zollfrei abgewickelt werden.

Die unmittelbaren Auswirkungen des Nordamerikanischen Freihandelsabkommens auf den intraregionalen Handel und auf das Beschäftigungsniveau in den Mitgliedsländern lassen eine positive Bilanz erwarten. Während in den USA durch die erweiterten Exportmöglichkeiten etwa 130 000 neue Arbeitsplätze entstehen könnten, müssen über 110 000 Beschäftigte im Zuge der Einfuhrliberalisierung mit dem Verlust ihrer Arbeitsplätze rechnen, vor allem in den nördlichen Bundesstaaten. Für Mexiko wird mit einem Zuwachs von über 600 000 Arbeitsplätzen gerechnet. Im bilateralen Außenhandel USA-Mexiko wird sich das Ungleichgewicht in den ersten Jahren nach Inkrafttreten des Freihandelsabkommens weiter zugunsten der USA verstärken, auf schätzungsweise mehr als 9 Mrd. US-$. In der mexikanischen Handelsbilanz würde das Defizit weiter ansteigen, auf über 12 Mrd. US-$, dessen Finanzierung durch den erhöhten Zufluß ausländischen Kapitals sowie die Rückkehr von Fluchtkapital infolge verbesserter interner Anlagemöglichkeiten jedoch als unproblematisch gilt. Für den Handel zwischen Kanada und Mexiko wird bereits in den ersten beiden Jahren nach Inkrafttreten von NAFTA mit einer Ausweitung um 30 % gerechnet, von einer allerdings recht schmalen Basis aus. Für kanadische Unternehmen in Mexiko ergeben sich vor allem in der Automobilbranche sowie in den Bereichen finanzielle Dienstleistungen, öffentliche Bauaufträge günstige Perspektiven.

Daß für Mexiko die Bildung der Nordamerikanischen Freihandelszone von sehr viel größerer Bedeutung ist als für die beiden anderen Vertragsparteien, ergibt sich aus den Handelsbeziehungen: die USA sind der mit Abstand wichtigste Handelspartner Mexikos, der (1990) rund 65 % der Warenexporte aus dem südlichen Nachbarland aufnimmt. Kanada steht mit 2 % auf Platz 6 der Abnehmerländer mexikanischer Waren. Für die USA sind Kanada (nach Japan) und Mexiko zweit- und drittwichtigste Handelspartner, die 20 % bzw. 6 % der US-Exporte abnehmen.

Der entscheidende Vorteil einer Realisierung von NAFTA läge aus mexikanischer Sicht in der Erschließung zusätzlicher Segmente der nordamerikanischen Märkte, so daß die Position im Handel mit den nördlichen Nachbarn gestärkt werden könnte. Die größten potentiellen Zuwächse könnte der mexikanische Erdölsektor erzielen – vorausgesetzt, die derzeit noch geltenden verfassungsmäßigen Beschränkungen ausländischer Kapitalbeteiligungen in diesem Wirtschaftsbereich werden abgebaut. Eine erhebliche Steigerung wird auch für die mexikanischen Ausfuhren von Früchten und Gemüse erwartet. Außerdem erhofft sich Mexiko von der Realisierung der Freihandelszone eine Ausweitung des Tourismus mit Hilfe eines gesteigerten Engagements kanadischer und US-amerikanischer Investoren.

In der mexikanischen Öffentlichkeit wird ein zügiges Inkrafttreten von NAFTA (meist als Tratado de Libre Comercio/TLC bezeichnet) überwiegend befürwortet. In den USA und auch in Kanada wird hingegen deutliche Kritik gegen das Vertragswerk artikuliert. Dabei wird hauptsächlich auf die Ausklammerung arbeitsrechtlicher Vereinbarungen und die fehlende Harmonisierung von Umweltschutzauflagen zwischen den Vertragspartnern hingewiesen. Für Mexiko könnten sich daraus ungerechtfertigte Standortvorteile ergeben, vor allem im Rahmen der Lohnveredelung im Auftrage von US-Konzernen, die durch Subcontracting mexikanische Unternehmen in ihre Produktionssysteme einbeziehen. Der strittigste Punkt in den Beziehungen Mexiko-USA, die Migration mexikanischer Arbeitskräfte gen Norden, ist in dem Freihandelsvertrag völlig ausgeklammert.

2. MERCOSUR – Modell einer subregionalen Zollunion?

Am 26. März 1991 unterzeichneten Argentinien, Brasilien, Paraguay und Uruguay in Asunción den Vertrag zur Bildung eines Gemeinsamen Marktes, des MERCOSUR/MERCOSUL. Der Vertrag sieht die Schaffung eines Gemeinsamen Marktes der vier Mitgliedsländer bis Ende 1995 vor. Alle Zollschranken sollen schrittweise abgeschafft werden, so daß ab Januar 1996 innerhalb des MERCOSUR vollständig freier Waren-, Dienstleistungs- und Kapitalverkehr möglich sein wird und auch für die Arbeitskräfte Niederlassungsfreiheit innerhalb des Gemeinsamen Marktes besteht. Mit dem Vertrag von Asunción zur Bildung des Gemeinsamen Marktes im Cono Sur wurde der regionale Integrationsprozeß fortgesetzt und erweitert, den Argentinien und Brasilien schon seit Mitte der achtziger Jahre in Gang gesetzt hatten (Tabelle 5).

Werden die ehrgeizigen Ziele des MERCOSUR realisiert, dann entsteht im südlichen Lateinamerika ein riesiger Binnenmarkt (Tabelle 6). Die aggregierte Wirtschaftskraft des MERCOSUR ist zwar relativ gering im Vergleich zu regionalen

Nord-Nord-Zusammenschlüssen wie der EG (rund 345 Millionen Menschen, die 1991 ein BSP von über 6 Billionen US-$ erwirtschafteten) und auch im Vergleich zu NAFTA. Innerhalb Lateinamerikas stellt MERCOSUR gegenwärtig aber das mit Abstand wirtschaftlich potenteste Integrationsprojekt dar, zumal ihm Brasilien angehört, mit dem modernsten Industrie- und Technologiekern des Subkontinentes im Agglomerationsraum São Paulo – Rio de Janeiro – Belo Horizonte.

Obwohl die zweite Hälfte der achtziger Jahre sowohl für Argentinien als auch für Brasilien durch schwere wirtschaftliche Turbulenzen gekennzeichnet war, entwickelten sich die ökonomischen Beziehungen zwischen beiden Ländern nach Abschluß bilateraler Kooperations- und Integrationsverträge durchaus positiv. Der argentinisch-brasilianische Außenhandel wuchs zwischen 1985 und 1990 um ca. 80 %, von 1 Mrd. US-$ auf 1,9 Mrd. US-$. Dabei erhöhte sich vor allem der Anteil industrialisierter Produkte am bilateralen Außenhandel deutlich. Waren 1985 nur 20 % der argentinischen Ausfuhren nach Brasilien Industriegüter, so lag ihr Anteil 1990 schon bei rund 40 %.

Insgesamt konnten die wirtschaftlichen Vorteile des regionalen Integrationsprozesses in der ersten Phase stärker von der argentinischen Seite genutzt werden, die ihre Wettbewerbsvorteile nach dem erleichterten Zugang zu dem brasilianischen Markt konsequent wahrzunehmen verstand, und zwar nicht nur in den traditionellen Segmenten der argentinischen Exportpalette, den Agrarprodukten und verarbeiteten Nahrungsmitteln, sondern auch in Bereichen wie Textilien, elektrotechnische Erzeugnisse und Fahrzeuge.

Der Beginn der zweiten Phase des argentinisch-brasilianischen Integrationsprozesses läßt sich auf Januar 1991 datieren, als mit einer allgemeinen linearen Zollsenkung um 40 % der erste wichtige Schritt auf dem Wege zur Realisierung der Acta de Buenos Aires getan wurde. Mit diesem Vertrag wurde der Zeitraum bis zur endgültigen Schaffung einer bilateralen Freihandelszone auf 4 Jahre – d. h. bis Ende 1994 – verkürzt und zugleich ein regelgebundener Mechanismus allgemeiner und linearer Zollsenkungen eingeführt. Die Vereinbarungen sehen vor, daß nach

Tabelle 5: Verhandlungsetappen auf dem Weg zu dem Gemeinsamen Markt im Cono Sur

29.07.1986	Unterzeichnung des Programa de Integración Argentina Brasil (PICAB) durch die Präsidenten Argentiniens und Brasiliens.
29.11.1988	Tratado de Integración, Cooperación y Desarrollo entre Argentina y Brasil (TICD); Argentinien und Brasilien verpflichten sich, innerhalb eines Zeitraums von 10 Jahren alle tarifären und nicht-tarifären Hemmnisse im bilateralen Handel zu beseitigen.
6.07.1990	Unterzeichnung der Acta de Buenos Aires durch den argentinischen Präsidenten Menem und seinen brasilianischen Amtskollegen Collor de Melo; mit diesem Vertrag wird der Zeitraum bis zur endgültigen Schaffung einer bilateralen Freihandelszone auf 4 Jahre verkürzt.
26.03.1991	Unterzeichnung des Vertrages zur Gründung eines Gemeinsamen Marktes im Cono Sur (MERCOSUR/MERCOSUL) zwischen Argentinien, Brasilien, Paraguay und Uruguay.
17.09.1991	Parlamentarisches Treffen zur Einrichtung eines MERCOSUR-Parlamentes.
28.11.1991	Der MERCOSUR-Vertrag tritt nach Ratifizierung durch die Parlamente aller vier Mitgliedstaaten in Kraft.
29.11.1991	Senkung der Zölle innerhalb des MERCOSUR um 47 % bis Ende 1994 als erster Schritt eines achtstufigen Zollsenkungsprogrammes.
16.12.1991	1. Präsidentschaftsgipfel des MERCOSUR; Bekräftigung der gemeinsamen Bemühungen um wirtschaftspolitische Koordinierung und um Erleichterungen im intraregionalen Handel.

der anfänglichen allgemeinen Zollsenkung um 40 % im halbjährlichen Rhythmus eine weitere progressive Reduzierung der Zolltarife um 7 % erfolgen soll, so daß bis Ende 1994 sämtliche Zölle beseitigt sein müßten.

Bereits unmittelbar nach Durchführung der 40prozentigen linearen Zollsenkung kam es im 1. Quartal 1991 zu einem Anstieg des bilateralen Außenhandels um 40 % gegenüber der entsprechenden Vorjahresperiode, wobei die brasilianischen Exporte nach Argentinien überproportional anwuchsen. Insgesamt stieg der Wert des bilateralen Außenhandels 1991 auf 3,1 Mrd. US-$ und lag damit um mehr als 65 % über dem Niveau des Vorjahres.

Tabelle 6: MERCOSUR – Basisdaten 1991

Land	Bevölkerung 1991 (Mio.)	Fläche (Tsd. km²)	BSP[1] 1991 (Mio. US-$)	BSP pro Kopf 1991 (US-$)
Argentinien	32,646	2 767	91 211	2 780
Brasilien	153,164	8 512	447 324	2 920
Paraguay	4,441	407	5 374	1 210
Uruguay	3,110	177	8 895	2 860
MERCOSUR	193,361	11 863	552 804	2 856w

1) Bruttosozialprodukt zu Marktpreisen
w) Mit der Bevölkerungszahl gewogenes arithmetisches Mittel.
Quelle: World Bank 1992.

Die reziproke Öffnung der Märkte Argentiniens und Brasiliens entwickelte eine solche Dynamik, daß die Einbeziehung der kleinen Nachbarländer Paraguay und Uruguay geradezu als logische Konsequenz erscheinen muß. Mit dem Vertrag von Asunción zur Bildung eines Gemeinsamen Marktes im Cono Sur haben die vier Länder des MERCOSUR dieser ökonomischen Logik Rechnung getragen. Die Mitgliedstaaten des MERCOSUR wollen bis Ende 1995 einen freien Binnenmarkt für Waren, Dienstleistungen und Produktionsfaktoren schaffen, mit einem gemeinsamen Außenzoll gegenüber Drittländern und koordinierten Wirtschaftspolitiken. Darüber hinaus sieht der MERCOSUR-Vertrag in einer Schutzklausel für jedes Land die Möglichkeit vor, zeitweilig Importquoten für bestimmte Güter zu vereinbaren, sofern eine ganze Branche durch einen drastischen Anstieg der Einfuhren aus anderen Mitgliedsländern schwere Schäden bei Produktion und Beschäftigung erleidet.

Die Parlamente aller vier Mitgliedstaaten des MERCOSUR haben den Vertrag von Asunción innerhalb von acht Monaten nach seiner Unterzeichnung ratifiziert, so daß er am 28. November 1991 in Kraft treten konnte. Oberstes politisches Organ ist der Rat, der sich zweimal jährlich auf Präsidenten- und Ministerebene trifft. Exekutivorgan ist die Grupo Mercado Común (GMC), in der jedes Mitgliedsland mit vier hochrangigen Beamten aus den Außen- und Wirtschaftsministerien sowie den Zentralbanken vertreten ist. Die Beratung fachlich-technischer Aspekte des Integrationsprozesses (z. B. Steuerharmonisierung, gemeinsamer Außenzoll gegenüber Drittländern) findet auf Expertenebene in elf Arbeitsgruppen statt, die für die GMC Empfehlungen formulieren. An den vorbereitenden Sitzungen dieser Arbeitsgruppen nehmen Vertreter von Unternehmensverbänden und Gewerkschaften teil. Die administrativen Aufgaben des MERCOSUR werden von einem relativ kleinen Sekretariat in Montevideo wahrgenommen.

Anders als frühere Integrationsprojekte in Lateinamerika, die hauptsächlich auf den Abschließungseffekt einer Freihandelszone zielten, um die Strategie der Importsubstitution auf größere, geschützte Märkte ausweiten zu können, ist MERCOSUR ausdrücklich nicht als Instrument eines defensiven Regionalismus konzipiert. Vielmehr sollen subregionale Integration und Kooperation dazu dienen, die Wettbewerbsfähigkeit der nationalen Unternehmen durch größere Binnenmarktpotentiale und den Übergang zu kostensenkender Massenproduktion zu stärken, so daß diese sich zunehmend am Weltmarkt behaupten können. Durch Bündelung und Kanalisierung der finanziellen Mittel und des Know-how, die besonders in Argentinien und Brasilien konzentriert sind, könnte zudem die „kritische Masse" erreicht werden, die für eine eigenständige technologische Entwicklung erforderlich ist.

MERCOSUR stellt, mehr noch als NAFTA, eine Allianz höchst unterschiedlicher Partner dar, ein Bündnis zwischen ökonomischen „Riesen" und „Zwergen", mit ausgeprägten sektoralen und interregionalen Ungleichgewichten. Argentinien und Brasilien haben einen annähernd gleichen Industrialisierungsgrad und auch der Wertschöpfungsanteil des Agrarsektors ist in beiden Volkswirtschaften nicht sehr unterschiedlich. Die sektorale Produktionsstruktur in Uruguay weicht ebenfalls nicht allzu stark von dem Muster ab, das in den beiden großen Nachbarländern gegeben ist. In Paraguay hingegen ist der Wertschöpfungsanteil des Agrarsektors deutlich höher und die relative Bedeutung des Industriesektors für das gesamtwirtschaftliche Produktionsergebnis wesentlich geringer als in den übrigen Ländern des MERCOSUR.

Betrachtet man die Außenhandelsstrukturen der MERCOSUR-Länder, dann zeigen sich ausgeprägte Unterschiede, aber auch Komplementaritäten, insbesondere zwischen Argentinien und Brasilien. Dieses bedeutende Potential für komplementären Handel (Kapitalgüter und langlebige Konsumgüter aus Brasilien, Agrarprodukte und Verbrauchsgüter für den Konsum, vor allem Nahrungsmittel, aus Argentinien) ist im Zuge der wirtschaftlichen Annäherung beider Länder zunehmend genutzt worden. Brasilien tätigt fast ein Fünftel seiner Exporte nach Argentinien im Kapital- und Investitionsgüterbereich sowie über ein Drittel im Bereich sonstiger Fertigwaren, wovon ein erheblicher Anteil auf industrielle Güter mittlerer technologischer Komplexität entfällt. Argentinien, Paraguay und Uruguay sind hingegen überwiegend Exporteure von Rohstoffen und landwirtschaftlichen Produkten. Die Ausfuhr industrieller Erzeugnisse ist hauptsächlich auf traditionelle Produktionsbereiche mit relativ niedriger Verarbeitungstiefe beschränkt.

Der landwirtschaftliche Sektor und die nachgelagerte Agroindustrie könnten sich in dem zukünftigen Gemeinsamen Markt als Krisenbereiche und entscheidende Integrationshemmnisse erweisen. Fast 90 % der landwirtschaftlichen Betriebe des MERCOSUR haben eine Größe von unter 100 ha, verfügen aber nur über ca. 11 % der landwirtschaftlichen Nutzfläche. Bei diesen Betriebsgrößen ist unter den Wettbewerbsbedingungen des Weltmarktes eine kostendeckende Produktion kaum möglich (von Spezialkulturen abgesehen), wodurch das Risiko steigt, daß einzelne Mitgliedstaaten ihre landwirtschaftlichen Kleinbetriebe wettbewerbsverzerrend subventionieren. Zudem hat ein gemeinsamer Außenzoll auf landwirtschaftliche Erzeugnisse wenig Einfluß auf weltmarktorientierte Produzentenpreise, da MERCOSUR bei vielen landwirtschaftlichen Produkten Selbstversorger ist.

Die schwere Wirtschaftskrise, die den lateinamerikanischen Subkontinent während der achtziger Jahre erschütterte, hat den Intra-Handel zwischen den jetzigen MERCOSUR-Mitgliedstaaten relativ stärker beeinträchtigt als den Gesamtexport der Region, der sich in der zweiten Hälfte der achtziger Jahre außerordentlich dynamisch entwickelte. Und auch die Ausfuhren der MERCOSUR-Länder in die übrigen Staaten Lateinamerikas haben sich weniger krisenanfällig gezeigt als der subregionale Export im Cono Sur. Über 80 % der MERCOSUR-Exporte gehen in Länder außerhalb Lateinamerikas.

Als wechselseitige Außenhandelspartner haben die MERCOSUR-Staaten sehr unterschiedliche Gewichte. Brasilien, mit Ausfuhrerlösen von über 30 Mrd. US-$ im Jahre 1990 eine der größten Exportnationen innerhalb der Dritten Welt, wickelte im selben Jahr nur etwa 4 % seiner Ausfuhren mit den übrigen MERCOSUR-Ländern ab und bezog von dort rund 10 % seiner Einfuhren. In Argentinien beliefen sich 1990 die Exporte in die MERCOSUR-Länder auf 15 % der Gesamtausfuhr, die MERCOSUR-Einfuhren auf fast 12 % der gesamten Importe.

Knapp zwei Jahr nach Inkrafttreten des Vertrags von Asunción läßt sich nur eine vorläufige Bewertung der bisherigen Ergebnisse vornehmen. Die verfügbaren Daten deuten auf eine weitere Dynamisierung des Intra-Handels hin. Die politischen und fachlichen Institutionen des MERCOSUR haben sich als funktionsfähig erwiesen, so daß deutliche Fortschritte auch in kontroversen Fragen erreicht werden konnten.

Insoweit MERCOSUR auf die Schaffung einer Freihandelszone im Cono Sur abzielt, lassen sich die Aussichten für die Erreichung dieses Zieles derzeit insgesamt mit vorsichtigem Optimismus bewerten. Weit schwieriger als die Realisierung des Freihandels zwischen den MERCOSUR-Ländern dürfte die ebenfalls vereinbarte Harmonisierung der Geld-, Finanz- und Wechselkurspolitik zu erreichen sein, ohne die ein Gemeinsamer Markt unvollendet bleiben muß. So beträgt derzeit die gesamtwirtschaftliche Abgabenquote (hoheitliche Abgaben in % des BIP) rund 12 % in Paraguay, aber 28 % in Uruguay. Der Mehrwertsteuersatz liegt in Uruguay bei 22 %, in Argentinien bei 18 %, während Paraguay zum 1.7. 1992 eine zehnprozentige Mehrwertsteuer eingeführt hat. Der durchschnittliche Zollsatz beträgt in Uruguay derzeit 28 %, in Brasilien 25 %, in Paraguay nur 16 % und in Argentinien lediglich 10 %. In Argentinien ist seit dem 1. April 1991 ein System fester Wechselkurse eingeführt worden, während Brasilien den Wechselkurs des Cruzeiro gegenüber dem US-$ „reguliert" floaten läßt. Unterschiedliche Wechselregime und instabile makroökonomische Rahmenbedingungen lassen die Wahrscheinlichkeit für eine baldige Harmonisierung der Wechselkurspolitik in den MERCOSUR-Ländern eher gering erscheinen. Insbesondere Währungsstabilität ist eine conditio sine qua non jedes Gemeinsamen Marktes. Diese Bedingung war in den zurückliegenden Jahren aber allenfalls in Uruguay und Paraguay erfüllt.

Widerstand gegen Ziele und Zeitplan des MERCOSUR kommt von unterschiedlichen Seiten. In Paraguay ist es vor allem die traditionsreiche Allianz von Schmugglern und Militärs, die ihre Geschäfte durch die Verwirklichung des Freihandels mit Argentinien und Brasilien bedroht sieht. Deutliche Vorbehalte gegen den MERCOSUR werden auch in den südlichen Bundesstaaten Brasiliens artikuliert, wo ein erheblicher Teil der landwirtschaftlichen Produktion direkt von kostengünstiger produzierender argentinischer und uruguayischer Konkurrenz betroffen ist. Dies bedeutete beispielsweise, daß im brasilianischen Bundesstaat Rio Grande do Sul von 120 Fabriken, die Pfirsichkonserven produzierten, nach der Öffnung des Marktes für argentinische Konkurrenzerzeugnisse nur noch etwa 20 Unternehmen übrigblieben. Die Herstellung von Olivenöl mußte vollständig aufgegeben werden. Auf der argentinischen Seite sind es Kreise der traditionellen Industrie (in den Bereichen Textil, Nahrungsmittel, Papier und Zellstoff sowie Metallverarbeitung), die zunehmend gegen den Verdrängungswettbewerb brasilianischer Anbieter Front machen. Die Energie- und Arbeitskosten sind in großen Teilen der argentinischen Industrie deutlich höher als in Brasilien. Hinzu kommt, daß der brasilianische Cruzeiro seit der Einführung des argentinischen Dollarkonversionsgesetzes gegenüber dem Peso laufend abgewertet wird, so daß argentinische Märkte seit 1991 von Billigimporten aus Brasilien geradezu überschwemmt werden. Die argentinische Handelsbilanz mit dem nördlichen Nachbarland wies 1992 ein Defizit von rund 1 Mrd. US-$ auf. Angesichts dieser Entwicklung hat die argentinische Regierung der Forderung des Industriedachverbandes Union Industrial Argentina (UIA) nach Einführung von Ausgleichszöllen Ende Oktober 1992 zumindest teilweise entsprochen, indem sie die „Statistikabgabe" auf Einfuhren aus Brasilien und Paraguay von 3 % auf 10 % erhöhte. Aus Protest gegen diese Maßnahme haben die Repräsentanten des paraguayischen Unternehmerverbandes FEPRINCO im März 1993 ihre Mitarbeit in den Arbeitsgruppen der CMC eingestellt.

Als besonders konfliktträchtig hat sich der Handel mit landwirtschaftlichen Produkten zwischen den Mitgliedstaaten des MERCOSUR erwiesen, der durch starke intraregionale Konkurrenz geprägt ist. Dadurch entsteht erheblicher politischer Druck, die nationalen Produzenten durch Einführung nichttarifärer Hemmnisse zu schützen. So hat beispielsweise Brasilien Anfang Mai 1993 aus Gründen des Pflanzenschutzes den Import argentinischer Äpfel – ein 60 Millionen US-$-Geschäft – verboten. Eine Woche später reagierte die argentinische Regierung mit einem Einfuhrverbot für brasilianische Bananen, Tomaten, Weintrauben und Melonen – ebenfalls aus Gründen des Pflanzenschutzes.

Trotz aller Schwierigkeiten in der Praxis ist das Zustandekommen des MERCOSUR-Vertrages ein deutliches Zeichen dafür, daß sich bei den Beteiligten ein neues Verständnis von wirtschaftlicher Zusammenarbeit durchgesetzt hat. Das Verständnis von (sub-)regionaler Integration und Kooperation als Bestandteil und Ergänzung nationaler, außenorientierter wirtschaftspolitischer Strategien selektiver Weltmarktintegration. Allerdings haben sich die Mitgliedstaaten des MERCOSUR mit der Bildung eines Gemeinsamen Marktes ein hochgestecktes Ziel gesetzt, für das es keine Erfolgsgarantie gibt. Die Nichteinhaltung von Zeitzielsetzungen kann jedoch mit dazu beitragen, daß das Vertrauen der wirtschaftlichen Akteure in den Gemeinsamen Markt erodiert. Erst in den kommenden Jahren kann sich erweisen, ob MERCOSUR letztendlich mehr sein wird als ein weiterer Mythos in der langen Geschichte lateinamerikanischer

Freihandels- und Integrationsprojekte. Die Herausforderung, die Zollunion zu vollenden und den Gemeinsamen Markt zu schaffen, soll in relativ kurzer Zeit bewältigt werden, während der die Wirtschafts- und Finanzpolitik in allen vier beteiligten Ländern zudem vor der Aufgabe steht, gravierende ökonomische und soziale Probleme im nationalen Kontext zu lösen. Auch wenn die Regierungen Argentiniens, Brasiliens, Paraguays und Uruguays mit dem Vertrag von Asunción ihre Entschlossenheit bekundet haben, im Cono Sur eine neue Phase wirtschaftlicher Zusammenarbeit und Integration zu beginnen, ist keineswegs gesichert, daß innerhalb des MERCOSUR das notwendige Mindestmaß an Identität oder auch nur Konvergenz der ökonomischen und politischen Interessen dauerhaft gegeben ist.

Für Paraguay und Uruguay fällt ein Abwägen von Nutzen und Kosten des MERCOSUR unter außenwirtschaftlichen und entwicklungspolitischen Gesichtspunkten insgesamt wohl eher positiv aus, zumal beide Länder bei einer Dynamisierung des Wachstums in Brasilien eine erhebliche Zunahme ihrer Ausfuhren in den Integrationsraum erwarten können. Für die kleinen „Juniorpartner" des MERCOSUR ist der regionale Außenhandel im Cono Sur von vitaler Bedeutung. Beide Länder werden auch auf absehbare Zeit einen erheblichen Teil ihrer Produkte nur im MERCOSUR absetzen können. Aus argentinischer und brasilianischer (Regierungs-)Sicht ist die Bewertung der subregionalen Integration derzeit keineswegs eindeutig. Der brasilianische Präsident Itamar Franco läßt ausgeprägte wirtschaftsnationalistische Neigungen erkennen, so daß seine Regierung vermutlich eine „pragmatischere" Liberalisierungspolitik verfolgen wird, um der Wirtschaft Zeit für die erforderliche Umstrukturierung zu geben. Nicht auszuschließen ist auch, daß durch den MERCOSUR separatistische Tendenzen innerhalb Brasiliens virulent werden, wenn sich die wirtschaftlichen Beziehungen der südlichen Bundesstaaten zu dem Integrationsraum im Cono Sur wesentlich stärker intensivieren als die innerbrasilianischen Verflechtungen mit den unterentwickelten Regionen im Norden und Nordosten des Landes.

In Argentinien hält Präsident Menem zwar nach wie vor an Zielsetzung und Zeitplanung des MERCOSUR fest, gerät aber zunehmend unter innenpolitischen Druck, seitdem im Handel mit Brasilien statt des früheren ansehnlichen Überschusses ein beachtliches Defizit besteht. Es ist daher nicht auszuschließen, daß die argentinische Öffnungspolitik zunehmend durch Maßnahmen eines selektiven Außenschutzes ergänzt werden wird. Zudem werden in Argentinien Stimmen laut, die eine Annäherung an die NAFTA langfristig für sinnvoller halten.

3. Perspektiven der interamerikanischen Zusammenarbeit

Den Projekten wirtschaftlicher Integration und Kooperation, die derzeit in Lateinamerika und in der Karibik gestaltet werden, ist gemeinsam, daß sie – anders als früher – nicht mehr als „Integration gegen den Weltmarkt" konzipiert sind, sondern daß sie als pragmatische Zwischenschritte auf dem Weg zu dem weitergehenden Ziel verstärkter Weltmarktintegration verstanden werden. Die Einsicht, daß dieser Weg unter den gegebenen Bedingungen der Weltwirtschaft am besten im Konvoi zurückgelegt wird, garantiert den lateinamerikanischen Projekten der wirtschaftlichen Integration und Kooperation für die neunziger Jahre aber noch keinen Erfolg.

So erklärte Ende April 1993 US-Präsident Clintons Budgetdirektor Panetta, NAFTA, zumindest aber der Freihandelsvertrag mit Mexiko, sei tot, da wegen der Furcht vor einer Verlagerung von Arbeitsplätzen nach Mexiko im Senat die Stimmen für eine Ratifizierung fehlten. Zwar ließ Präsident Clinton wenig später die Öffentlichkeit wissen, daß er von einem Inkrafttreten des North American Free Trade Agreement zum 1. Januar 1994 ausgehe, sich die offenen ökologischen und arbeitsrechtlichen Fragen aber als entscheidendes Hemmnis erweisen könnten.

Auch für den MERCOSUR gilt, daß seine Zukunft keineswegs gesichert ist. Das ehrgeizige Integrationsprojekt wird möglicherweise aufgrund der Schwäche der beteiligten nationalen Akteure über eine subregionale Freihandelszone nicht hinauskommen. Denn der Übergang zu einer Zollunion erweist sich angesichts der Ungleichgewichte zwischen den Wirtschaftsstrukturen der Mitgliedsländer schwieriger als erwartet. Der optimistische Zeitplan des MERCOSUR-Vertrages wird sich umso weniger einhalten lassen, je länger die politisch-wirtschaftlichen Turbulenzen im größten Mitgliedstaat, Brasilien, andauern und Erfolge makroökonomischer Stabilisierung und Koordinierung ausbleiben. Stärke oder Schwäche des MERCOSUR werden letztendlich davon abhängen, auf welchen kleinsten gemeinsamen Nenner sich die beteiligten Länder mit ihren teilweise stark divergierenden binnen- und außenwirtschaftlichen Strukturen unter den Belastungen der kommenden Jahre einigen können. Die regionale Integration des MERCOSUR kann zwar als Katalysator für mehr Dynamik und Effizienz in den Wirtschaften der Mitgliedstaaten dienen, aber dies bedeutet noch keine Lösung der gravierenden (makro-)ökonomischen Probleme in der Region.

Eine Erweiterung über den Kreis der bisherigen vier Mitgliedsländer hinaus steht derzeit nicht auf der Agenda des MERCOSUR-Rates, obwohl prinzipiell alle ALADI-Länder (Tabelle 2) die Möglichkeit haben, dem Gemeinsamen Markt im Cono Sur beizutreten. Boliviens Antrag auf Mitgliedschaft, dem Argentinien positiv gegenübersteht, wurde wegen seiner Zugehörigkeit zum Andenpakt bisher nicht behandelt. Chile verhält sich angesichts unzureichender Stabilisierungserfolge in Brasilien und Argentinien abwartend und sieht seine außenwirtschaftlichen Interessen möglicherweise besser durch eine Mitgliedschaft in der NAFTA abgesichert. Allerdings hat Chile im August 1991 mit Argentinien ein Abkommen über wirtschaftliche „Komplementierung" abgeschlossen das die gemeinsame Nutzung natürlicher Ressourcen sowie die wechselseitige Einräumung von Zollpräferenzen vorsieht.

Die übrigen Staaten Lateinamerikas und der Karibik versuchen, sich möglichst alle bi- und multilateralen Optionen regionaler und subregionaler Kooperation offen zu halten, was sich in einer Vielfalt von Verträgen und Institutionen niederschlägt. So wollen beispielsweise Kolumbien und Venezuela zusammen mit Mexiko bis zum 1. Januar 1994 eine Freihandelszone aufbauen

(G3-Abkommen), der sich die sechs mittelamerikanischen Länder anschließen können. Auch die übrigen Mitgliedsländer der Grupo Andino (Tabelle 2) sind dabei, ihre Beziehungen zu Nordamerika und dem übrigen Lateinamerika durch bilaterale Initiativen neu zu regeln, so daß der Andenpakt als regionales Integrationsprojekt weiter an Bedeutung verlieren dürfte. Die peruanische Regierung von Präsident Fujimori hat das GRAN-Abkommen über einheitliche Außenzölle ohnehin nicht unterschrieben und sich bis Ende 1993 auf einen Beobachterposten zurückgezogen. Die bolivianische Regierung tendiert derzeit zum MERCOSUR, in dem Bolivien aber im wesentlichen nur als Exporteur von Erdgas wettbewerbsfähig wäre.

Den Karibiknationen stellt sich die Frage, wie sie die ihnen von den USA im Rahmen der Caribbean Basin Initiative (CBI) eingeräumten Präferenzen auch nach Inkrafttreten von NAFTA erhalten können. Einer Studie der US International Trade Commission zufolge sind rund 100 000 Arbeitsplätze in der Karibik bedroht, wenn Mexiko unter NAFTA freien Zugang zum nordamerikanischen Markt erhielte, während karibische Produzenten durch Mengenkontingentierung und bestimmte Abgaben benachteiligt würden. Der Gemeinsame Karibische Markt (CARICOM), mit seinen rund 5,5 Millionen Einwohnern in 13 Mitgliedstaaten, wird aufgrund der begrenzten subregionalen Binnennachfrage kaum zusätzliche Dynamik entfalten. Ein Beitritt zur NAFTA würde den Abbau der hohen CARICOM-Außenzölle voraussetzen, den viele industrielle Produzenten in der Region nicht überleben würden.

Die Frage, welches der beiden Integrationsmodelle – Nord-Süd-Integration à la NAFTA oder Süd-Süd-Integration wie MERCOSUR und GRAN – sich unter den Bedingungen der lateinamerikanischen Realität der neunziger Jahre als tragfähiger erweisen wird, muß derzeit als weitgehend offen gelten. Aus den wenig erfolgreichen regionalen Integrationsbemühungen der Vergangenheit hat Lateinamerika aber offensichtlich zumindest den Schluß gezogen, daß die Förderung industrieller Exporte im Wege einer defensiven Süd-Süd-Kooperation zu einem relativ hohen Produktionskostenniveau führte, und mögliche Gewinne aus dem regionalen Handel mit verarbeiteten Industrieprodukten – sofern durch eine gemeinsame Zollmauer geschützt – relativ gering blieben. Die Erfolgsaussichten der peripheren Integration sind wahrscheinlich dann am größten, wenn zwischen den Integrationspartnern unterschiedliche Produktionsstrukturen sowie komparative Produktionsvorteile existieren.

Literaturhinweise

Bissio, R., Von Kolumbus zur ‚Initiative Bush'. In: Hübner/Karnofsky/Lozano (Hg.), Weißbuch Lateinamerika, Wuppertal/Bonn 1991, S. 127–143.

Emmes, M./Mols, M., Regionale Gruppierungen und Organisationen. In: Waldmann P./H.-W. Krumwiede (Hg.), Politisches Lexikon Lateinamerika, 3. Auflage, München 1992, S. 369–386.

Hasters, R., Die Karibik vor neuen Herausforderungen. In: KAS-Auslandsinformationen, 9, 1993, Nr. 1, S. 21–24.

Melo, J. De A. Panagariya, Der neue Regionalismus. In: Finanzierung & Entwicklung, 29, 1992, Nr. 4, S. 37–40.

Peters, E. D., Bye Bye Weltmarkt? – Das Freihandelsabkommen zwischen Kanada, Mexico und den USA. In: PROKLA, 23, 1993, Nr. 1, S. 129–152.

Sangmeister, H., MERCOSUR – Stand und Perspektiven der wirtschaftlichen Integration im Cono Sur (= Diskussionsschriften, 44), Institut für international vergleichende Wirtschafts- und Sozialstatistik der Universität Heidelberg, Heidelberg 1992.

Wirtschaftsreformen in Lateinamerika. In: Aus Politik und Zeitgeschichte (Beilage zur Wochenzeitung Das Parlament), B12–13, 1993, S. 29–39.

Gilberto Calcagnotto
Brasilien: Dauerkrise vor dem Ende?

1. Aufschwung durch Umdenken?

Brasilien schloß im Jahr 1992 das für ganz Lateinamerika „verlorene Jahrzehnt", etwas verspätet, mit einer dreijährigen Wirtschaftsrezession ab, in der das Brutto-Inlandsprodukt pro Kopf erheblich zurückging. Doch seit Ende 1992 mehren sich die Konjunkturdaten, die ein Ende der Krise anzeigen: Die Unternehmen produzieren und verkaufen mehr und stellen kontinuierlich neue Arbeitskräfte ein. Mit Investitionen halten sie sich freilich noch ganz zurück, denn erst wollen sie die jahrelang unausgenutzten Kapazitäten zur Geltung bringen. Außerdem läßt die unsichere Großwetterlage für längerfristige Investitionen kaum Spielraum: Vierstellige Jahresinflationsraten sind lediglich ein gesamtwirtschaftlicher Ausdruck dieser vom Mißtrauen geprägten Atmosphäre. Doch mit einem neuen Stabilisierungsplan scheint dem seit Mai 1993 amtierenden Fernando Henrique Cardoso, dem vierten Finanzminister in der erst achtmonatigen Amtszeit von Präsident Itamar Franco, ein Coup gelungen zu sein: Der in der akademischen wie in der Geschäfts- und Arbeitswelt weltweit hoch angesehene Soziologe und Vertreter der Abhängigkeitstheorie will ausgerechnet an einem „endogenen" Faktor der Krise ansetzen und mit der Disziplinierung der Regierungsausgaben ein gesamtwirtschaftlich wirksames Zeichen der Stabilisierung setzen, dem weitere Schritte einer konzertierten Aktion zwischen Regierung, Arbeitgebern und Arbeitnehmern zur Bekämpfung von Inflation und Armut folgen sollen. Damit wären die Bedingungen für Reformen und deren Umsetzung günstiger als zur Zeit der Dauerkrise. Doch sind Reformen, die das Übel an der Wurzel packen, wirklich auf der Tagesordnung? Wo liegen die Wurzeln von Brasiliens Dauerkrise? Eine Analyse der zunehmenden Einkommenskonzentration kann den Zugang zu den Ursachen der Dauerkrise erleichtern (s. u.).

Die politische Situation Brasiliens stand 1992 im Zeichen des Amtsenthebungsverfahrens gegen Präsident Fernando Collor de Mello. Die Ermittlungen einer parlamentarischen Untersuchungskommission deckten seine Verwicklung in Netzwerke der Korruption um seinen Wahlkampf-Schatzmeister Paulo César Farias auf und gipfelten am 29. Dezember in einer zur Amtsenthebung anberaumten Senatssitzung, bei der Collor durch seinen Rücktritt der Entscheidung zuvorkam. Vizepräsident Itamar Franco übernahm die Präsidentschaft und stellte ein Kabinett unter breiter Parlamentsbeteiligung zusammen.

Die Wirtschaftsentwicklung zeichnete sich 1992 durch ein Negativwachstum des Bruttoinlandsproduktes aus (BIP pro Kopf: – 3,1 %). Die Inflation lag im Durchschnitt bei monatlich 23 %, die Lage auf dem Arbeitsmarkt war durch eine städtische Arbeitslosigkeit von 5,9 % sowie durch das reale Absinken des Mindestlohns um 10,1 % im Vergleich zum Vorjahr gekennzeichnet. Die Investitionen privater Unternehmer sanken auf ein Rekordtief, ebenso wie die öffentlichen Investitionen. Die Anzahl der gerichtlich verfügten Unternehmensschließungen erreichte über 2300. Allerdings strömte mehr Kapital aus dem Ausland nach Brasilien. Diese Entwicklung war vor allem auf die Beteiligung ausländischer Unternehmen am brasilianischen Aktienmarkt zurückzuführen. Im Außenhandel wurde aufgrund von Rekordexporten sowie wegen des Importrückgangs ein Überschuß von über 15 Mrd. $ erzielt.

Die sich verschärfende soziale Lage entlud sich in einer generellen Zunahme der Gewaltkriminalität. Angesichts der anhaltenden Rezession ging die Anzahl von Streiks – besonders im Privatsektor – erheblich zurück.

2. Einkommenskonzentration im „verlorenen Jahrzehnt"

Eine der augenscheinlichsten Folgen der Dauerkrise der brasilianischen Volkswirtschaft liegt in der Diskrepanz zwischen dem erreichten Modernisierungs- und Differenzierungsgrad der Wirtschaftsstruktur und der äußerst geringen Verbreitung ihrer Wohlstandseffekte: Der Wirtschaftsleistung nach steht Brasilien weltweit an 9. Stelle, bei den Pro-Kopf-Zahlen liegt es auf dem

37. Platz der Weltrangliste; bezieht man die Gesundheits- und Bildungsbedingungen sowie die Einkommensverteilung ein, rutscht es auf Rang 74 ab.

Brasilien ist das Paradebeispiel für das Zusammenfallen von Entwicklung und Unterentwicklung in ein- und demselben Land. Seine Bevölkerung ist verarmt: Noch 1989 erhielt fast die Hälfte der Erwerbsbevölkerung einen Monatslohn in Höhe von bis zu zwei gesetzlichen Mindestlöhnen. Zwar ging der Anteil von Mindestlohnbeziehern zwischen 1981 und 1989 leicht zurück, doch die Mindestlohnkaufkraft schrumpfte im gleichen Zeitraum um 22%. Der Mindestlohn müsste nach Angaben der Gewerkschaften das 3- bis 4-fache betragen, um die laufenden Ausgaben an Nahrung, Wohnung, Kleidung, Transport und Erziehung eines vierköpfigen Arbeitnehmerhaushalts zu decken. Die Einkommenskonzentration verschlechterte sich in den 80er Jahren ebenfalls deutlich.

Zwischen 1960 und 1988 nahm der Einkommensanteil der oberen 10% aller Einkommensgruppen erheblich zu (nämlich von 39,6% auf 49,5%), während der der unteren 40% drastisch zurückging (nämlich von 11,3 auf 7,9%).

3. Das Janusgesicht der Modernisierung

Die brasilianischen Wirtschaftseliten haben im Laufe der Jahrzehnte aus ihrer Sicht *kluge* Entscheidungen getroffen, denn sie konnten die materielle Basis ihres Wohlstandes schaffen und festigen: eine moderne Landwirtschaft mit „cash crops" für den Binnen- und Außenmarkt, eine differenzierte Industriestruktur mit weitgehender Unabhängigkeit von Importen (selbst bei Erdöl liegt die Importabhängigkeit inzwischen bei ungefähr 50% des Verbrauchs), ein hoch automatisiertes, modernes Bankensystem und umfassende Dienstleistungen privater und öffentlicher Art.

Doch die Art und Weise, wie die Eliten gewirtschaftet haben, führte Brasiliens Wirtschaft in die Falle, und zwar nicht bloß in eine, sondern gleich in mehrere, nämlich in die Kapitalfalle, die Verschuldungsfalle, die Technologiefalle und die Weltmarktfalle.

Zur Kapitalfalle: Mit ihrer Entscheidung, auf die Produktion von dauerhaften Konsumgütern als Triebfeder für die angestrebte Industrialisierung zu setzen, ließen sich die Eliten auf ein Modell zunehmender Einkommenskonzentration ein. Denn dauerhafte Konsumgüter wie Autos, Elektrohaushaltsgeräte sind relativ teuer – zumal in den ersten Phasen ihrer Einführung. Für diese Produkte mußte erst ein Markt geschaffen werden, ein zahlungskräftiger Markt. Und wie macht man das in einem Land mit einer ungenügenden Anzahl von produktiven Arbeitsplätzen? Da gibt es grundsätzlich zwei Alternativen, die beide die öffentlichen Auseinandersetzungen in Brasilien Anfang der 60er Jahre stark polarisierten: Entweder man nimmt grundlegende Veränderungen an den gesellschaftlichen Strukturen zur Umverteilung von Grundbesitz, Einkommen, Bildung und Kapital vor oder man „modernisiert" sie lediglich und betreibt eine zunehmende Einkommenskonzentration. Der erste Weg setzt voraus, daß die Bevölkerungsmehrheit auch zu einer politischen Mehrheit wird und daß die gewählten Politiker eine Politik zugunsten der Bevölkerungsmehrheit umsetzten; der zweite Weg ist viel einfacher, weil er lediglich die Beibehaltung bestehender Verhältnisse voraussetzt, wobei die Bevölkerungsmehrheit politisch Minderheit bleibt und das Problem lediglich in der Mobilisierung der nötigen finanziellen Ressourcen liegt.

Brasiliens Eliten entschieden sich für den zweiten Weg – konnten ihn freilich aufgrund der politischen Mobilisierung Anfang der 60er Jahre nur durchsetzen, weil sie auf die Macht der Militärs zurückgreifen konnten. Niedrige Löhne in der Industrie bedeuten niedrige Kosten und höhere Profite, die wiederum den höheren Einkommensschichten größeren Spielraum für Konsum und für Investitionen eröffnet. Deshalb sorgten die Militärregierungen für Niedriglöhne – einmal per Gesetz, zum anderen durch die Repression von freien Gewerkschaften. Dadurch konnten sich die Einkommen seit Mitte der 60er Jahre ungehindert weiter konzentrieren. Damit wurden die Einkommensvoraussetzungen dafür geschaffen, daß immer mehr höherwertige Konsumgüter mit immer größerem Kapitalaufwand für immer dünner und immer reicher werdende Konsumentenschichten hergestellt werden. Dies ist die Kapitalfalle. Sie bringt keine Entwicklung im eigentlichen Sinne hervor.

Aber in den 70er Jahren kam ein verschlimmernder Umstand hinzu, der in die zweite Falle führte: Die Militärregierung beschließt, auch Kapitalgüter und Zwischenprodukte im Lande selbst herzustellen. Vertiefung der Importsubstitution heißt die Strategie. Hierzu reicht freilich die Politik der Einkommenskonzentration nicht mehr aus. Denn dazu braucht man Devisen für den Kauf von Maschinen und Anlagen, die für die Herstellung von anderen Maschinen und Anlagen erforderlich sind. Und die brasilianische Währung ist keine Devise, weil sie auf internationalen Märkten nicht zum Umtausch akzeptiert wird. Der Devisenbedarf für dieses überdimensionierte Importsubstitutionsprogramm führte Brasilien in die Verschuldungsfalle, in deren Folge sich auch der Weltmarkt als Falle entpuppte.

Zur Verschuldungsfalle: Anfang der 70er Jahre fielen die Darlehenszinsen auf den internationalen Kapitalmärkten aufgrund der Petrodollar-Schwemme auf ein derart niedriges Niveau, daß nicht einmal die internationalen Inflationssätze mehr ausgeglichen wurden. Brasilien witterte die Gunst der Stunde und griff zu: Innerhalb von nur 10 Jahren vervierzehnfachte sich Brasiliens Auslandsschuld von 5 (1970) auf 70 Mrd. US-$ (1980). Zwei Jahre später lag der Schuldenstand bereits bei 90 Mrd. US-$. Und seitdem hört der Berg nicht auf zu wachsen: 1991 liegen die Auslandsschulden bei 119,3 Mrd. US-$. Für die Bedienung der Schulden (Tilgung und Zinszahlungen) reichen die Deviseneinnahmen aus den auslandsfinanzierten Großprojekten nicht aus; es müssen neue Kredite her – und der Schneeball rollt weiter.

Zwar kann Brasilien heutzutage 80 % seines Maschinenbedarfs im Land selbst befriedigen – doch die Entscheidung über seine Wirtschaftsstrategie trifft es nicht mehr souverän. Oberstes Gebot ist seit dem schwarzen September von 1982, als Mexiko einen Zahlungsstopp für seine Auslandsschulden beschloß, Devisen nur noch in begrenztem Umfang über Kredite herbeizuschaffen; vielmehr sollen sie über Außenhandelsüberschüsse erwirtschaftet werden. Die ganze Volkswirtschaft gerät damit aus den Fugen. Der Staat erhöht seine Schulden im inländischen Kapitalmarkt, um von den inländischen Exporteuren Devisen einzukaufen und damit den Schuldendienst aufzubringen. Für staatliche Investitionen engt sich der Spielraum immer mehr ein. Der Staat als Wachstumsmotor ist tot. Die Geldmenge wächst, ohne daß die reale Güterproduktion mitwächst. Die Inflation wurde dreistellig, Ende der 80er Jahre sogar vierstellig.

Und am schlimmsten sind die daran, die nur Bargeld haben: die unteren Einkommensschichten. Denn nur Spargeld ist inflationsgeschützt. Dies ist die Verschuldungsfalle: Die Überschuldung begründet einen Zwang zur Erwirtschaftung von Handelsbilanzüberschüssen, die ihrerseits die Inflation weiter anheizen, die wiederum vorwiegend Nur-Bargeld-Besitzer, d.h. die unteren Einkommensschichten, bestraft. Damit verhindert die als Überschuldung mißratene Auslandsverschuldung das, wofür sie gedacht war: die gesamtwirtschaftliche Entwicklung.

Die Weltmarktfalle besteht darin, daß immer größere Mengen an Rohstoffen benötigt werden, um einen gleichbleibenden Gegenwert an Devisen zu erzielen. Typische Dritte-Welt-Produkte, wie Tee und Kaffee, unterliegen spekulations- und erntebedingt nicht nur starken Schwankungen des Weltmarktpreises von einem Jahr zum anderen, sondern auch oft einem starken Preisverfall über mehrere Jahre, wie zuletzt seit 1986. Und insgesamt steigen die Exportpreise für die Waren aus der Dritten Welt im allgemeinen nicht so schnell an wie die Importpreise der von der Dritten Welt bezogenen Ware. Für Brasilien, mit seiner diversifizierten Exportstruktur, sieht es zunächst ganz gut aus, denn über $3/4$ der brasilianischen Exporte bestehen aus verarbeiteten Endprodukten.

Einem näheren Hinsehen jedoch erweisen sich die brasilianischen Exporterfolge im Bereich der Industriegüter aber als fadenscheinig. Denn sie verdanken einen Großteil ihrer weltweiten Wettbewerbsfähigkeit staatlichen Subventionen. In den 80er Jahren wirkten sich die hohen Handelsüberschüsse auch deshalb inflationstreibend aus, weil der Staat es nicht fertig brachte, die durch Umwandlung von Devisen in Cruzeiros expandierende Geldmenge wieder einzuschränken. Mit dem Abbau und der teilweisen Abschaffung der Exportsubventionen stagnieren seit Jahren Brasiliens Ausfuhren; werden sie aber durch stärkere Abwertung des Cruzeiro-Kurses im Ausland verbilligt, so heizen sie in Brasilien die Inflation noch einmal an (u. a. weil sich durch die Abwertung die Importe automatisch verteuern). Die Exportfalle besteht folglich darin, daß für die Anschaffung von ausländischen Maschinen harte Währungen erwirtschaftet werden müssen, daß aber für die gleiche Menge ausländischer Währungen immer mehr nationale Ressourcen aufgewendet werden müssen: Mehr Ackerland muß erschlossen bzw. von Binnenmarkt- auf Exportkulturen umgewidmet, mehr Staatssubventionen gewährt und/oder moderne Technologien müssen zunehmend angewandt werden. Die Gefahr der Verringerung vom Binnenmarktangebot wird dadurch geradezu heraufbeschworen; Prozesse der Inflation und der Binnenmarktrezession werden noch bestärkt.

Schließlich ist auf die *Technologiefalle* einzugehen. Denn die Ressourcen, die für dieses Entwicklungsmodell eingesetzt wurden, entsprachen nicht der vorhandenen bzw. verfügbaren Ausstattung an Arbeitskraft, Wissensstand, Boden und Kapital. Bodenreform, Steuerreform, Bildungsreform und die damit einhergehende Einkommensumverteilung hätten diese Ressourcen mobilisieren und den Binnenmarkt erschließen können. Stattdessen wurde entsprechend der Entwicklungsideologie seit den ersten Nachkriegsjahren ausländischen Direktinvestitionen vielfache Vergünstigungen, Subventionen und Anreize gewährt, insbesondere für die verarbeitende Industrie, die zudem den Vorteil von geschützten und expandierenden Binnenmärkten genoß. Angesichts des – nach einigem Zögern – reichlich fließenden Investitionskapitals und technologischen Wissens stellte man keine Fragen nach Herkunftsland, Investitionssektor, Verkettung mit der nationalen Volkswirtschaft, Beeinflussung der Konsumgewohnheiten, Art der angewandten Technologie usw. Absolute Priorität kam lediglich ihrem Beitrag zur Importsubstitution auf der jeweils angestrebten Produktionsstufe (Konsumgüter, Produktionsgüter, Grundstoffe usw.) zu. So begann in Brasilien 1953 unter dem populistisch-nationalistischen Präsidenten Getúlio Vargas die Automobilindustrie ihre Tätigkeit, deren Förderung wenig später von dem populistisch-internationalistischen Präsidenten Juscelino Kubitschek und noch mehr von den Militärregierungen ab 1964 enthusiastisch aufgegriffen und weiter ausgebaut wurde.

Schon die versuchte Durchführung der genannten grundlegenden Reformen durch die Regierung von João Goulart Anfang der 60er Jahre führte zum Militärputsch von 1964: die Eliten sahen sich vom Kommunismus bedroht. Also suchten sie einen Ausweg in einer Entwicklung ohne Reformen. Dafür wurden solche Ressourcen privilegiert, die die Industrieländer in fertigen Technologiepaketen zur Verfügung hielten. Daß diese für ganz andere als die Grundbedürfnisse einer armen Bevölkerung entwickelt wurden, übersah man geflissentlich. Weder wurde auf dem vorhandenen Wissen der ungebildeten Arbeitskraft in Stadt und Land aufgebaut noch wurden umfassende Bildungsprogramme zur Wissensvermittlung an die Masse der Arbeitnehmer umgesetzt. Die Folge: Ausgrenzung der Ungebildeten aus dem Wirtschaftskreislauf.

Dem Industrialisierungsmodell Brasiliens, wie dem vieler anderer Schwellenländer auch, liegt eine erdölintensive, energieintensive und chemieintensive Technologie zugrunde. Die Modernisierung des brasilianischen Energiesektors führte zur Dominanz von Erdöl als Primärenergiequelle – ausgerechnet einem Rohstoff, bei dem die hohe Importabhängigkeit erst ab Ende der 70er Jahre durch verstärkte Förderung im eigenen Land erheblich abgebaut wurde (gegenwärtiger Anteil der nationalen Förderung: ca. 50 %). Diese Erdöldominanz bedingte zwei Probleme: a) die im Zuge des Devisenengpasses dringende Erdölsubstitution und b) die unbewältigten Probleme der Luftverschmutzung. Im Zuge der Erdölsubstitution entstanden sogenannte „Energiemonokulturen" (vor allem Zuckerrohr zur Herstellung von Alkoholtreibstoff) mit allen Folgeproblemen von Monokulturen in den Tropen und Subtropen (sozial: Konzentration von Grundbesitz; und ökologisch: Seuchen, Erosion, Zerstörung der Mikro- und Makrofauna); ferner wurden gigantische Stauseen zur Stromerzeugung errichtet, die ihrerseits erhebliche soziale (Umsiedlung, Landflucht, verschärfte Konzentration von Grundbesitz) und ökologische Auswirkungen zeitigten. Besonders krass kommen die unbewältigten Probleme der erdölbedingten Luftverschmutzung in Städten wie Cubatão und Rio de Janeiro zum Ausdruck. Die Luft der an der Küste gelegenen Industriestadt nahe São Paulo wurde stark durch den Einsatz von hoch schwefelhaltigem Öl verpestet.

Die forcierte Modernisierung der Landwirtschaft führte, aufgrund der Erhöhung der für einen rentablen Betrieb erforderlichen Mindestgröße, zur beschleunigten Konzentration des Grundbesitzes. Mit der Bodenbesitzkonzentration hängt die Landflucht zusammen – Flucht in die Städte (Folge: Verslumung, aber auch wachsendes kritisches Wählerpotential) und Flucht nach Amazonien. Um diese Landflucht auch zu erleichtern, ließen die brasilianischen Militärregierungen in den 70er Jahren Straßen bauen:

– Die 4700 km lange „Transamazônica" (die Ost-West-Verbindung zwischen dem armen Nordosten und Amazonien) ist nur die berühmteste aller Straßenbauprojekte, die mit insgesamt 150 000 km das 1970 von General Medici gestartete „Nationale Integrationsprogramm" ausmachten. Mit einem geschätzten Anteil von 4 % an Amazoniens Entwaldung ist der Zerstörungsbeitrag der Anrainer dieser Straße jedoch sicher nicht der größte.
– Viel erfolgreicher und zugleich zerstörerischer wirkte sich – trotz sorgfältiger Konzeption – das von Weltbank und Interamerikanischer Entwicklungsbank finanzierte Straßenbauprojekt Cuiabá-Porto Velho in Westamazonien aus: Nach Fertigstellung der Straße im Jahre 1968 stieg die Einwanderungswelle im von ihr durchquerten, zu $^4/_5$ mit Regenwald bedeckten Bundesstaat Rondônia drastisch an. Hier übertraf die spontane Migration von landvertriebenen Migranten aus dem Süden bei weitem die gelenkte. Das zur Verringerung von Abholzungen konzipierte, von der Weltbank mitfinanzierte Regionalprogramm POLONOROESTE bewirkte genau das Gegenteil vom beabsichtigten Erfolg: von 1980 bis 1988 stieg der im Projektgebiet abgeholzte Anteil von 3 auf 24 % der Gesamtfläche an.

– Auch vom Osten her wird der Angriff auf Amazoniens Kern geführt: Das 1967 zufällig entdeckte Bergbau-Areal von Carajás mit einer Fläche von 895 000 qkm birgt außer geschätzten 18 Mrd. t Eisenerz große Vorkommen an Kupfer, Mangan, Kassiterit, Nickel, Bauxit und Gold. Das von Weltbank und EG finanzierte, 1983 in Betrieb genommene 5-Mrd.-US-$-Eisenerzprojekt der staatlichen CVRD (Companhia Vale do Rio Doce) wurde mit derart hohen Umweltauflagen verbunden, daß es sich schließlich wie eine ökologische Insel mitten in einem durch die Stich-Eisenbahn zum Exporthafen durchschnittenen Chaos von landlosen Migranten, Goldwäschern und Arbeitsuchenden ausnimmt. Sollte die für die Eisenschmelze benötigte Energie tatsächlich durch die aus dem Regenwald gewonnene Holzkohle geliefert werden, so erwartet eine Weltbankstudie eine Abholzung von bis 1,4 Mio. ha in den nächsten sieben Jahren.
– Riesige Wasserkraftwerke verdoppelten zwischen 1975 und 1984 Brasiliens installierte Leistung. Das Wasserkraftwerk Itaipu etwa bringt mit einer Wasseroberfläche von 1 355 km^2 einen erheblichen Eingriff in die Ökologie mit schwerwiegenden Folgen für das lokale Niederschlagsregime, Kleinklima, Flußfauna, Windgeschwindigkeit, Erdbewegungen usw.

Kurz: Um eine beschleunigte Industrialisierung zu erreichen, sucht man außerhalb des Landes entwickelte Ressourcen als Ersatz für kaum mobilisierbare nationale Ressourcen; die ausländischen Ressourcen aber wurden in fertigen Technologiepaketen eingeführt, die für andere Bedürfnisse festgeschnürt worden waren; bildungs-, energie-, erdöl- und chemieintensive Technologien aber verstärkten die Strukturverzerrungen (Einkommensdisparitäten, Grundbesitzkonzentration, Marginalisierung, ökologische Kosten), die die Mobilisierung nationaler Ressourcen hemmen. Hierin besteht die Technologiefalle.

4. Auswege

Aus der obigen Darstellung ist eine Schlußfolgerung relativ leicht abzuleiten: Sie betrifft die Reformunfähigkeit der brasilianischen Eliten und der mit ihr verbundenen internationalen Interessengruppen ebenso wie die Unfähigkeit des im Gestrüpp der Interessengruppen verfangenen Staates, ein Konzept der sozial ausgewogenen Entwicklung umzusetzen. Brasilien wäre sicherlich nicht in diese Fallen getappt, hätten seine Eliten beizeiten zumindest drei grundlegende Reformen durchgeführt: Eine Agrarreform, die auch verarmten Kleinbauern den Zugang zu Bodenbesitz dauerhaft gesichert hätte, die also den Konzentrationstendenzen der modernen Landwirtschaft zumindest über eine ausreichend lange Übergangszeit erfolgreich entgegengewirkt hätte; eine Steuerreform, die eine progressive Beteiligung der höheren Einkommensschichten vorgesehen hätte; eine Bildungsreform, die – statt des bisherigen elitären Bildungssystems – den Zugang der breiten Massen zu modernem, berufsbezogenem Wissen erlaubt hätte. Diese Reformen standen schon einmal auf der Tagesordnung. Ein von den USA und vom internationalen Großkapital unterstützter Putsch durch von den nationalen Eliten auf den Plan gerufene Militärs stürzte die damals reformwillige demokratische Regierung (deren populistischer Verbalradikalismus freilich das Ihrige zur Abschreckung der Eliten tat). Die heutige Sozialbewegung Brasiliens (die Bewegung der Landlosen, die Gewerkschaftsbewegung, kirchliche Basisgemeinden, Studentenorganisationen, Teile der politischen Parteien) hat diese Reformen immer noch auf der Liste ihrer Forderungen. Die politischen Eliten haben freilich im Zuge der Inflationsbekämpfung ganz andere Prioritäten. Ihnen geht es zunächst um die kurzfristige Sanierung der Staatsfinanzen. Obige Strukturreformen aber dauern länger.

Präsident Itamar Franco hat es bereits so weit gebracht, die Einführung einer „Scheck-Steuer" als Steuerreform und ein Regelungsgesetz zur agrarreformfeindlichen Verfassung von 1988 als ersten Schritt zur Agrarreform auszugeben. Und auch die Bildungsreform durchläuft die parlamentarischen Fachausschüsse anscheinend mit größerer Intensität als bisher. Die Hast ist erklärlich: Itamars Amtszeit ist im März 1995 zu Ende, und es ist fraglich, ob ihm bis dahin mehr als Alibi-Reformen gelingen.

Freilich: Das Ergebnis der Präsidentschaftswahlen von 1989 stand bereits im Zeichen einer generellen Ablehnung der politischen Eliten seitens des Wählers. Und der Vorsprung des konservativen, nur verbal antielitär eingestellten Kandidaten Fernando Collor vor seinem Kontrahenten, dem ehemaligen Gewerkschaftsführer Luís Inácio Lula da Silva, war derart knapp, daß ein Sieg eines die Sozialbewegung repräsentierenden Kandidaten bei den nächsten Präsidentschaftswahlen durchaus nicht ausgeschlossen zu werden braucht. Damit wären Brasiliens Chancen für einen Ausweg aus den genannten Fallen durchaus gewachsen sein. Es käme nur darauf an, daß die gegenwärtig zu beobachtende Entwicklung der Sozialbewegung in ihrem demokratischen Kurs nicht noch einmal be- oder gar verhindert wird.

Literaturhinweise

Brasiliens Modernisierung unter Collor: ein politisch-wirtschaftlicher Neubeginn? In: Lateinamerika, Analysen – Daten – Dokumentation, Nr. 16 (April 1991).

Brasilien. In: Lateinamerika-Jahrbuch 1992. Frankfurt/M. 1992, S. 170–181.

Sangmeister, H., Brasilien. In: Nohlen, D./F. Nuscheler (Hg.): Handbuch der Dritten Welt. Bd. 2: Südamerika. Bonn 1992, S. 219–276.

Wöhlcke, M., Brasilien, München, 3. neubearb. Auflage, 1991.

Yu-Hsi Nieh
Taiwan im politischen Umbruch

1. Demokratisierung

Seit 1991 vollzieht sich in Taiwan, der Republik China, eine „friedliche Revolution". Die drei überalterten nationalen Parlamentsorgane „Kuomintahui" (Nationalversammlung), „Lifayuan" (Gesetzgebungsyuan) und „Chiench'ayuan" (Kontrollyuan), die noch 1947–1948 in Nanking (Nanjing) auf dem chinesischen Festland gewählt worden waren, wurden aufgelöst. Die ersten vollständigen Erneuerungswahlen zu diesen Organen seit über 40 Jahren fanden statt. Darüber hinaus wurden alle politischen Gefangenen aus der Haft entlassen, und führende Dissidenten kamen aus dem Exil zurück. Demokratie und Rechtsstaat haben hier merklich Wurzeln geschlagen.

Bei den Wahlen zur neuen Nationalversammlung am 21. Dezember 1991 entfielen 71,17 % der abgegebenen gültigen Stimmen auf die Regierungspartei KMT (Kuomintang) und 23,94 % auf die Oppositionspartei DPP (Democratic Progressive Party). Der Gesetzgebungsyuan als das eigentliche Parlamentsorgan wurde am 19. Dezember 1992 neu gewählt. Im Vergleich zu den vorgenannten Wahlen zur Nationalversammlung stieg der Stimmenanteil der DPP drastisch auf über 31 %, hingegen fiel der der KMT auf rund 53 %. Zur Zeit gehören 101 der 160 Mitglieder dieses Hauses (ein Abgeordneter ist am 17. Mai 1993 verstorben) der KMT an, 52 der DPP, einer der CSDP (Chinese Social Democratic Party), und sechs sind parteilos. 1993 werden noch die Kreisleiter neu gewählt. Von den vor vier Jahren gewählten 21 Verwaltungschefs auf Kreisebene gehören 14 der KMT an, sechs der DPP und einer ist parteiunabhängig. Die DPP rechnet bei den kommenden Wahlen mit einer Eroberung der Hälfte dieser Ämter. Führende Politiker der DPP glauben außerdem daran, in drei Jahren die Präsidentschaftswahl gewinnen und damit auch die Regierungsmacht übernehmen zu können.

Die geltende Verfassung der Republik China, die Anfang 1947 in Nanking verkündet wurde, stellt eine dualistische Konstruktion, d. h. eine Mischung aus Präsidialsystem und Parlamentarismus dar. Einerseits trägt gemäß Art. 57 der Exekutivyuan, den man häufig als „Kabinett" bezeichnet, dem Gesetzgebungsyuan, also dem Parlament, gegenüber die politische Verantwortung, und dieser hat auch das Recht auf ein Mißtrauensvotum. Andererseits wird der Ministerpräsident gemäß Art. 55 vom Staatspräsidenten mit der Zustimmung des Gesetzgebungsyuan ernannt, und der Präsident ist nach Art. 36 der Oberbefehlshaber der Streitkräfte aller Waffengattungen. Allerdings benötigt dieser beim Erlaß jedes Gesetzes und jeder Verordnung die Gegenzeichnung durch den Ministerpräsidenten und den zuständigen Minister (Art. 37).

In der Praxis verfügte Marschall Chiang Kai-shek (1887–1975), der von 1948 bis zu seinem Tode das Präsidialamt innehatte, kraft seines Charismas und der sog. „Provisorischen Artikel für die Periode der Mobilmachung zur Niederwerfung der (kommunistischen) Rebellion" (im folgenden PAPMNR) praktisch über unumschränkte Macht. Auch sein Sohn, Chiang Ching-kuo (1910–1988), der von 1978 an bis zu seinem Tode Präsident der Republik China war, hatte diese Machtfülle. Nach dem Ende der Ära der Chiang-Familie wurde eine Reihe heftiger Auseinandersetzungen um die politische Führung ausgelöst.

Zur politischen Reform hat die 1. Nationalversammlung mit den noch 1947 gewählten Deputierten am 22. April 1991 die PAPMNR außer Kraft gesetzt und statt dessen die neuen „Zusatzänderungsartikel der Verfassung der Republik China" (im folgenden ZVRC) verabschiedet, die laut ihrer Präambel für die Zeit bis zur Realisierung der Vereinigung Chinas gelten sollen. Die ZVRC haben neben der Vorschrift von Art. 5 über die Wahlen zur vollständigen Erneuerung der drei nationalen Parlamentsorgane die Einschränkung der Wahl eines Präsidenten auf maximal zwei aufeinanderfolgende Amtsperioden nach Art. 47 des Eigentextes der Verfassung wiederhergestellt und die in den PAPMNR vorgesehenen Sonderbefugnisse des Präsidenten, wie z. B. das Notverordnungsrecht, eingeengt (Art. 7 der ZVRC).

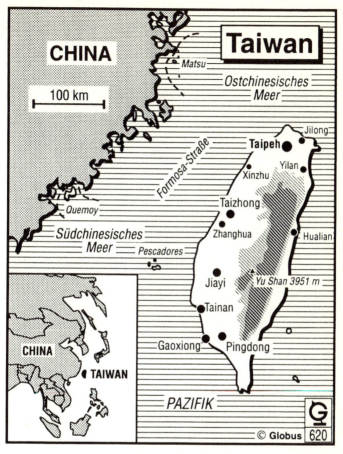

Über die Verfassungsreform gibt es grundsätzliche Meinungsverschiedenheiten zwischen der Regierungspartei KMT und der größten Oppositionspartei DPP. Während die KMT die Grundkonstruktion der bestehenden Verfassung mit der Fünfgewaltenteilung (Exekutive, Legislative, Kontrolle, Justiz und Prüfung) nach der Lehre Sun Yat-sens (Gründer der KMT und der Republik China) und die Gültigkeit der Verfassung für Gesamtchina aufrechterhalten will, strebt die DPP eine völlig neue Verfassung an, die statt der Fünf- die übliche Dreigewaltenteilung (Exekutive, Legislative und Justiz) beinhalten und nur für Taiwan als einem von China unabhängigen Staat gelten soll. Darüber hinaus möchte die Opposition die Nationalversammlung, die den Staatspräsidenten wählt, sowie den Kontroll- und Prüfungsyuan abschaffen und den Staatspräsidenten vom Volk direkt wählen lassen.

Bei den Wahlen zur 2. Nationalversammlung im Dezember 1991, die die Aufgabe der „substantiellen" Verfassungsreform erfüllen sollte, machte die DPP die Aufforderung zur Direktwahl des Staatspräsidenten und zur Gründung eines neuen Staats zu ihrem leitenden Wahlkampfthema. Entgegen allgemeiner Erwartung hat die Opposition damit Stimmen verloren. Die Regierungspartei, mit einer absoluten Mehrheit von rd. 80 % der Sitze in der neuen Nationalversammlung, könnte eigentlich ihren Plan zur Verfassungsreform ohne große Schwierigkeiten durchsetzen, doch im März 1992 kam es innerhalb der Partei zu einem heftigen Streit über das Verfahren der Präsidentenwahl. Während der eine Flügel hinter dem Staatspräsidenten und Parteivorsitzenden Lee Teng-hui eine Direktwahl befürwortete, beharrte der andere Flügel hinter dem damaligen Ministerpräsidenten Hau Pei-tsun (Hao Po-tsun) auf dem ursprünglich von einem Arbeitsausschuß des Zentralen Exekutivkomitees (ZEK) der Partei unterbreiteten Mischmodell, das – nach dem Vorbild der USA – vorsah, den Staatspräsidenten durch Wahlmänner mit imperativem Mandat wählen zu lassen. Man nennt den ersten Flügel die „Hauptströmungsgruppe" und den zweiten die „Nichthauptströmungsgruppe".

Um die Partei vor einer offenen Spaltung zu retten, wurde nach leidenschaftlichen Debatten auf der Plenartagung des ZEK Mitte März 1992 beschlossen, die Entscheidung über das Modell der Präsidialwahl zu verschieben. Dennoch setzten sich die Flügelkämpfe der KMT fort. Mit Unterstützung der DPP war der Pro-Präsidenten-Flügel durchaus in der Lage, die Direktwahl für das Präsidialamt durch eine Verfassungsänderung einzuführen. Darüber hinaus kam es zu einer Anzahl von Initiativen für die Ausweitung der parlamentarischen Machtbefugnisse der

Nationalversammlung, die bislang neben Verfassungsänderungen lediglich die Aufgabe hat, den Präsidenten und den Vizepräsidenten zu wählen. Diese Vorhaben stießen allgemein auf Ablehnung. Am 24. Mai kam es zu Demonstrationen von 3000 Professoren, Studenten und Mitgliedern der DPP in Taipei, die forderten, die Nationalversammlung abzuschaffen. Unter dem Druck von allen Seiten haben die Deputierten dann unter Boykott der Opposition mit einer überwältigenden Mehrheit lediglich acht der von der Regierungspartei unterbreiteten Artikel verabschiedet.

Die wichtigste Verfassungsänderung betrifft die Umstrukturierung des Kontrollyuan. Bislang wurden die Mitglieder des Hauses von den Parlamenten der Provinzebene gewählt. Gemäß der neuen Vorschrift werden sie – einschließlich ihres Vorsitzenden – nun vom Staatspräsidenten mit der Zustimmung der Nationalversammlung ernannt. Genauso werden dann auch die Mitglieder des Prüfungsyuan und die Verfassungsrichter (tafakuan) des Justizyuan ernannt. Gleiches betrifft ebenfalls die Ernennung der Präsidenten des Prüfungs- und Justizyuan. Bislang hatte der Kontrollyuan das Zustimmungsrecht für solche Ernennungen. Durch die neuen Vorschriften wurden die Machtbefugnisse dieses Verfassungsorgans stark abgebaut, wohingegen die Position der Nationalversammlung sowie die des Staatspräsidenten gestärkt wurden. Als Machtzugewinn für die Nationalversammlung gilt auch die neue Bestimmung, nach der sie zukünftig statt aller sechs Jahre jedes Jahr mindestens einmal tagen wird. Das Verfahren der Präsidialwahl soll bis zum 20. Mai 1995 entschieden werden, was einer weiteren Verschiebung gleichkommt.

Neben dem Streit über die Regierungsform bestehen in der KMT auch Meinungsverschiedenheiten über die Chinapolitik. Bei den Wahlen zur Erneuerung des Gesetzgebungsyuan im Dezember 1992 befürworteten viele Kandidaten der Gruppe „Hauptströmung" in Einklang mit der Opposition die Idee „ein China, ein Taiwan" und griffen Ministerpräsident Hau an. Dagegen richteten die Kandidaten der Gruppe „Nichthauptströmung" in ihrer Wahlpropaganda Appelle zur Aufrechterhaltung der chinesischen Einheit und Fortsetzung des Kabinetts von

Hau an die Wähler und schnitten damit überraschend gut ab. Jaw Shau-kang (Chao Shao-kang) und Wang Chien-shien (Wang Chien-hsuan), die kurz vor den Wahlen von ihrem Amt als Vorsitzender des Komitees für den Umweltschutz bzw. Finanzminister zurückgetreten waren und zur „Nichthauptströmung" zählen, kamen landesweit bzw. in der Hauptstadt Taipei auf das beste Ergebnis. Tief enttäuscht ist die Gruppe der „Hauptströmung", da viele ihrer Anhänger nicht durchkamen oder es nur knapp schafften. Dies gilt nach allgemeiner Einschätzung auch als persönliche Niederlage des Parteivorsitzenden und Staatspräsidenten Lee Teng-hui.

Die KMT behält trotz großer Stimmen- und Sitzverluste im Gesetzgebungsyuan ihre absolute Mehrheit, und die „Hauptströmung" bleibt trotz der gestärkten Position der „Nichthauptströmung" weiter die führende Kraft der Regierungspartei. Allerdings sieht sich die „Hauptströmungsgruppe" zwei Oppositionen mit unterschiedlichen politischen Orientierungen gegenüber, nämlich der „Nichthauptströmungsgruppe" als innerparteilicher Opposition und der DPP als der eigentlichen Opposition. Dieses „Dreiecksverhältnis" war besonders bei der Regierungsumbildung nach den Wahlen zum Gesetzgebungsyuan zu erkennen.

Die taiwanesische Verfassung sieht keine Bestimmungen zur Amtsperiode des Ministerpräsidenten vor. Um einen konstitutionellen Präzedenzfall zu schaffen, hatte Hau Pei-tsun noch vor den ersten Wahlen zur vollständigen Erneuerung des Gesetzgebungsyuan den Rücktritt seines gesamten Kabinetts angekündigt. Doch die Anhänger der „Nichthauptströmungsgruppe" forderten im Hinblick auf ihren Wahlerfolg, daß man die Regierung nicht verändern oder Hau nach einem formellen Rücktritt wieder zum neuen Ministerpräsidenten ernennen solle. Dies lehnte Präsident Lee Teng-hui mit dem Argument des überfälligen „Generationswechsels" ab und protegierte den eigenen politischen Schützling Lien Chan. Schließlich entschloß sich Hau Ende Januar 1993 zum Rücktritt, weil er allein durch die Unterstützung der Abgeordneten der Nichthauptströmungsgruppe der KMT keine Mehrheit erwarten konnte. Am 23. wurde Lien mit der Zustimmung des Gesetzgebungsyuan vom Präsidenten

Lee zum ersten einheimischen Ministerpräsidenten in der Geschichte ernannt.

Mitte Januar 1993 wurde der 2. Kontrollyuan gemäß der neuen Verfassungsbestimmung zusammengesetzt. Damit sind alle drei nationalen Parlamentsorgane der Republik China in Taiwan nach über 40 Jahren vollständig erneuert. Bei der Abstimmung der Nationalversammlung über die 29 vom Staatspräsidenten nominierten Mitglieder des Hauses kamen vier wegen fehlender Mehrheit nicht durch. Der Staatspräsident mußte nachträglich vier neue Mitglieder für das Haus nominieren, die die Nationalversammlung am 28. April bestätigte.

Meinungsverschiedenheiten sind eine unausweichliche Folge der zunehmenden Meinungsfreiheit und des Pluralismus. Dennoch muten die andauernden konfusen Szenen mit lümmelhaftem Schimpfen und Handgreiflichkeiten im Gesetzgebungsyuan wie in der Nationalversammlung befremdlich an. Ungesund für die Demokratisierung ist auch der wachsende Einfluß des Geldes auf die Politik, wie z. B. der Stimmenkauf bei den meisten Wahlen. Noch mehr macht man sich Sorgen um die Zuspitzung des oben bereits erwähnten Streits über die Chinapolitik oder die Unabhängigkeit Taiwans, weil dies zu einer Spaltung der Bevölkerung führen kann, die schätzungsweise zu 15 % aus „Festländern" (Übersiedler nach der Rückkehr Taiwans zu China 1945) und zu 85 % aus einheimischen Insulanern besteht. Die Demokratisierung kommt einer „Taiwanisierung" der Politik gleich. Von den fünf höchsten Staatsorganen, den Exekutiv-, Legislativ-, Justiz-, Prüfungs- und Kontrollyuan, wird nur noch das letzte von einem Festländer geleitet. Der Staatspräsident und Vorsitzende der Regierungspartei KMT, Lee Teng-hui, ist ebenfalls einheimischer Insulaner.

2. Umorientierung in der Außenpolitik

Außenpolitisch hat das Jahr 1992 Taiwan sowohl Erfolge als auch Niederlagen gebracht. Nach wie vor befinden sich beide chinesische Seiten, Beijing und Taipei, in einem diplomatischen Kampf. Beijing (Peking) beansprucht international unverändert die Alleinvertretung für Gesamtchina einschließlich Taiwan, während Taipei seit 1989 unter dem Leitspruch „flexible Diplomatie" oder „praktische Diplomatie" bereit ist, auch „Doppelanerkennungen", d. h. die Anerkennung von zwei chinesischen Regierungen, zu akzeptieren.

Nachdem Taiwan und Lettland Ende Januar 1992 Generalkonsulbeziehungen aufgenommen hatten, zog Beijing Anfang Februar 1992 seine Botschaft in Riga, die angeblich überhaupt noch nicht eingeweiht war, „vorläufig" zurück. Am 19. Juni 1992 erkannte das westafrikanische Land Niger trotz seiner diplomatischen Beziehungen mit der VR China die Republik China in Taiwan an. Unter Protesten aus Beijing und auf Druck des nigrischen Parlaments wurde die Anerkennung nur neun Tage später zurückgenommen; Ministerpräsident Amadou Cheiffou dementierte aber danach die Aufhebung der Anerkennung. Nach einem Tauziehen von über einem Monat gab schließlich seine Regierung am 21. Juli der Eröffnung der Botschaft Taipeis in Niamey ihre Zustimmung und am folgenden Tag folgte eine schriftliche Erklärung zur Bekräftigung der unveränderten Aufnahme diplomatischer Beziehungen mit Taipei. Daraufhin „suspendierte" Beijing am 30. Juli seine diplomatischen Beziehungen zu Niger aus Protest gegen dessen Zwei-China-Politik.

Einer Pressemeldung zufolge gewährte Taiwan Niger am 20. August 1992 ein günstiges Darlehen in Höhe von 50 Mio. US-$ mit einer Laufzeit von 15–20 Jahren und einem Zinssatz von 7 %. Am darauffolgenden Tag überreichte der neue taiwanchinesische Botschafter in Niamey, Lin Chihung, sein Beglaubigungsschreiben. Vom 25. bis 28. desselben Monats stattete Ministerpräsident Cheiffou Taiwan einen Staatsbesuch ab. Er bestätigte öffentlich die Finanzhilfe. Darüber hinaus will Taiwan, so heißt es, Niger weitere 5 Mio. US-$ schenken, um damit die von Beijing nach Abbruch der diplomatischen Beziehungen hinterlassenen unvollendeten Projekte einer Universitätsbibliothek und von Bewässerungsanlagen zu Ende zu führen.

Eine große und schmerzhafte außenpolitische Niederlage für Taiwan im Jahr 1992 war der Verlust der diplomatischen Bastion in Seoul. Südkorea, einst treuester antikommunistischer Kampfgefährte Taiwans, hatte am 24. August Beijing als die einzige legitime Regierung Chinas anerkannt und gleich volle diplomatische Beziehungen zur VR China aufgenommen. Im gemeinsamen Kommuniqué dazu heißt es u. a., daß Seoul den Anspruch Beijings auf Taiwan als einen Bestandteil Chinas respektiert. In der Vergangenheit hatte es bereits mehrfach Spekulationen über die Aufnahme diplomatischer Beziehungen beider Seiten gegeben. Es war Beijing, das als engster Verbündeter Nordkoreas gezögert hatte, Südkorea offiziell anzuerkennen. Die Wende, die kurz nach der Aufnahme diplomatischer Beziehungen zwischen Taiwan und Niger und einen Tag vor dem Taiwanbesuch des Ministerpräsidenten von Niger kam, wurde in Taiwan als ein Vergeltungsschlag Beijings verstanden. Man erinnert sich daran, daß Beijing im Juli 1990 mit dem großen Sieg im Kampf um die Anerkennung durch Saudi-Arabien, Taipeis Freude über die Aufnahme diplomatischer Beziehungen zu vier kleinen Staaten, Grenada (Juli 1989), Liberia, Belize (beide Oktober 1989) und Lesotho (April 1990), stark gedämpft hatte. Am 22. August 1992 wurde Taipei gezwungen, die diplomatischen Beziehungen zu Seoul zu „suspendieren". Damit ist Taiwan in Asien diplomatisch völlig isoliert.

Dubios sind Taiwans Beziehungen zu der Republik Vanuatu im Südpazifik. Beide Seiten haben am 24. September 1992 ein gemeinsames Kommuniqué zur gegenseitigen Anerkennung unterzeichnet. Vanuatu unterhält seit 1982 volle diplomatische Beziehungen mit der VR China. Nach der Unterzeichnung des Dokuments sagte Vanuatus Außenminister Serge Vohor in Taipei vor der Presse, daß Beijing einen gewissen Druck auf sein Land ausgeübt habe. Aber Vanuatu sei ein unabhängiger Staat und habe das Recht, „seine Partner" zu wählen. Für das Volk von Vanuatu sei Taiwan die Republik China. Sein Amtskollege Fredrick Chien (Ch'ien Fu) erklärte, daß beide Seiten noch nicht über die Aufnahme diplomatischer Beziehungen gesprochen hätten. Dies dürfte der nächste Schritt sein.

Am 25. September, also einen Tag nach der Unterzeichnung des genannten gemeinsamen Kommuniqués, erklärte die Regierung von Vanuatu, daß sich die „Anerkennung" nur auf Handelsbeziehungen beschränke und dies die guten Beziehungen Vanuatus mit

Beijing nicht beeinflusse. Beijings Vizeminister für Außenwirtschaft und Handel, Wang Wendong, der damals gerade Vanuatu besuchte, äußerte, seine Regierung sei nicht gegen Handelskontakte zwischen dem südpazifischen Land und Taiwan. Das Außenministerium in Taipei besteht auf der politischen Bedeutung des von beiden Außenministern unterzeichneten gemeinsamen Kommuniqués zur gegenseitigen Anerkennung. Die Nuancierung in der Anerkennung zweier chinesischer Staaten durch Vanuatus Regierung erfolgte unmittelbar auf die Zusage Beijings, Vanuatu eine Entwicklungshilfe von 3,6 Mio. US-$ zu gewähren.

Nach dem Plus und Minus der diplomatischen An- und Aberkennung durch Niger bzw. Südkorea bleibt die Anzahl der Staaten, die volle diplomatische Beziehungen zur Republik China in Taiwan unterhalten, unverändert bei 29: ein Staat in Europa (Vatikanstadt), acht in Afrika (Guinea-Bissau, Lesotho, Liberia, Malawi, Niger, Südafrika, Swasiland, Zentralafrikanische Republik), fünfzehn in Lateinamerika (Belize, Costa Rica, Dominika, Dominikanische Republik, El Salvador, Grenada, Guatemala, Haiti, Honduras, Panama, Paraguay, St. Christopher und Nevis, St. Lucia, St. Vincent und die Grenadinen, Uruguay) und vier im südpazifischen Raum (Nauru, Salomonen, Tonga, Tuvalu). In einigen Staaten ohne diplomatische Beziehungen wie z. B. Angola, Saudi-Arabien, Singapur, den USA, Japan und den Philippinen genießen die halbamtlichen Vertretungen Taiwans unterschiedliche diplomatische Privilegien. In Lettland hat Taiwan, wie erwähnt, ein Generalkonsulat.

Mittelamerika ist mithin die letzte starke Bastion Taiwans im diplomatischen Kampf mit Beijing. Die Taipeier Regierung ist an der „Central American Bank of Economic Integration" mit einem Beitrag von 150 Mio. US-$ beteiligt. Außerdem hat sie Costa Rica, Nicaragua und Honduras jeweils 30 Mio. US-$ Entwicklungshilfe gewährt. Am 7. und 8. September 1992 fand in Taipei die 1. Tagung der im Dezember 1991 gegründeten Organisation für Zusammenarbeit zwischen Taiwan und Mittelamerika („ROC-Central America Mixed Commission of Cooperation") statt, an der Außenminister Chien und seine Amtskollegen aus sieben mittelamerikanischen Staaten (Belize, Costa Rica, El Salvador, Guatemala, Honduras, Nicaragua, Panama) teilnahmen. In einer gemeinsamen Erklärung nach Abschluß der Tagung betonte Chien Taiwans Bereitschaft, die Integration Mittelamerikas zu unterstützen. Zur Förderung der Wirtschaftsentwicklung in diesen Ländern bot er den Staaten der Region Hilfe bei der Berufsausbildung, Verbesserung der Produktionsstruktur und des Transportsystems an, um die Produktivität, Produktqualität und Wettbewerbsfähigkeit auf dem internationalen Markt anzuheben. Auf der anderen Seite äußerten die mittelamerikanischen Außenminister ihre Bereitschaft, Taiwans Rückkehr in die internationalen Organisationen zu unterstützen und weitere Förderungsmaßnahmen für Investitionen aus Taiwan auszuarbeiten.

Im Laufe des Jahres 1992 haben zwei mittelamerikanische Staatsoberhäupter Taiwan besucht: Nicaraguas Präsidentin Violeta Chamorro (3.–7. März) und Guatemalas Präsident Jorge Antonio Serrano (29. August–2. September). Ferner hielt sich der Vizepräsident von Bolivien, Luis Ossio Sanjinés, vom 24. bis 29. April 1992 in Taiwan auf. Sein Besuch wurde aufmerksam verfolgt, weil Bolivien volle diplomatische Beziehungen mit Beijing unterhält. Ende Oktober 1990 hatte das lateinamerikanische Land trotz der diplomatischen Beziehungen mit Beijing Taiwan gestattet, eine Vertretung mit der Bezeichnung „Büro für Handel und konsularische Angelegenheiten der Republik China" in La Paz zu gründen, das den gleichen Status wie internationale Organisationen genießt.

Während des Besuches von Sanjinés wurde auch eine offizielle Vertretung Boliviens in Taipei eröffnet. Gegenüber der Presse wich er der Frage aus, ob La Paz bereit sei, die diplomatischen Beziehungen zu Taipei wiederaufzunehmen. Er sagte nur, er gehöre zu der Oppositionspartei Boliviens, die ein starkes Interesse daran habe. Taiwans diplomatische Beziehungen zu Bolivien waren am 11. Juli 1985 abgebrochen worden, nachdem Bolivien zwei Tage zuvor diplomatische Beziehungen zu Beijing aufgenommen hatte.

Aus Osteuropa war der lettische Ministerpräsident Ivars Godmanis in Begleitung der Außen-, Finanz-, Verkehrs-, Landwirtschafts- und Bildungsminister, des Ministers für Bau und Energie und des Präsidenten der nationalen Zentralbank vom 13. bis 17. September 1992 zu einem offiziellen Besuch in Taiwan. Vom 16. bis 22. desselben Monats besuchte Oleg Lobow, Vorsitzender des Beraterstabs des russischen Präsidenten, in Begleitung des Ersten Vizeministers für Handel und Materialressourcen, W. Wojagow, und andere hochrangige Beamte der russischen Regierung für Wirtschaft und Handel Taiwan. Noch kurz davor hatte Taipei die Vereinbarung beider Seiten über die gegenseitige Einrichtung einer halbamtlichen Koordinierungskommission für Wirtschaft und Kultur bekanntgegeben. Den baltischen und GUS-Staaten hat Taiwan eine Reihe von Wirtschafts- und humanitären Hilfen gewährt.

Auch Wirtschafts- und Handelsminister von westeuropäischen und nordamerikanischen Staaten wie Frankreich, Großbritannien, Italien, Österreich, der Schweiz, Deutschland und den USA reisten trotz diplomatischer Beziehungen mit Beijing in der letzten Zeit nacheinander nach Taipei, um zur Förderung ihrer Wirtschaft Aufträge im Rahmen des taiwanesischen Sechsjahresplans mit dem gigantischen Investitionsvolumen von 8200 Mrd. NT$ (umgerechnet über 500 Mrd. DM) zu beschaffen. Am 18. November 1992 vereinbarte eine 60 köpfige deutsche Delegation unter Leitung des damaligen Bundeswirtschaftsministers Jürgen Möllemann während dessen eintägigen Aufenthalts in Taipei umfangreiche Wirtschafts- und technische Zusammenarbeit mit Taiwan.

Im November 1992 haben Washington und Paris trotz scharfer Proteste aus Beijing beschlossen, 150 Kampfflugzeuge vom Typ F-16 im Wert von 5,8 Mrd. US-$ bzw. 60 vom Typ Mirage 2000-5 einschließlich 1500 Raketen vom Typ MICA und Magic-2 im Gesamtwert von 3,5 Mrd. US-$ an Taiwan zu verkaufen. Als Vergeltungsmaßnahmen ordnete Beijing die Schließung des französischen Generalkonsulats in Guang-zhou (Kanton) an und schloß französische Unternehmen von der Beteiligung am U-Bahn-Bauprojekt in der Stadt (1 Mrd. US-$) aus. Der deutsche Bundessicherheitsrat in Bonn hat aus Rücksicht auf die deutschen Beziehungen zu Beijing am 28. Januar 1993 das Waffengeschäft mit Taiwan zur Lieferung von zehn U-Booten und zehn Fregatten im Gesamtwert von 12,5 Mrd. DM nicht gebilligt.

Ende September 1992 erhielt Taiwan nach langwierigen dreijährigen Verhandlungen zunächst einen Beobachterstatus im GATT (Allgemeines Zoll- und Handelsabkommen) und entsandte am 4. November eine Delegation nach Genf zur Teilnahme an der Ratssitzung der internationalen Handelsorganisation. Vor 21 Jahren war die Regierung in Taipei aus der UNO ausgeschlossen worden, als diese Beijing als Mitglied aufnahm. Zugleich verlor sie die Beziehungen zu allen zur UNO gehörenden oder mit der UNO verbundenen Organisationen einschließlich des GATT. Daher wird in Taiwan die Teilnahme an GATT-Verhandlungen als großer außenpolitischer Erfolg gewertet. Da sich Beijing ebenfalls um die Mitgliedschaft im GATT bemüht, war Taiwan allerdings gezwungen, statt seiner offiziellen Staatsbezeichnung „Republik China" die erniedrigende Bezeichnung „Separate Customs Territory of Taiwan, Penghu, Kinmen and Matsu" und als Abkürzung „Chinese Taipei" hinzunehmen.

Am 17. Mai 1993 veröffentlichte das Außenministerium eine Broschüre, in der die Regierung in Taipei ihr Streben nach einer Rückkehr in die UNO ebenso deutlich zum Ausdruck brachte wie die Bereitschaft, eine chinesische Doppelrepräsentation in der Weltorganisation zu akzeptieren. Doch angesichts der Tatsache, daß Beijing ein Vetorecht im Sicherheitsrat hat und daß sich auch die große Mehrheit der UNO-Mitgliedstaaten Beijings Taiwanpolitik nicht widersetzen will, lehnte Außenminister Chien es öffentlich ab, einen Zeitplan für dieses Ziel zu nennen. Präsident Lee Teng-hui äußerte auf einer Pressekonferenz am 20. desselben Monats: „Die chinesischen Kommunisten haben bis zur Aufnahme in die UNO 1971 22 Jahre gebraucht ... Ich denke, daß wir nicht so lange Zeit brauchen."

3. Bewegung im Verhältnis zum chinesischen Festland

Zwischen Beijing und Taipei herrscht politisches „Aprilwetter". Beide Seiten sprechen von chinesischer Einheit und friedlicher Vereinigung, zögern jedoch, direkt zu verhandeln. Beijing verlangte bislang Gespräche zwischen den beiden Parteien KPCh und KMT, weil es Taipei nicht als gleichberechtigten Verhandlungspartner, sondern nur als eine lokale Regierung Chinas behandeln will. Hingegen behauptet Taipei, daß zur Zeit in China zwei politische Gebilde und zwei Regierungen bestünden. Solange Beijing dies nicht akzeptiert, ist Taipei auch nicht bereit, politisch zu verhandeln. Außerdem fordert Taipei von Beijing, Taiwan nicht international zu isolieren und auf Gewaltanwendung gegen Taiwan zu verzichten. All dies lehnt Beijing mit dem Argument ab, das würde zur Bildung von zwei chinesischen Staaten führen.

Obwohl offiziell „chinesisch-chinesische" Kontakte bislang noch nicht stattfinden, haben sich 1992–1993 die inoffiziellen, indirekten bzw. halbamtlichen Verbindungen ständig verstärkt. Im Mai und Juni 1992 haben zwei prominente Seniorpolitiker Taiwans, Chao Yao-tung (77) und Wu Ta-you (86), jeweils einen 26 tägigen Besuch auf dem chinesischen Festland gemacht, wobei sie von führenden Partei- und Regierungspolitikern empfangen wurden. Chao, der 1981–1984 Wirtschaftsminister und 1984–1988 Vorsitzender des Komitees für wirtschaftliche Planung und Entwicklung unter dem Exekutivyuan war, bekleidet z. Z. das nominelle Amt eines politischen Beraters im Präsidialamt, und Wu, ein bekannter Physiker, ist Präsident der höchsten akademischen Institution in Taiwan, der „Academia Sinica". Nominell nahm Chao als Berater eines Wirtschaftsinstituts „Chung-Hua Institution for Economic Research" an der Reise der „inoffiziellen" Delegation zur Untersuchung der Perspektiven der Wirtschaftsreform und der Investitionschancen auf dem chinesischen Festland teil. Während seines Aufenthaltes vom 12. Mai bis 6. Juni führte er allerdings u. a. auch Gespräche mit Staatspräsident Yang Shangkun und den Vizeministerpräsidenten Wu Xueqian und Zhu Rongji in Beijing. Wu Tayou, der vom 14. Mai bis 11. Juni auf dem chinesischen Festland war, nahm auch an einer Versammlung chinesischer Physiker von beiden Seiten der Taiwan-Straße und dem Ausland in Beijing teil, wobei er mit Staatspräsident Yang Shangkun, dem Generalsekretär der KPCh, Jiang Zemin, und Ministerpräsident Li Peng zusammentraf.

Spektakulär war auch der neuntägige Besuch einer Delegation von sieben hochkarätigen Naturwissenschaftlern des chinesischen Festlands (8. bis 16. Juni 1992) in Taiwan. Fünf Delegationsteilnehmer sind Mitglieder der KPCh, einer gehört dem Ständigen Ausschuß des Nationalen Komitees der Politischen Konsultativkonferenz des chinesischen Volkes an. Davor war allen Mitgliedern der KPCh sowie allen Amtsträgern des Beijinger Regimes die Einreise in Taiwan streng verboten. Am 15. Juni gab Wu Ta-you in seiner Funktion als Präsident der Academia Sinica einen großen Empfang für die Delegation, an dem u. a. auch der damalige Verteidigungsminister Cheng Li-an (Ch'en Li-an) teilnahm. Auf dem Abschiedsbankett der Delegation am 16. Juni erschien auch der Generalsekretär des Präsidialamts, Tsiang Yien-si (Chiang Yen-shih). Sowohl Cheng als auch Tsiang erklärten, sie seien nur in ihrer Funktion als Beiratsmitglieder der Academia Sinica mit den Wissenschaftlern vom Festland zusammengetroffen.

Vom 5. bis 12. September 1992 hielt sich außerdem eine 18-köpfige Delegation von Journalisten des chinesischen Festlands in Taiwan auf. Außerdem kamen vier bekannte, betagte Naturwissenschaftler zu einem einwöchigen (10.–17. 9.) Besuch: Zhao Zhongyao (90), Tang Peisong (89), Huang Jiqing (88) und Feng Depei (85). Sie gehören zu den ersten in Nanking gewählten Mitgliedern der Academia Sinica der KMT-Regierung.

Während ihres Aufenthalts in Taiwan führten vier der Journalisten – ein Kommentator der *Volkszeitung*, eine Reporterin der Presseagentur Xinhua, ein Reporter des Zentralen Volksrundfunks und ein Photograph des Zentralen Fernsehens von Beijing – ein aufsehenerregendes Interview mit dem legendären General Chang Hsueh-liang (90). Chang, bekannt als „Junger Marschall" der ehemaligen nordostchinesischen Truppen, hatte am 12. Dezember 1936 durch einen Coup in Xi'an Chiang Kai-shek festgenommen und ihn gezwungen, den Bürgerkrieg gegen die chinesischen Kommunisten einzustellen. Nach der Beilegung der „Xi'an-Affäre" war Chang von Chiang unter Hausarrest gestellt worden. Erst nach dessen Tod 1975 und nach dem Ableben seines Sohnes und Nachfolgers Chiang Ching-kuo 1988 bekam Chang allmählich seine Freiheit wieder zurück. Die KPCh sieht

Chang als nationalen und historischen Helden an und hatte in der Vergangenheit stets seine Freilassung gefordert.

Gegenüber den Journalisten des Festlandes äußerte Chang, er befürworte die Vereinigung Chinas. Trotz aller komplizierten Fragen sei er optimistisch über die Entwicklung der Beziehungen zwischen den beiden Seiten der Taiwan-Straße. Er wolle aber nicht so viel über politisch sensible Themen sprechen.

Am 16. Juli 1992 verabschiedete der Gesetzgebungsyuan ein Gesetz unter dem Titel „Bestimmungen über die Beziehungen zwischen den Menschen der Region Taiwan und der Region des Festlands". Das Gesetz mit insgesamt 96 Artikeln sieht die prinzipiellen Regelungen für Reisen, Handel, Kulturaustausch sowie Fragen der Eheschließung, Familienzusammenführung, Erbschaft, Urkundenanerkennung usw. vor. Vom Gesetzentwurf bis zur Verabschiedung hatte es über vier Jahre gedauert.

Das Gesetz ist auf starke Kritik Beijings gestoßen. Li Qingzhou, Sprecher von zwei Büros für taiwanesische Angelegenheiten, einem im ZK der KPCh und einem unter dem Staatsrat, verneinte die Legitimität des Gesetzes und warf Taiwan vor, gegen das Prinzip eines chinesischen Staates durch solche Formulierungen wie „ein Staat, zwei Regionen" oder „ein Staat, zwei Regierungen" zu verstoßen.

Ende März und Ende Oktober 1992 trafen die Vertreter der halbamtlichen Kontaktorganisationen beider Seiten, SEF (Straits Exchange Foundation) von Taiwan und ARATS (Association for Relations Across the Taiwan Strait), in Beijing bzw. Hongkong zusammen, um über die gegenseitige Beglaubigung von Urkunden und die Nachforschung nach Posteinschreibesendungen zu verhandeln. Die Gespräche scheiterten daran, daß Beijing den Begriff von „einem China" in eine Übereinkunft hatte aufnehmen wollen und daß sich beide Seiten über die Bedeutung von „einem China" nicht einigen konnten. Jede Seite betrachtete sich als das richtige China. Angesichts des oben bereits erwähnten Ausgangs der Wahl zum Gesetzgebungsyuan im Dezember 1992 (wobei die Opposition DPP mit der Wahlkampfparole „ein China, ein Taiwan" einen beachtlichen Erfolg errungen hatte) gab Beijing schließlich nach, um damit die halbamtliche Annäherung beider Seiten der Taiwan-Straße nicht weiter durch Ideologiedifferenzen zu blockieren. So paraphierten SEF-Generalsekretär Cheyne Chiu (Ch'iu Chin-yi) und ARATS-Vizevorsitzender Tang Shubei am 10. April 1993 in Beijing überraschend schnell zwei Vereinbarungen über die gegenseitige Nachprüfung von verwendeten notariell beglaubigten Urkunden und über die Nachforschung nach Posteinschreibsendungen und Kompensationen zwischen beiden Seiten.

Zur offiziellen Unterzeichnung der Vereinbarungen trafen die Vorsitzenden der SEF und der ARATS, Koo Chen-fu (Ku Chen-fu) und Wang Daohan, vom 27.–29. April 1993 in Singapur zusammen. Darüber hinaus trafen sie Vereinbarungen über die Verbindungen der beiden Organisationen und über weitere Verhandlungsthemen wie z.B. die Repatriierung illegaler Einwanderer, die gemeinsame Bekämpfung des Schmuggels auf dem Meer, über Fischereistreitigkeiten und andere Kriminalität, den Schutz geistigen Eigentums, die Zusammenarbeit von Justizorganen, über Wirtschaftsaustausch, Zusammenarbeit bei der Erschließung von Energiequellen und Ressourcen sowie kulturellen und technischen Austausch.

Die von Koo und Wang unterzeichneten Dokumente enthalten keine Formulierung hinsichtlich des Prinzips „ein China" oder ähnliche politische Parolen. Dies gilt als Konzession Beijings.

Beide Seiten bezeichneten einerseits die Verhandlungen in Singapur als unpolitisch, andererseits bewerteten sie sie als sehr bedeutsam. SEF und ARATS gelten zwar juristisch als private Organisationen, aber sie werden von ihrer jeweiligen Regierung finanziert und beauftragt, die praktischen Angelegenheiten bezüglich der bilateralen Beziehungen beider Seiten zu behandeln. SEF-Vorsitzender Koo Chen-fu ist Mitglied des Ständigen Ausschusses des Zentralexekutivkomitees der Regierungspartei KMT in Taiwan, und ARATS-Vorsitzender Wang Daohan ist der Ex-Bürgermeister von Shanghai und Mitglied des Beratungskomitees der KPCh. Beide unterhalten gute persönliche Beziehungen zu ihren jeweiligen Staatsoberhäuptern, Parteichef Lee Teng-hui bzw. Jiang Zemin. Ihr Treffen wurde weltweit als historisches Ereignis in den „chinesisch-chinesischen" Beziehungen betrachtet.

Noch bemerkenswerter ist die Entwicklung der Wirtschaftsbeziehungen zwischen den beiden chinesischen Seiten. Zwar verbietet Taiwan immer noch direkte Handels- und Verkehrsverbindungen mit drüben, doch über dritte Orte, vor allem Hongkong, laufen der indirekte Warenaustausch beider Seiten und die taiwanesischen Investitionen auf dem Festland seit einigen Jahren auf vollen Touren. 1992 erreichte der „chinesisch-chinesische" Handel über Hongkong eine Höhe von 7,4 Mrd. US-$. Das chinesische Festland genehmigte bis Ende 1992 kumulativ 10 245 Investitionsobjekte von taiwanesischen Unternehmen mit einem vereinbarten Gesamtvolumen von rund 10 Mrd. US-$. Außerdem haben 1992 1,36 Millionen taiwanesische Bürger das Festland besucht. Es kann als sicher gelten, daß die zunehmende Wirtschaftsverflechtung das politische Verhältnis beider Seiten auch in Zukunft in Bewegung halten wird.

Literaturhinweise

Feldman, H. (Hg.), Taiwan in A Time of Transition, New York 1988.
Moody, P. R. jr., Political Change on Taiwan. A Study of Ruling Party Adaptability, London 1992.
Tien, H., The Great Transition. Political and Social Change in the Republic of China, Stanford 1989.

Chronik

1945:	25.10.	Nach 50jähriger Kolonialherrschaft unter Japan kehrte Taiwan zu China zurück.
1949:	Dez.	Rückzug der KMT-Regierung nach Taiwan infolge der militärischen Niederlage im Bürgerkrieg mit den Kommunisten auf dem chinesischen Festland.
1971:	25.10.	Ausschluß aus der UNO infolge der Aufnahme der Regierung Beijing (Peking) in die Weltorganisation als Vertretung Chinas.
1975:	5.4.	Tod von Chiang Kai-shek, der seit 1928 die Macht der KMT-Regierung in der Hand hatte.
1979:	Jan.	Abbruch der diplomatischen Beziehungen und des Bündnisses mit Washington nach dessen Anerkennung Beijings als legitime Regierung Chinas.

1986:	Nov.	Gründung der Oppositionspartei DPP durch Dissidenten.
1987:	15.7.	Beendigung des 1949 verhängten Ausnahmezustands.
	Nov.	Lockerung des Reiseverbotes nach dem chinesischen Festland.
1988:	13.1.	Tod des Präsidenten Chiang Ching-kuo, Sohn und Machtnachfolger von Chiang Kai-shek. Der bisherige Vizepräsident Lee Teng-hui wird als Präsident vereidigt und dann auch zum Vorsitzenden der Regierungspartei KMT gewählt.
1990:	21.1.	Lee Teng-hui wird von der Nationalversammlung zum Präsidenten für eine neue Amtsperiode von sechs Jahren gewählt.
1991:	30.4.	Beendigung der 1948 begonnenen „Periode der Mobilmachung zur Niederwerfung der (kommunistischen) Rebellion".
	Dez.	Rücktritt sämtlicher 1947/48 gewählten Volksvertreter in den drei nationalen Parlamentsorganen. Wahlen zur Erneuerung der Nationalversammlung.
1992:	Dez.	Wahlen zur Erneuerung des Gesetzgebungsyuan.
1993:	27.–29.4.	Halbamtliche Gespräche auf hoher Ebene zwischen beiden Seiten der Taiwan-Straße in Singapur.

V. AKTUELLE SÜD-SÜD-EREIGNISSE

– LATEINAMERIKA –

Sabine Kurtenbach
Regionale Kooperation für die Demokratie
in Lateinamerika

Fidel Castro hat die Organisation Amerikanischer Staaten (OAS) einst als „Kolonialministerium der USA" beschimpft. Die unbestrittene Dominanz der Vereinigten Staaten in der ältesten Regionalorganisation der Welt führte dazu, daß der Staatenzusammenschluß, der aufgrund seiner Mitglieder ein Modell für die Kooperation zwischen Nord und Süd sein könnte, zum Instrument des Ost-West-Konfliktes verkam. Erst mit dem Ende der Konfrontation zwischen den Blöcken erlangte die OAS neue Bedeutung. Im Rahmen der Friedensgespräche in Zentralamerika übernahm sie neben der UNO neue Aufgaben sowohl bei der Überwachung von Demilitarisierung und Reintegration bewaffneter Gruppen als auch bei Wahlen. Zu Beginn der 90er Jahre verstärkte sie zudem ihre Rolle bei der Aufrechterhaltung der Demokratie in Lateinamerika.

Putschisten können nicht mehr mit der stillschweigenden Duldung oder gar Zustimmung der Regionalorganisation rechnen. So mußte der guatemaltekische Präsident Jorge Serrano die Erfahrung machen, daß sein Selbstputsch, mit dem er die verfassungsmäßige Ordnung am 25. Mai 1993 außer Kraft setzte, auf entschiedenen Widerstand der OAS stieß. Eine Delegation des Gremiums bereiste bereits wenige Tage nach dem Putsch das Land und sprach mit Vertretern der verschiedenen politischen und sozialen Kräfte. Sie trug dazu bei, jenen Teilen des Militärs, die Serrano unterstützten, deutlich zu machen, daß sie mit internationalem Widerstand zu rechnen hätten. OAS-Generalsekretär Baena Soares muß im Gespräch mit Verteidigungsminister García Samayoa sehr überzeugend gewesen sein. Denn dieser erklärte im Anschluß, daß das Militär nicht an den Vorbereitungen und der Durchführung des Putsches beteiligt gewesen sei und für eine Rückkehr zur Verfassungsmäßigkeit eintrete, obwohl er den Putsch bis dahin offen unterstützt hatte.

Zwar hätte auch der regionale und internationale Druck allein die Abwehr des Umsturzes in Guatemala nicht bewirken können. Er trug jedoch entscheidend dazu bei, die interne Opposition gegen den Putsch zu unterstützen und damit eine Dynamik zu fördern, die schließlich die Wahl des ehemaligen Menschenrechtsbeauftragten Ramiro de León Carpio zum neuen Präsidenten Guatemalas ermöglichte. León Carpio trug dieser Tatsache unter anderem dadurch Rechnung, daß er nur wenige Tage nach seiner Amtsübernahme selbst zur Jahrestagung der OAS in Managua reiste und dort eine Art Regierungserklärung abgab. Guatemala ist allerdings das bisher einzige erfolgreiche Beispiel für die Versuche regionaler Kooperation zur Erhaltung der Demokratie in Lateinamerika.

Ende der 80er Jahre regierten in fast allen Ländern des amerikanischen Kontinents zivile Regierungen, die Zeit der Diktatoren, Militärjuntas und Palastrevolten schien beendet zu sein. Während der Putsch des haitianischen Militärs gegen den gerade zum Präsidenten gewählten Priester Jean Pierre Aristide noch als Ausnahme der Regel gewertet werden konnte, zeigten insbesondere die gescheiterten Putschversuche des Jahres 1992 in Venezuela – der bis dahin stabilsten Demokratie Lateinamerikas – die Brüchigkeit der demokratischen Entwicklung auf. Das Wissen um diese Gefahren spiegelt sich auf der regionalen Ebene in den Bemühungen der Regierungen wider, Mechanismen zu errichten, die eine Rückkehr zur Zeit der Diktatoren verhindern. Bereits 1985 hatte die OAS in einer Revision ihrer Charta die Bedeutung der Demokratie für die Stabilität, den Frieden und die Entwicklung der Region betont. Auf der Vollversammlung in Santiago de Chile 1991 wurde eine Verpflichtung zur Demokratie verabschiedet, die im Falle der Bedrohung der Stabilität demokratischer Regierungen folgende Schritte vorsieht:

1. Der Generalsekretär der OAS soll umgehend den permanenten Rat der OAS einberufen, der innerhalb von 10 Tagen zu prüfen hat, ob eine Konferenz der Außenminister oder eine außerordentliche Generalversammlung stattfinden soll.
2. Diese Versammlung soll die Ereignisse analysieren und geeignete Maßnahmen beschließen.

Im Vorfeld der Erklärung wurde ein altes Thema erneut diskutiert: Sollte die OAS das Recht erhalten, sich in die inneren Angelegenheiten ihrer Mitgliedsländer einzumischen, oder sollte das Prinzip der Nichtintervention, wie es in Artikel 18 der OAS-Charta verankert ist, weiter gelten. Dieser Streit ist fast so alt wie die OAS selbst. Hauptverfechter des Interventionsverbotes war auch in Santiago die mexikanische Regierung, die schon in den 60er Jahren die Anerkennung von de facto Regierungen vertrat. Mit dem Argument, Demokratie könne weder mit Gewalt noch von außen erzwungen werden, wandte sie sich gegen eine Änderung der Statuten.

Wichtigster Vertreter einer Ächtung undemokratischer Regierungen waren diesmal nicht die USA, sondern vor allem die venezolanische Regierung. Sie forderte im Falle eines Putsches den automatischen Abbruch der diplomatischen Beziehungen. Die Erklärung von Santiago spiegelt einen momentanen Kompromiß wider: Sie enthält zwar keine Verpflichtung zu Sanktionen, doch die OAS muß nun im Falle eines Umsturzes Stellung beziehen, was etwas Neues darstellt.

Schon kurz darauf bekam die OAS dazu reichlich Gelegenheit: Am 30.9.91 putschte das Militär in Haiti gegen Präsident Aristide; am 4.2.92 scheiterte ein Putschversuch in Venezuela; am 4.4.92 bediente sich Perus Präsident Fujimori des Militärs, um per Selbstputsch Parlament und Justiz auszuschalten. Diese Ereignisse, auf die die OAS sehr unterschiedlich reagierte, prägten auch die weitere Diskussion zum Thema Demokratie.

Am schärfsten – wenn auch bisher erfolglos – reagierte die OAS im Fall Haiti. Bereits im Oktober 1991 verhängte die Organisation ein Handelsembargo gegen die Insel. Darüber hinaus gab es eine rege Diplomatie, bei der der ehemalige argentinische Außenminister, Dante Caputo, als Sonderbeauftragter von

UNO und OAS zwischen der haitianischen Militärregierung und dem im venezolanischen Exil lebenden Präsident Aristide zu vermitteln suchte.

Die OAS-Aktivitäten scheiterten bis Mai 1993 am harten Widerstand des haitianischen Militärs, das sich jeder Verhandlungslösung widersetzte. Ob der Rücktritt von Premierminister Bazin Anfang Juni 1993 der Beginn einer Wende ist, der die Rückkehr von Aristide ermöglicht, bleibt abzuwarten. Unabhängig von Erfolg oder Scheitern machte die OAS im Falle Haitis immerhin deutlich, daß sie nicht gewillt war, den Sturz einer gewählten Regierung zu akzeptieren. Gleichzeitig wurde deutlich, daß sie keine Mittel besitzt, um Widerstand zu brechen. Wie andere internationale Organisationen auch erwies sich die OAS als Papiertiger, der zwar hehre Ziele vertreten, deren Durchsetzung aber nicht erzwingen kann.

Wesentlich „weicher" fiel die Reaktion der OAS im Falle Perus aus. Neun Tage nach dem Selbstputsch wurde, am 13.4.92, eine außerordentliche Außenministerkonferenz in Washington einberufen. Eine Delegation der OAS reiste daraufhin mehrfach nach Peru, um mit allen politischen Kräften Gespräche zu führen. Auf der Generalversammlung der OAS, im Mai 1992 in Nassau, erhielt der peruanische Präsident Fujimori dann allerdings die Möglichkeit, den Putsch in einer Rede zu rechtfertigen. Er kündigte Wahlen zu einer verfassunggebenden Versammlung innerhalb von fünf Monaten an und bat die OAS um Unterstützung. Die Resolution der OAS drängte zwar auf eine baldige Rückkehr zur Demokratie und setzte eine Mission zur weiteren Beobachtung der Lage ein, Sanktionen blieben aber aus. Fujimori gelang damit eine geschickte Einbindung der OAS, Peru entging der regionalen Isolation.

Der Streit, welche Maßnahmen zur Aufrechterhaltung der Demokratie ergriffen werden sollen, ging in Nassau weiter. Die Erfahrungen im Falle Haiti und Peru spielten in der weiteren Diskussion ebenso eine Rolle wie der Schock, den der gescheiterte Putschversuch in Venezuela auf dem Kontinent verursachte. Die argentinische Delegation brachte einen Resolutionsentwurf ein, der den Ausschluß nicht-demokratischer Regierungen aus der OAS und die Gründung einer multinationalen Kampftruppe zur Verteidigung der Demokratie vorsah. Unterstützt wurde dieser Vorschlag von den USA, Panama, Nicaragua, Costa Rica, Honduras, El Salvador, den Karibikstaaten und Venezuela. Die meisten der lateinamerikanischen Verfechter dieser Maßnahmen versprachen sich davon Abschreckung und Schutz vor drohenden Umsturzversuchen. Schließlich sahen sich die meisten Regierungen mit ähnlichen Problemen wie Venezuela konfrontiert – ohne gleichzeitig auf dessen demokratische Kontinuität zurückblicken zu können.

Der Hintergrund, vor dem die Gegner des argentinischen Antrags argumentierten, ist eine regionale Geschichte, die von Interventionen im Namen von Demokratie und Freiheit geprägt ist. In Wirklichkeit stellten die Eingriffe jedoch meist Strafaktionen der USA gegen ihnen nicht genehme Regierungen dar. So beispielsweise 1954 gegen die frei gewählte Regierung von Jacobo Arbenz in Guatemala oder auch gegen die ebenfalls demokratisch legitimierte Regierung Salvador Allendes in Chile Anfang der 70er Jahre. Die Gegner einer Aufhebung des Interventionsverbotes weisen zurecht darauf hin, daß vor einer Satzungsänderung geklärt werden müsse, was unter Demokratie zu verstehen ist. Wahlen als alleiniges Kriterium seien nicht ausreichend, weil auch viele Diktatoren regelmäßig wählen ließen. Die Lösung der sozialen Probleme des Kontinents sei die Voraussetzung für die Etablierung und Erhaltung demokratischer Regierungen. Die Diskussion wurde auch in Nassau nicht beendet. Die OAS beschloß allerdings einstimmig, die Charta dahingehend zu ändern, daß undemokratische Regierungen aus der Organisation ausgeschlossen werden können.

Auf einer außerordentlichen Versammlung im Dezember 1992 in Washington wurde eine entsprechende Satzungsänderung verabschiedet, die allerdings keinen Automatismus enthält. Das heißt: Regierungen, die den Pfad der Demokratie verlassen, können ausgeschlossen werden, aber nicht jede dieser Regierungen muß ausgeschlossen werden. Diese Regelung birgt die Gefahr der politischen Willkür – je nach politischer oder wirtschaftlicher Bedeutung eines Landes kann die Regelung in Kraft treten oder auch nicht.

Der Fall Peru erhärtet diesen Verdacht: Die OAS hat die ad-hoc-Konferenz der Außenminister zu Peru nach den Wahlen zur verfassunggebenden Versammlung im November 1992 für beendet erklärt – obwohl die Wahlen im Land selbst umstritten sind, weil sich die größten Parteien aus Protest gegen den Putsch nicht an ihnen beteiligten. OAS-Generalsekretär Baena Soares vertrat den Standpunkt, in Peru gebe es zwar Verbesserungsmöglichkeiten des politischen Systems, aber keine Diktatur. Damit setzte sich die OAS dem Verdacht aus, mit zweierlei Maß zu messen: Während das kleine Haiti mit Sanktionen belegt wurde, die letztlich auch auf die ohnehin schwierige Versorgungslage der Bevölkerung durchschlugen, kam die peruanische Regierung ungeschoren davon.

Die eingangs erwähnten Aktivitäten der OAS in Guatemala werden vielfach als Erfolg gefeiert. Unbestreitbar wurde dort die Wende nach einem Gespräch des OAS-Generalsekretärs mit Verteidigungsminister García eingeleitet. Die Situation in dem zentralamerikanischen Land unterscheidet sich aber in zwei Punkten wesentlich von der in Haiti und Peru.

Erstens kam es im Falle Guatemalas neben dem Protest der OAS auch zu einer mehr oder weniger einstimmigen internationalen Verurteilung: Die USA und die Europäische Gemeinschaft brachen die wirtschaftliche Zusammenarbeit ab, die anderen zentralamerikanischen Präsidenten forderten die Rückkehr zur verfassungsmäßigen Ordnung; Chile berief zudem eine Sitzung der Rio-Gruppe ein, auf der die Lage in Guatemala analysiert werden sollte.

Weder im Fall Haiti noch gegenüber dem peruanischen Selbstputsch hatte es eine derart einhellige und massive internationale Reaktion gegeben. Die Regierung des Priesters Aristide war insbesondere der bis Januar 1993 amtierenden Bush-Administration eher unheimlich denn verteidigungswert. Und im Falle Perus stellte sich die Lage anderen Regierungen angesichts des Vormarsches des Leuchtenden Pfades als eine Wahl zwischen Pest und Cholera dar.

Zweitens gab es in Guatemala eine breite Mobilisierung der internen Opposition gegen den Umsturz. Nicht nur die Gegner der Regierung Serrano und die katholische Kirche, sondern auch der konservative Unternehmerverband CACIF und selbst Teile des Militärs sprachen sich für eine Rückkehr zur verfassungsmäßigen Ordnung aus. Die internationale Ächtung der Putschisten konnte diese Allianz stärken. In Haiti dagegen ist die Opposition gegen das Militärregime schlecht organisiert, in Peru fand der Selbstputsch von Alberto Fujimori eine relativ breite Unterstützung in der Bevölkerung. Nur wenn es starke interne Opposition gegen den Bruch der verfassungsmäßigen Ordnung gibt, kann internationaler und regionaler Druck etwas bewirken.

Auf der Jahresversammlung der OAS im Juni 1993 in Managua stand das Thema Demokratie wiederum auf der Tagesordnung. In der Erklärung von Managua verpflichten sich die Regierungen dazu, den Ursachen für die Probleme mit der Demokratie entgegenzuwirken und vorzubeugen. Dabei spielt der Kampf gegen die Armut der Bevölkerungsmehrheit eine entscheidende Rolle. Dies wurde von der OAS bereits 1992 in einer von Mexiko eingebrachten Resolution anerkannt. Damit die Entwicklung in Guatemala kein Sonderfall bleibt, ist es notwendig, die Bevölkerungsmehrheit gegen Putschisten zu mobilisieren. Dies wird erst dann auf breiter Front geschehen, wenn die Graffitis „unter der Diktatur hatten wir etwas zu essen" von den Hauswänden verschwinden.

– ASIEN –

Klaus-A. Pretzell
Regionale Kooperation in Asien-Pazifik

Die APEC (Asia-Pacific Economic Co-operation), eine Einrichtung zur multilateralen Konsultation und Koordination mit dem Ziel, das wirtschaftliche Wachstum in der Region durch politische Verständigung zu stabilisieren, beschritt von Anfang an den pragmatischen Weg, das Machbare zu tun und das Problematische einstweilen auszuklammern. So begann die APEC bereits mit der Konferenz von Canberra, die eigentlich nur eine Sondierungskonferenz sein sollte. Inzwischen haben drei weitere Konferenzen stattgefunden: die zweite (29.–31.7.90) in Singapur, die dritte (12.–14.11.91) in Seoul und die vierte (10.–11.9.92) in Bangkok. (Die fünfte Konferenz soll im November 1993 in Seattle im US-Bundesstaat Washington tagen.)

Auf der Konferenz in Seoul kamen zu den zwölf anfänglichen Teilnehmern „die drei Chinas", also die VR China, Taiwan und Hongkong, hinzu: ein bemerkenswerter diplomatischer Erfolg des Gastgebers Südkorea. Zu den Folgen dieser Erweiterung gehört, daß man im Hinblick auf den Status von Taiwan und Hongkong nicht mehr von Mitglied-„Staaten", sondern nur noch von Mitgliedern der APEC sprechen kann. Das nächste Mitglied könnte Mexiko sein, „der Fall seiner Mitgliedschaft" wird geprüft und soll auf der Konferenz in Seattle erörtert werden. Eine positive Entscheidung wäre denkbar, weil Mexiko der NAFTA angehört und die USA in Seattle den Vorsitz führen werden. Eine darüber hinausgehende Erweiterung der APEC ist jedoch wenig wahrscheinlich.

Der wichtigste Beschluß der Konferenz von Bangkok war die Einrichtung eines APEC-Sekretariats in Singapur. Er bedeutete eine Institutionalisierung dieses „Forums", nachdem in Seoul bereits eine formelle Erklärung über Motivation, Ziele, Aufgaben, Art und Weise der Zusammenarbeit in der APEC ebenso wie über deren Organisation, den Kreis der Teilnehmer und die weitere Entwicklung verabschiedet worden war.

Das Sekretariat begann seine Arbeit am 12. Februar 1993 mit 12 Mitarbeitern. Die Betriebskosten hat Singapur für drei Jahre übernommen. Direktor des Sekretariats ist der Amerikaner William Bodde, Stellvertretender Direktor Professor Hendra Esmara von Indonesien. Er wird Boddes Nachfolger, wenn der APEC-Vorsitz am Ende der Konferenz von Seattle nach dem Rotationsprinzip auf Indonesien übergeht. Das Sekretariat hat die Aufgabe, die Aktivitäten der APEC zu koordinieren und zu erleichtern, durch Bereitstellung logistischer und technischer Dienstleistungen, Verwaltung der Finanzen und anderes mehr. Es ist bevollmächtigt, im Namen der APEC-Mitglieder zu handeln, im Rahmen der Weisungen der (APEC-)Konferenz der hohen Beamten, der es verantwortlich ist.

Ein weiterer Beschluß von Bangkok war die Schaffung eines Konsultativrats, der mit der Ausarbeitung einer „Vision" für den Handel in der Region bis zum Jahre 2000 beauftragt wurde. Leiter dieser Gruppe wurde der Amerikaner Fred Bergsten, Direktor des Institute of International Economics.

Den von Anfang an erstaunlichen Schwung verdankt die APEC allerdings ihren Arbeitsausschüssen, die jetzt auf insgesamt zehn Arbeitsgebieten im besten Sinne des Wortes aktiv sind.

Wollte man die Aufgaben der Arbeitsausschüsse auf einen Nenner bringen, so könnte man sagen, jeder Arbeitsausschuß hat jeweils auf seinem Gebiet dazu beizutragen, daß die bei den Teilnehmern unterschiedlichen Gegebenheiten – Daten, Fakten, Normen, Regelungen, Probleme – erfaßt und bekannt gemacht werden mit dem Ziel, die Voraussetzungen für eine Harmonisierung und gemeinsame Problembewältigung zu schaffen.

Zentrales Anliegen der APEC ist, das multilaterale Handelssystem zu erhalten und zu stärken. Tatsächlich bietet sie (nicht nur asiatischen Ländern) die Möglichkeit, politisch schwierige Konzessionen zu machen, ohne das Gesicht zu verlieren. Ein Beispiel war die auf der Konferenz von Seoul dokumentierte Bereitschaft Südkoreas, seinen Markt für landwirtschaftliche Erzeugnisse zu öffnen. Aber die APEC-interne Handelsliberalisierung befindet sich durchaus noch im vorbereitenden Stadium. Inzwischen steht das Bemühen, der Uruguay-Runde zum Erfolg zu verhelfen, im Vordergrund, zumal jetzt, da die USA den Vorsitz führen: So hat Fred Bergsten bereits vorgeschlagen, daß, wenn die GATT-Verhandlungen an der Hartnäckigkeit der EG scheitern sollten, die USA doch eine „Pacific Free Trade Area" auf den Weg bringen könnten.

Die Regierung Clinton hat schon verschiedentlich signalisiert, daß sie die Mitarbeit der USA in der APEC eher intensivieren wird. Dies geht aus einer Rede hervor, in der der Präsident die internationale Wirtschaftsstrategie seiner Regierung skizzierte, und Außenminister Warren Christopher sagte (an anderer Stelle), die APEC habe bei der Förderung des wirtschaftlichen Wachstums und der Prosperität in Asien eine überragende Rolle zu spielen.

Man kann wohl damit rechnen, daß die USA ihr APEC-Jahr nutzen werden, die Handelsliberalisierung innerhalb der APEC voranzutreiben, auf rasche Erfolge wird sie dabei allerdings nicht hoffen können. Das hat mit dem nach wie vor stark konsultativen Charakter der APEC zu tun, in der Beschlüsse nach dem Konsensprinzip gefaßt werden und völkerrechtlich nicht verbindlich sind. Indessen wird die multilaterale Kooperation innerhalb der APEC dennoch zunehmen, weil sich aus der Arbeit der Ausschüsse eine von praktischem Nutzen bestimmte Dynamik entwickeln wird. So gibt es auch für die sonst eher zurückhaltenden Teilnehmer aus den ASEAN-Staaten gute Gründe, eine gemeinsame Humankapitalbildung zu unterstützen, und je größer der Anteil an technologisch höherwertigen Exportgütern wird, desto stärker wird man an einer Harmonisierung der Normen interessiert sein.

Im übrigen spielt die APEC schon jetzt eine konflikthemmende Rolle, die nicht nur nicht auf den wirtschaftspolitischen Bereich beschränkt ist. Schon die Konferenz von Seoul diente auch zu Konsultationen über die Nuklearpolitik Nordkoreas und erhielt dadurch auch eine (sicherheits)politische Bedeutung. Schließlich ist darauf hinzuweisen, daß die Forumfunktion der APEC schon dazu beigetragen hat, die vagen Befürchtungen der Asiaten vor der NAFTA auszuräumen, was einer Gegenblockbildung in Asien den Boden entzog.

Peter Schier
Die UN-Friedensmission in Kambodscha

Die UN-Friedensmission in Kambodscha war von Beginn an von schwerwiegenden Problemen begleitet: Die beiden militärisch stärksten kambodschanischen Konfliktparteien, die Kambodschanische Volkspartei (KVP) und die Roten Khmer, verstießen praktisch permanent gegen Kernelemente der Pariser Friedensabkommen, und die UN-Treuhandverwaltung (UNTAC: United Nations Transitional Authority in Cambodia) zeigte deutliche Schwächen bei der Durchsetzung ihres ursprünglichen Auftrags:

– Die Roten Khmer verweigerten die Entwaffnung ihrer Soldaten, räumten der UNTAC keine Bewegungs- und Handlungsfreiheit in den von ihnen kontrollierten Gebieten ein, machten Wahlvorbereitungen in ihren Zonen unmöglich, nahmen am gesamten Wahlprozeß nicht teil und riefen schließlich zum Wahlboykott auf.

– Die KVP, die 1979 durch die vietnamesischen Invasionstruppen an die Macht gebracht worden war, weigerte sich, die wesentlichen Machtbefugnisse an den Obersten Nationalrat (Supreme National Council: SNC) abzutreten, verweigerte der UNTAC eine effektive Kontrolle ihres Sicherheitsapparats und ihrer Medien und versuchte, mit Mord und Terror Aktivitäten der Oppositionsparteien in den Provinzen einzuschränken.

– Die UNTAC unterließ es, sowohl gegenüber den Roten Khmer als auch gegenüber der KVP mit Nachdruck für die umfassende Respektierung der Pariser Friedensabkommen zu sorgen. Es kam teilweise sogar zu einer über das Gebot der Neutralität hinausgehenden Zusammenarbeit mit den von der KVP kontrollierten Behörden des Staates Kambodscha (SK).

Aufgrund der Obstruktionspolitik der Roten Khmer und der KVP beschränkte und konzentrierte sich die UNTAC ab Mitte 1992 auf die Organisation der Wahlen zu einer verfassungsge-

benden Versammlung. Angesichts der Verletzung der Pariser Friedensabkommen durch fast alle Beteiligten endeten die vom 23.-28. Mai 1993 abgehaltenen Wahlen mit zwei faustdicken Überraschungen:
– Trotz der Boykottierung der Wahlen und der Androhung von Gewalt durch die Roten Khmer gingen rund 90 % der 4,8 Millionen Wahlberechtigten zu den Urnen. Diese hohe Wahlbeteiligung war eine deutliche Absage an die Adresse der Roten Khmer und spiegelte den alles überragenden Wunsch des kambodschanischen Volkes nach Frieden wider.
– Trotz einer brutalen Einschüchterungskampagne und der nahezu totalen Kontrolle der Medien durch das 1979 von Vietnam eingesetzte SK-Regime von Parteichef Chea Sim und Ministerpräsident Hun Sen wählten nur 38,2 % die in „Kambodschanische Volkspartei" umbenannte KP, die seit über 14 Jahren die Alleinherrschaft ausübte. Eindeutiger Wahlsieger wurde hingegen die royalistische FUNCINPEC mit 45,5 % der Stimmen. Die bürgerliche Buddhistische Liberal-Demokratische Partei (BLDP) erhielt 3,8 %, während die restlichen 12,5 % der Stimmen an 17 kleinere Parteien gingen.

In der verfassungsgebenden Versammlung, die bis Ende August 1993 eine neue Verfassung ausarbeiten und mit Zweidrittelmehrheit verabschieden soll, ist die FUNCINPEC mit 58 Abgeordneten vertreten, die KVP mit 51, die BLDP mit 10 und die monarchistische MOULINAKA mit einem Vertreter. Nach der Verabschiedung der Verfassung wird sich die verfassungsgebende Versammlung als Parlament konstituieren und eine neue Regierung wählen. Gleichzeitig damit, d. h. am 28. August, läuft das Mandat der UN-Treuhandverwaltung in Kambodscha aus. Damit wäre die bisher größte und mit mindestens 2,4 Mrd. US-$ teuerste UN-Friedensmission beendet, in deren Rahmen zeitweise rund 21 000 ausländische UN-Mitarbeiter in Kambodscha tätig waren.

Bis zur Wahl einer neuen Regierung durch das Parlament Ende August hätten eigentlich der Oberste Nationalrat von Kambodscha und die UNTAC die Geschicke des Landes bestimmen sollen. Doch der SNC, dem alle vier Bürgerkriegsparteien (einschließlich der Roten Khmer) angehören und dem Prinz Norodom Sihanouk als Präsident vorsitzt, konnte in den zwei Jahren seiner Existenz nie als das einzige legitime Machtorgan Kambodschas fungieren, das er gemäß den Pariser Friedensabkommen vom Oktober 1991 hätte sein sollen. Die Gründe: Erstens weigerte sich die SK-Regierung unter Ministerpräsident Hun Sen, die wesentlichen Machtbefugnisse an den SNC abzutreten, und zweitens unternahm die UNTAC kaum etwas zur Stärkung der Rolle des Obersten Nationalrats.

So übt auch heute noch das SK-Regime, genauer gesagt die KVP, die eigentliche Macht in Kambodscha aus: Sie kontrolliert die Verwaltung von 80% des Landes, alle wichtigen Medien und den gesamten Sicherheitsapparat. Die Pariser Friedensabkommen hatten hingegen vorgesehen, daß die UNTAC die Kontrolle aller wesentlichen Machtsäulen übernimmt, um vor den Wahlen eine „neutrale politische Atmosphäre" zu garantieren. Doch auch in dieser Aufgabe von machtpolitisch zentraler Bedeutung hat die UNTAC weitgehend versagt.

Von einer neutralen politischen Atmosphäre vor den Wahlen konnte also überhaupt keine Rede sein. Trotzdem erhielt die royalistische FUNCINPEC unter Prinz Norodom Ranariddh, dem mit Abstand fähigsten der überlebenden Söhne Sihanouks, die meisten Stimmen. Der Hauptgrund für den Wahlerfolg der FUNCINPEC, die 1981 von Prinz Sihanouk gegründet worden war, ist die nach wie vor ungebrochen große Popularität des alten Prinzen und die Annahme vieler Wähler, daß eine Stimme für FUNCINPEC gleichzeitig eine Stimme für Sihanouk sei. Hinzu kommt, daß die KVP bei großen Teilen der Bevölkerung sehr unbeliebt ist: Ihre Führung setzt sich zu einem erheblichen Teil aus früheren Roten Khmer zusammen, agiert nach wie vor repressiv, gilt als vietnamhörig und ist in den letzten Jahren extrem korrupt geworden. Schließlich war es der UNTAC im Rahmen ihres Informationsprogramms über die Wahlen offenbar gelungen, eine Mehrheit der Wähler davon zu überzeugen, daß ihre Wahlentscheidung wirklich geheim bleiben würde. In der Tat stellt die technische Organisation der Wahlen den einzigen echten Erfolg der UNTAC dar.

Außer Frage steht, daß FUNCINPEC und BLDP weitaus mehr Stimmen zu Lasten der KVP gewonnen hätten, wenn es der UNTAC gelungen wäre, eine „effektive Kontrolle" über Armee, Polizei und Medien auszuüben, wie dies die Pariser Friedensabkommen vorgesehen hatten. Dann wäre es auch nicht zu dem Dilemma gekommen, vor dem Kambodscha gegenwärtig steht: Es gibt zwar einen eindeutigen Wahlsieger, doch der gesamte Sicherheitsapparat wird vom Wahlverlierer beherrscht.

Um einen Coup des Militärs gegen die Royalisten und ein erneutes Blutvergießen zu verhindern, kam Mitte Juni 1993 auf Vermittlung von Prinz Sihanouk die Bildung einer provisorischen Koalitionsregierung aller im Parlament vertretenen Parteien zustande, die in der Übergangsperiode bis Ende August im Amt bleiben soll. Sihanouk, der als einzige kambodschanische Persönlichkeit von allen Parteien des Landes als Integrationsfigur akzeptiert wird, wurde auf der konstituierenden Sitzung der verfassungsgebenden Versammlung am 14. Juni zum Staatspräsidenten mit Sondervollmachten erklärt. Mit dem neuen Amt und mit der Bildung der Übergangskoalition ist Sihanouk seinem seit Jahren verfolgten Ziel der Bildung einer All-Parteien-Regierung der „nationalen Aussöhnung" unter Einschluß der Roten Khmer einen guten Schritt nähergekommen. In der Tat scheint eine Befriedung Kambodschas ohne eine politische Einbindung der Roten Khmer nicht möglich: Die Roten Khmer sind zwar militärisch zu schwach, um die Macht zu ergreifen, doch sie scheinen stark genug, um auf Dauer etwa ein Viertel des Landes zu kontrollieren oder zumindest nachhaltig zu destabilisieren. Die Roten Khmer haben sich mittlerweile bereit erklärt, das Wahlergebnis zu respektieren und die Übergangsregierung zu unterstützen, wenn Prinz Sihanouk – im Gegensatz zu bisher – auch die tatsächliche Macht ausüben könne. In einem solchen Fall erhoffen sich die Roten Khmer eine Beteiligung an einer künftigen Regierung, zumindest aber eine offiziell sanktionierte Teilnahme am politischen Leben.

Die eigentliche Gefahr für den Friedensprozeß scheint nicht in einer gewaltsamen Rückkehr der Roten Khmer an die Macht zu bestehen, sondern darin, daß die KVP trotz Wahlniederlage weiterhin an der Macht bleibt. Obwohl sich KVP und FUNCINPEC auf die gemeinsame Kontrolle von Armee und Polizei einigten, könnte die zweimonatige Übergangsperiode zu kurz sein, um die alleinige Macht der KVP über den Sicherheitsapparat zu brechen. Eine Verlängerung des UN-Engagements in Kambodscha erscheint dringend notwendig, um die Gefahr zu begrenzen, daß die Kambodschanische Volkspartei wieder die Alleinherrschaft an sich reißt und dann der Bürgerkrieg erneut ausbricht.

– ORIENT –

Abidin Bozdağ
Ethnische Konflikte und territoriale Ansprüche im Kaukasus

Vergeblich sucht man im Kaukasus nach Frieden, politischer Stabilität und Sicherheit. Das Gebiet zwischen dem Schwarzen und Kaspischen Meer wird seit dem Zerfall der Sowjetunion immer wieder und in zunehmendem Maße von neuen gewalttätigen Konflikten heimgesucht. Insbesondere die Widersprüche zwischen den Minderheiten und den Angehörigen verschiedener Nationalitäten haben zugenommen und territoriale Forderungen werden laut. Alte überkommene Beziehungen und Strukturen wurden mit dem Zerfall der Sowjetunion teilweise zerstört, neue sind noch kaum entstanden. Die Rückbesinnung auf islamische, orthodox-christliche und national-ethnische Ursprünge ist mehr oder weniger stark ausgeprägt, je nachdem wie weit die in Klan- und Stammesverbänden organisierten Völker des Kaukasus in ihrer nationalen Entwicklung fortgeschritten sind. Die Suche nach Identität hat zu einer offenen interethnischen Krise geführt, die von gegenseitigen Gebietsansprüchen gekennzeichnet ist und in kriegerischen Auseinandersetzungen eskalierte. Russische Generäle warnten bereits davor, daß der Dritte Weltkrieg im Kaukasus ausbrechen könne.

Der Kaukasus ist seit dem Altertum ein Durchgangsgebiet zwischen Mesopotamien und den nördlichen Völkern, die immer wieder versucht haben, den Kaukasus zu durchqueren. Dadurch war der Kaukasus häufig Kriegsschauplatz. Die regionalen Großmächte, das zaristische Rußland, Iran und das osmanische Reich trugen ihre Konflikte im Kaukasus aus. Selbst innerhalb der Region, in der über 40 Ethnien leben, die sich in den landschaftlich zerklüfteten Berggebieten ihre eigene Sprache und eigene Religion bewahren konnten, kam es zu

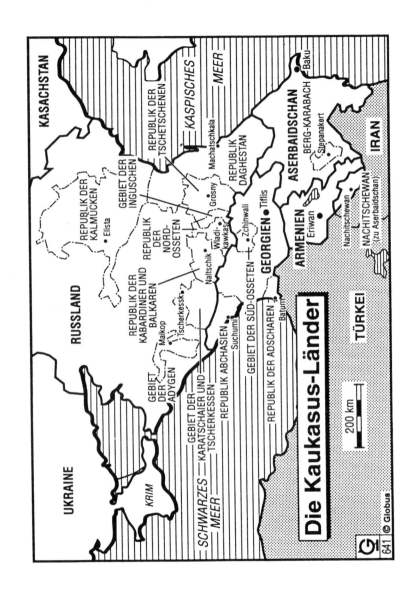

Kämpfen, ebenso zu Vermischung und Assimilation. Die Sippenstruktur und Klanmacht haben sowohl den Zarismus als auch den „real existierenden Sozialismus" überlebt und erleben heute wieder eine Renaissance.

1. *Gespannte Lage im Nordkaukasus*

Der Nordkaukasus stellt eine ethnisch und sprachlich zerstückelte Region dar, in der sich sieben Republiken der Russischen Föderation (ehemalige autonome Republiken) befinden. Über fünf Millionen Menschen leben in diesem Gebiet, darunter Angehörige von zwanzig Volksgruppen sowie weitere kleinere Minderheiten. Der Anteil der Russen in der Region beträgt 1,3 Millionen gegenüber 4 Millionen nichtrussischer muslimischer Bevölkerung. Während der Zeit der Zarenherrschaft erlebte der Nordkaukasus Eroberungskriege, die ein Jahrhundert andauerten und der Bevölkerung Elend, Unterdrückung und Assimilierung zufügten. In der Sowjetzeit versuchte man diese Zustände zwar zu verbessern, durch Zwangsverstaatlichungen in der Landwirtschaft und durch willkürlich gezogene Territorialgrenzen wurde jedoch ein Grundstein für die heutigen Konflikte gelegt. Einigen Völkern wurden die Autonomierechte nicht zugesprochen und schließlich wurden viele dieser Völker nach Zentralasien und Sibirien deportiert.

In der Republik *Daghestan* (1 802 000 Einwohner) gibt es über 30 Völker mit 12 Sprachen, die in der Verfassung anerkannt sind. Zu den größten Ethnien gehören die Kaukasier, Turkvölker, Slaven, Awaren, Darginer, Kumyken, Lesgier und Russen, sowie andere Völker. Der muslimische Bevölkerungsanteil gehört überwiegend dem sunnitischen Islam an; nur in Süddaghestan existieren schiitische Gemeinden. Die Awaren, die in Daghestan die stärkste Gruppe darstellen, sind noch stammesweise gegliedert. Die sufitischen Bruderschaften Nakschbandiya und Qadiriya sind in Daghestan organisiert. Außerdem leben 57 000 Tschetschenen in Daghestan, die den Anschluß an die Tschetschenische Republik fordern. Im Kaukasus war Daghestan mit der tschetschenischen Republik eine Bastion des Islam.

Auch während des zweiten Golfkrieges wurden Hilfsgüter für den Irak gesammelt und Freiwillige meldeten sich zum Kampf für den Islam. In Daghestan verfügt jede politische Partei und nationale Bewegung über bewaffnete Milizen. Politisch motivierte Attentate und Entführungen sind an der Tagesordnung.

Eine weitere Republik im Nordkaukasus ist *Kabardino-Balkarien* mit 754 000 Einwohnern. In ihr leben zwei sich sprachlich unterscheidende Völker; zum einen die Kabardiner (48 %), die zu den Kaukasiern gehören, und die Balkaren (9 %), welche den Turkvölkern zugewiesen werden. Die verbleibenden 32 % der Bevölkerung werden von Russen und anderen kleinen Minderheiten gebildet. Die Kabardiner gehören dem tscherkessischen Volk an, das sowohl in der Republik Adyge als auch in der Republik „Karatschai-Tscherkessien" lebt, während die Balkaren mit den Karatschaiern verwandt sind. Was beide Völker verbindet, ist ihre Religion. Sie gehören beide dem sunnitischen Islam und der hanefitischen Rechtsschule an. Während die Kabardiner in der Regel keine strenggläubigen Muslime sind, spielen bei den Balkaren die Religion und die Sufibruderschaften eine größere Rolle.

Der „Kongreß des balkarischen Volkes" rief Ende 1991 die „souveräne balkarische Republik" aus, worauf auch die Kabardiner eine „Republik Kabardino" forderten. Diese Bestrebungen fanden bei der Moskauer „Zentrale" keine Anerkennung.

Wirtschaftlich ist die überwiegend gebirgige balkarische Region unterentwickelt. Das zahlenmäßig kleinere Volk der Balkaren befürchtet die Diskriminierung und Assimilation seitens der Kabardiner. Die kabardinische Nationalbewegung gehört der „Konföderation der kaukasischen Bergvölker" an und unterstützt die Abchasier, die mit ihnen verwandt sind, im Krieg gegen Georgien. Die kabardinische Nationalbewegung unterstützt die Idee der Gründung von Großadyge (Tscherkessenreich). Sowohl die „Wiedergeburt der adygejischen/tscherkessischen Nation", als auch die „Liga der Wiedergeburt Balkariens" streben ethnisch homogene Republiken an. Die Beziehungen zwischen Balkaren und Kabardinern sind infolgedessen gespannt. Die alte Nomenklatura versucht indes die Lage unter Kontrolle zu halten, um selbst an der Macht zu bleiben. Im Herbst 1992 wurde der Präsident der „Konföderation der Bergvölker des Kaukasus", Schanibo, festgenommen. Als letztes Mittel, den Sturz des Präsidenten Kokov zu verhindern, könnte die Ausrufung des Ausnahmezustandes unter dem Einsatz der russischen Streitkräfte dienen.

Nicht wesentlich besser ist die Situation in der Republik *Karatschai-Tscherkessien*. Von den insgesamt 415 000 Einwohnern sind 31,2 % Karatschaier und 9,7 % Tscherkessen; der verbleibende Bevölkerungsanteil sind Russen und Abasinen. Jede Volksgruppe hat ein Nationalkomitee, das eine separate Republik fordert. Auch die Abasinen proklamierten eine abasinische Republik. Alle genannten Republiken erwägen, gemeinsam eine großtscherkessische Republik zu gründen. Außerdem gibt es zwei russische Kosakenorganisationen, die schon zwei Republiken ausgerufen haben und sich entweder dem Gau Krasnador oder Stavropol anschließen wollen. Moskau hat alle diese Republiken nicht anerkannt. Die russische Führung versucht jedoch, die Wiedergeburt des aggressiv-chauvinistischen Kosakentums zur Aufrechterhaltung der Sicherheit und Ordnung im Kaukasus zu instrumentalisieren. Damit werden antikaukasische Gefühle geschürt. Die Tscherkessen und Abasinen orientieren sich an der Diaspora im Nahen Osten und in der Türkei, die Karatschaier und Balkaren an der türkisch dominierten Schwarzmeergemeinschaft.

Die Republik *Adyge* (432 000 Einwohner) liegt wie eine Insel im Gau Krasnodar. Der Anteil der Titularnation an der Gesamtbevölkerung beträgt nur 22.1 %. Adygejer sind enge Verwandte der Ethnien des westlichen Nordkaukasus, die in Europa und in der Türkei als Tscherkessen bekannt sind. Auch in der Adygejischen Autonomen Republik entwickelte sich eine Nationalbewegung, die einer staatlichen Föderation der Nordkaukasischen Völker beitrat. Sie unterhält enge Beziehungen zu der im Nahen Osten lebenden tscherkessischen Diaspora, der Türkei, Jordanien und dem Libanon und propagiert einen alle tscherkessischen Völker umfassenden Staat „Großadyge".

Im Sommer 1991 erklärten die Adygejer ihre Souveränität und nannten ihre Republik „Adyge".

Die Haupt- und Industriestadt Maikop, die mehrheitlich von Russen bewohnt ist, versucht sich von der Republik Adyge zu lösen und der naheliegenden russischen Region Krasnador anzuschließen. In Krasnador fordern die Schapsugen – ein den Adygejern verwandtes Volk – ein eigenes nationales Gebiet. Die Idee von Großadyge birgt ein großes Konfliktpotential in sich, denn weder die Russen mit den Schapsugen noch die Georgier und die Abchasier werden mit den territorialen Verlusten einverstanden sein. Aber auch die Türkei ist beunruhigt. Als der Vizepräsident der Adygerepublik, Kuschu Asiyetin, Ende 1991 die Türkei besuchte, wurden am türkischen Zoll sein mitgebrachtes tscherkessisches Alphabet und Rechenbücher beschlagnahmt. In der südtürkischen Stadt Mersin erscheint zwar eine tscherkessische Zeitschrift, dennoch erklären die nationalbewußten Tscherkessen öffentlich, daß der Assimilationsdruck auf die Tscherkessen in der Türkei intensiver sei als in Rußland.

Nach dem Moskauer Putschversuch im August 1991 übernahm in der ehemaligen Autonome Republik *Tschetscheno-Inguschien* (1 270 000 Einwohner) der oppositionelle nationale Kongreß des tschetschenischen Generals Dschohor Dudajew die Macht. Die Republik schloß sich dem russischen Föderationsvertrag nicht an, sondern verkündete eine eigene Verfassung und gründete eigene Streitkräfte und Sicherheitskräfte. Die tschetschenische Intelligenz sprach sich zwar zugunsten der Russen in Tschetschenien aus, doch die einfache Bevölkerung der Bauern und Arbeiter forderte, daß die Russen, die als Besatzer des Landes empfunden wurden, das Land verlassen sollten. Der tschetschenische Widerstand gegen den von Moskau ausgerufenen Ausnahmezustand brachte Jelzin die erste Niederlage bei.

Obwohl die Hauptstadt Grosny eines der Zentren der Erdölförderung der Russischen Föderation ist, bleibt die wirtschaftliche wie die innenpolitische Konstellation Tschetscheniens instabil. 1992 wurde die ehemalige autonome Republik in eine „Republik Inguschien" und eine „Republik Tschetschenien" aufgeteilt. Die Tschetschenen sind sunnitische Moslems; ihre Sprache gehört zu der nordöstlichen Gruppe der kaukasischen Sprachen. Die tschetschenische Gesellschaft kennt weder Adel noch Fürstenherrschaft und hat traditionelle soziale Organisationsformen sowie Sitten und Gebräuche bis heute aufrecht erhalten. In Tschetschenien und Inguschien hat der sufistische Islam große Wirkung und ist mit der Stammesorganisation aufs engste verbunden. Gegen die atheistische Ideologie der Sowjets erwiesen sich die Tschetschenen als widerstandsfähig und hielten die Treue nicht zur Partei, sondern zur Sippe. Trotzdem ist Tschetschenien ein säkular orientierter Staat. Im Frühjahr 1993 löste Präsident Dudajew, seit Ende 1991 durch Wahlen an die Macht gekommen, die Regierung und das Parlament der Republik auf. Gegenwärtig unterstützt die tschetschenische Diaspora in Saudi-Arabien, sowie Jordanien und die Türkei die autoritäre Regierung Dudajew. Die Gegner Dudajews beschuldigen ihn der Herrschsucht und bezichtigen ihn, für die Mißwirtschaft verantwortlich zu sein. Im Sommer 1993 wurde auf Dudajew und seine Angehörigen ein Attentat verübt, worauf Dudajew Kreise um den russischen Parlamentspräsidenten Chasbulatow, der auch Tschetschene ist, für die Proteste und letztendlich das Attentat auf ihn verantwortlich machte.

Obwohl Dudajew für die Interessen der Nordkaukasier eine positive Rolle spielte, wurde er von Moskau „bestraft", indem er Inguschien von Tschetschenien abtrennen mußte. Die Inguschen plädierten für den Verbleib innerhalb der russischen Föderation mit der Begründung, daß sie von den Tschetschenen assimiliert werden. Die Tschetschenen wiederum sprachen sich gegen eine Abtrennung der Inguschen aus. Beide muslimische Völker verbindet die jüngste Geschichte, als 1944 etwa eine halbe Million Menschen kollektiv nach Zentralasien deportiert wurden. Nach der Rehabilitierung beider Völker durften sie zwar in ihre Heimat zurückkehren, doch ein Teil des früheren inguschischen Territoriums war schon vom Nachbarvolk der Nordosseten neu besiedelt und nicht an die Inguschen zurückgegeben worden. Im Frühjahr 1991 rangen die Inguschen verstärkt um die Wiedereingliederung ihrer früheren Siedlungsgebiete in ihre Republik. Moskau intervenierte jedoch und schürte den Konflikt geradezu, indem es einseitig Partei für die christlich-orthodoxen Osseten nahm. Schon Ende 1992 mußten 40 000 Inguschen vor Greueltaten der Osseten fliehen. Eine Eskalation größeren Ausmaßes wurde erst durch das Ausrufen des Ausnahmezustandes eingedämmt; Feindschaften bis hin zu blutigen Auseinandersetzungen und Gebietsansprüche bestehen jedoch weiter. Am 28. Februar 1993 wurde vom „Kongreß der Völker Inguschetiens" ein eigener Präsident gewählt.

Die Republik *Nord-Ossetien* und *Süd-Ossetien* wird durch die Staatsgrenzen zwischen Rußland und Georgien getrennt. Die Osseten sind ein iranisches Volk, welches im 18. und 19. Jahrhundert zur russisch-orthodoxen Kirche konvertiert wurde. Es ist heute nur zu einem kleinen Teil islamisiert, die Mehrheit der Osseten gehört der orthodoxen Kirche an. Die meisten Osseten im Norden bekennen sich zum Islam, während in Süd-Ossetien überwiegend orthodoxe Christen leben. Die nordkaukasische Unruheregion geht an einigen Konfliktschnittpunkten in die transkaukasische Region über, wie im Falle Nord- und Südossetien und Abchasien im Verhältnis zu Georgien und der Republik Daghestan im Verhältnis zu Aserbaidschan mit den dort lebenden Lesgiern.

Das Versäumnis der sowjetischen Politik war es, sprachlich verwandte Völker nicht in einem gemeinsamen autonomen Gebiet zusammenzubringen, sondern ethnisch verwandte Völker auseinanderzureißen. Auch im Falle Ossetien war dies nicht anders, als die Südosseten sich mit den Nordosseten zu vereinigen versuchten. Nach der Beseitigung des Autonomiestatus Südossetiens durch den ehemaligen Präsidenten Georgiens, Gamsachurdia, kam es Ende 1990 zu heftigen Kämpfen zwischen beiden Völkern. Der Waffenstillstand wurde im Sommer 1992 zwischen Schewardnadse und Jelzin vereinbart. Danach sollten alle bewaffneten Verbände aus der Konfliktregion abgezogen werden und eine 1500 Mann starke georgisch-russische und ossetische Truppe stationiert werden, um den Frieden zu erhalten. Trotz der zurückliegenden Unruhen hat sich bisher noch keine Oppositionspartei in Nordossetien gegen die alte Nomenklatura formiert, obwohl die Korruptionsvorwürfe gegen die alte Elite 1992 lauter geworden waren.

Die Hauptursache für die Streitigkeiten ist die nicht überwundene Teilung Ossetiens. Die südossetischen Bestrebungen, sowohl die Einheit mit der nordossetischen Republik zu erlangen als auch den Anschluß an die russische Föderation zu erreichen, führten zum bewaffneten Konflikt mit Georgien. Die Osseten sind das am stärksten nach Rußland orientierte Volk der Kaukasier und Rußland profitiert insofern von diesem Konflikt, als es sein Einflußgebiet im Süden erweitert. Die durch den ossetischen Konflikt verursachte gegenseitige Flüchtlingsbewegung bereitet der Region zusätzliche Probleme.

2. Machtkämpfe im Transkaukasus

Die Situation im Transkaukasus ist explosiv und inner- und zwischenstaatliche Kriege haben ein hohes Ausmaß erreicht. Die inneren Kämpfe in Georgien haben den Demokratisierungsprozeß zunichte gemacht. Georgien selbst erlebte im Zuge der Unabhängigkeit eine radikale Spaltung der politischen Kräfte mit bewaffneten Rivalitäten, die die Minderheiten in hohem Maße verunsicherte und sie befürchten ließ, daß die Unabhängigkeit Georgiens ihre Zwangsassimilierung zur Folge haben würde. Seit dem Zerfall der Sowjetunion wurde Georgien von Konflikten jeder Art heimgesucht. Die muslimischen Georgier in Südgeorgien, die Adscharen, die ihre eigene Republik haben, spüren seit 1989, daß die georgischen Nationalisten ihre Autonomie beschneiden und sogar auf ihre Aufhebung hinarbeiten. 1991 kam es zu Massendemonstrationen in Adscharien, als der stellvertretende Ministerpräsident der Adscharen ermordet wurde. Dies führte zu einer weiteren Zuspitzung des Konfliktes.

Im Nordwesten Georgiens existiert seit 1930 die abchasische autonome Republik, die 1922 zu den vier gleichberechtigten Republiken der Transkaukasischen Föderation gehörte. Die Abchasen unterscheiden sich von den Georgiern durch ihren islamischen Glauben und die Sprache. Den Georgiern gelang es, den abchasischen Bevölkerungsanteil mittels gezielter georgischer Immigration nach Abchasien auf 17,8 % zu reduzieren. Die Bemühungen der Abchasier in den siebziger und achtziger Jahren um die Sezession ihrer Republik von Georgien blieb erfolglos. Die Souveränitätserklärung Abchasiens wurde im Sommer

1990 von der nationalistischen Führung unter Gamsachurdia zurückgewiesen. Die Beziehungen verbesserten sich nach der Rückkehr Schewardnadses im März 1992 keineswegs. Die bewaffneten Kämpfe zwischen Abchasen und Georgiern gingen unvermindert weiter und forderten neue Tote und Verletzte und brachten den wirtschaftlichen Bankrott des Landes. Die in Abchasien stationierten 20 000 russischen Truppen sollten sich an der Seite der Abchasier an den Kämpfen beteiligen, denn die Russen haben sicherlich ein strategisches Interesse, im Süden ihr Einflußgebiet zu behalten und Abchasien und Ossetien als Pufferzone gegen seine südlichen Nachbarn zu benutzen. Im März 1993 sagte Schewardnadse, daß die Gefechte um Suchumi in Wirklichkeit den Konflikt zwischen Tiblissi und Moskau um Abchasien widerspiegeln. Ende Juni 1993 bat Schewardnadse die NATO um Unterstützung bei der Lösung des Abchasienkonfliktes. Die nordkaukasischen Völker unterstützen die Abchasen ebenfalls nicht nur der verwandtschaftlichen Beziehungen wegen, sondern auch weil sie Zugang zum Schwarzen Meer bekommen wollen. Unter der abchasischen Diaspora in der Türkei, insbesondere in Istanbul, gibt es Unterstützerkomitees für den Kaukasus und für Abchasien. Die Abchasen in der Türkei sind inzwischen in leitenden Positionen und haben Kapital angehäuft, welches sie in Abchasien gerne investieren wollen.

Friedensverhandlungen werden immer wieder aufgenommen, ihre Beschlüsse jedoch nicht eingehalten. Eine Lösung des Konfliktes ist noch nicht in Sicht. Letzte Hoffnung wird in die Einschaltung der UNO und der KSZE gesetzt, die demnächst mit ihren Friedensvermittlungen beginnen sollen.

In Transkaukasien wird seit fünf Jahren ein anderer blutiger Krieg zwischen Aserbaidschan und Armenien um die Enklave Berg-Karabach geführt. Begonnen hatten die Auseinandersetzungen mit einem regional begrenzten Streit, der Anfang 1992 in einen offenen Krieg der beiden Staaten eskalierte. Beide Seiten versuchen sich zu legitimieren, indem sie Karabach als ihr angestammtes Territorium *betrachten.* Beide Staaten werfen einander vor, ethnische Säuberungen zu betreiben. Inzwischen hat die Zahl der aserbaidschanischen und armenischen Flüchtlinge eine halbe Million überschritten. Der Krieg treibt sowohl Aserbaidschan als auch Armenien in die Verarmung und den wirtschaftlichen Ruin; der Demokratisierungsprozeß geht nicht voran. Innenpolitisch ist Aserbaidschan sehr instabil; Regierungen, Präsidenten und Minister wechseln permanent und die Kräfteverhältnisse sind außerordentlich verwirrend. In jüngster Zeit ist Präsident Eltschibej aus Baku geflüchtet. Der Rebellenführer Surat Husseinof, der von Rußland unterstützt wird, hielt seine Position am Stadtrand Bakus. Husseinof strebt jedoch keine Allianz mit der Regierung Eltschibej an. Rückendeckung bekommt er auch von der Mehrheit der Aserbaidschaner, die unter den Folgen des Krieges leiden. Der von der Mehrheit der Aserbaidschaner gewählte Präsident Eltschibej wird auch wegen seiner Türkei- und USA-freundlichen Politik weder von Russland noch vom Iran akzeptiert. Der Iran reagiert auf türkische Aktivitäten in Aserbaidschan sehr allergisch, da er von den 15 bis 20 Millionen eigenen Aseris Sezessionsansprüche befürchten muß. Ankaras deutliche Parteinahme für Aserbaidschan hat die Armenier zwangsläufig wieder in die Arme Rußlands getrieben.

Im Sommer 1992 forderten die Kurden der GUS während der Kämpfe um den Korridor Latschin zwischen Berg-Karabach und Armenien ebenfalls ihre territorialen Rechte von Aserbaidschan. Die kurdische Nationalbewegung „Yekbûn" verlangte den Rückzug aserbaidschanischer und armenischer Streitkräfte aus Latschin und die Wiederherstellung des kurdischen autonomen Gebietes um Latschin, welches 1923 und 1929 dort existierte.

Ein weiterer ethnischer Konflikt steht vor der Tür Aserbaidschans. Über eine halbe Million nicht-türksprachiger Lesgier leben in Daghestan und Aserbaidschan. Nach der Unabhängigkeit Aserbaidschans wurde den Lesgiern der Grenzübertritt erschwert. Die Nationalbewegung der Lesgier ist nach der Grenzschließung aktiver geworden und wirft Aserbaidschan vor, daß die Lesgier in Aserbaidschan zwangsassimiliert würden. Sie fordern die Wiedervereinigung der Lesgier innerhalb der Russischen Föderation. Ebenso verweigern sich die Lesgier dem Militärdienst an der Front in Berg-Karabach.

Der am längsten andauernde Konflikt im Transkaukasus, der um Berg-Karabach, konnte bisher nicht gelöst werden. Das strategische Interesse Rußlands deckt sich nicht mit den Interessen der Kaukasier. Rußlands Ziel ist es, die Türkei und Iran aus seinem früheren Machtraum und Einflußgebiet zurückzudrängen. Die Nationalbewegungen im Kaukasus stellen sowohl für den Iran als auch für die Türkei eine Bedrohung dar. Die Minderheitenpolitik beider Länder erfordert mehr Liberalität, Flexibilität und zumindest kulturelle Zugeständnisse, die die politische Kultur und demokratische Tradition bisher nicht zugelassen hat. Die Russen konnten bisher die Defizite der Minderheitenpolitik ihrer Kontrahenten Türkei und Iran zu ihren Gunsten nutzen, indem sich ihre eigene Minderheitenpolitik positiv von der ihrer Rivalen abhob. Die Russen sind inzwischen im Kaukasus selbst Minderheiten geworden, müssen sich selbst beschränken und auf ihre früheren Privilegien verzichten. Die Konfliktursache allein auf die Moskauer Zentrale zu schieben, wird der Komplexität der Probleme jedoch nicht gerecht. Eine zusätzlich entscheidende Rolle im Chaos des Kaukasus spielen die unversöhnliche Haltung der Kaukasier, die innergesellschaftlichen Strukturen der jeweiligen Ethnien und Nationen sowie die Machtkämpfe unter den lokalen Interessengruppen.

– AFRIKA –

Rolf Hofmeier
Das afrikanische Staatensystem
vor neuen Herausforderungen

1. Die Organisation der Afrikanischen Einheit

Am 25. Mai 1993 konnte die OAU, eine der größten Regionalorganisationen der Welt, auf eine 30jährige Existenz zurückblicken. Die aus diesem Anlaß von nahezu allen Beobachtern gezogene Bilanz fiel ausgesprochen ernüchternd aus, da der OAU als Organisation kaum ein wesentlicher Beitrag zur Lösung oder auch nur Linderung der zentralen Probleme Afrikas bescheinigt werden konnte. Trotz der gängigen Charakterisierungen der OAU als eines „Clubs der Staatschefs" ohne Legitimation sollte nicht übersehen werden, daß OAU-Treffen zumindest den Rahmen für einen Gedankenaustausch zwischen den politischen Führern des Kontinents darstellen, wodurch mehrfach Konfliktlösungen herbeigeführt werden konnten. Die OAU war von Anfang an eher als gemeinsames Forum aller unabhängigen Staaten des Kontinents denn als eine zwischenstaatliche Organisation mit entsprechenden eigenen Kompetenzen angelegt. Von den Gründungsvätern von 1963 befinden sich inzwischen nur noch Félix Houphouet-Boigny, der greise Staatspräsident der Côte d'Ivoire, sowie Marokkos König Hassan II. (dessen Land allerdings wegen des Westsaharakonflikts 1984 aus der OAU austrat) im Amt. Die derzeitige Zusammensetzung stellt eine bunte Mischung aus „alten Dinosauriern" vom Typ autokratischer Staatsführer und einigen eher sozialrevolutionär eingestellten jüngeren Staatschefs sowie einer wachsenden Gruppe von Präsidenten dar, die durch demokratische Wahlen legitimiert sind. Entsprechend schwierig gestalten sich alle Bemühungen um eine Neuorientierung der OAU.

Verhältnismäßig gering war daher auch die internationale Aufmerksamkeit für die 29. reguläre OAU-Gipfelkonferenz, die vom 28.–30. Juni 1993 in Kairo stattfand. Mit der Anwesenheit von 32 Staats- und 5 Regierungschefs war die Beteiligung überdurchschnittlich hoch. Eritrea wurde neu als 52. Mitglied aufgenommen. Von allen Mitgliedsstaaten war lediglich Somalia wegen fehlender Regierung nicht vertreten; die selbsterklärte „Republik Somaliland" unternahm keine erkennbaren Bemühungen um Anerkennung und Aufnahme. Die marokkanische Diplomatie war am Rande des Gipfels aktiv um vielfältige Kontakte bemüht, unternahm aber (noch) keine Anstalten zu einer Rückkehr in die OAU. Auffällig – aber angesichts der innenpolitischen Unsicherheit erklärbar – war die Abwesenheit des nigerianischen Staatschefs Babangida, der in den letzten Jahren stets eine wichtige Rolle gespielt hatte. Etwas umstritten war die Repräsentanz Zaires, wobei die von Mobutu eingesetzte Regierung Birindwa Akzeptanz, Mobutu seinen Anspruch als Staatschef fand, während die Delegation der Parallelregierung Tshisekedi keine Akkreditierung erhielt und lediglich am Rande auf ihre Position aufmerksam machen konnte. Das Verhalten vieler Ländervertreter gegenüber Mobutu war ausgesprochen zwiespältig, da sie ihn in der Öffentlichkeit mieden, aber durchaus das bilaterale Gespräch suchten. Zum zweiten Mal innerhalb von vier Jahren übernahm Ägyptens Präsident Hosni Mubarak den OAU-Vorsitz vom senegalesischen Präsidenten Abdou Diouf, der sich angesichts einer Bündelung internationaler Verpflichtungen und innenpolitischer Probleme nicht sonderlich intensiv um die Angelegenheiten der OAU hatte kümmern können. Ohne besondere Diskussion wurde der seit 1989 amtierende OAU-Generalsekretär Salim Ahmed Salim, der ehemalige Außenminister Tanzanias, für weitere vier Jahre in seinem Amt bestätigt, dem von allen Seiten eine kompetente und vorwärts gerichtete Führung der OAU-Geschäfte bescheinigt wurde. Beibehalten wurde das Prinzip der geographischen Rotation der Gipfelkonferenzen – für 1994 wurde Tunis als Austragungsort festgelegt.

Bei zwei OAU-Ministerratssitzungen waren die Programmpunkte des Gipfels detailliert vorbereitet worden. Das Dauerfinanzproblem hatte sich dramatisch weiter verschärft und beeinträchtigte ernsthaft die Funktionsfähigkeit der OAU. Bei einem Jahreshaushalt von rund 28 Mio. US-$ waren die Außenstände infolge nicht gezahlter Beitragsleistungen der nationalen Regierungen auf 62 Mio. US-$ angestiegen. Vor der immer wieder diskutierten Anwendung von Sanktionen gegen säumige Zahler wurde wegen des heiklen politischen Charakters stets Abstand genommen. Fortan soll nun kein Personal aus diesen Ländern mehr eingestellt werden. Wie beim Vorjahresgipfel in Dakar beschlossen, wurde vom 27.–29. April in Abuja (Nigeria) die erste Panafrikanische Konferenz über Reparationszahlungen abgehalten, die eine Begründung für Forderungen nach Reparationen der Industrieländer für Kolonialismus und Sklaverei erarbeiten sollte. In Kairo spielte dieses Thema aber keine Rolle. Eritreas Präsident Isayas Afewerki übte in seiner Jungfernrede eine ungewohnt harsche und Aufsehen erregende Kritik, wonach die OAU eine lediglich nominelle Organisation geworden sei, die es versäumt habe, ihre erklärten Ziele und Verpflichtungen zu erfüllen. Obgleich die OAU häufig die hehren Ideale von Einheit, Zusammenarbeit, wirtschaftlicher Entwicklung und Menschenrechten vertreten habe, habe sie es versäumt, sich ernsthaft um deren konkrete Realisierung zu bemühen.

Keine praktischen Fortschritte gab es bei der Umsetzung des Beschlusses der Konferenz von 1991 über die Gründung einer Afrikanischen Wirtschaftsgemeinschaft, da das Vertragswerk erst von 32 Staaten statt der nötigen 35 ratifiziert worden war. Zum leidigen Dauerthema der Schuldenproblematik erhielt Mubarak lediglich einen vage formulierten Auftrag, sich bei den Industrieländern erneut für eine spezielle Schuldenregelung für die afrikanischen Länder einzusetzen. Während seiner OAU-Amtsperiode hatte sich Diouf ohne ersichtlichen Erfolg und ohne Reaktion der meisten Regierungen um die Formierung einer besonderen Wirtschaftsgruppe im Rahmen der OAU bemüht. Mit dem Vorsitz Mubaraks sind gewisse Hoffnungen auf eine Wiederbelebung der Afro-Arabische-Kooperation verbunden, die seit dem ersten hochrangigen Gipfeltreffen 1977 in Kairo darniederliegt. Keine herausgehobene Rolle spielte diesmal das Thema Südafrika. Nelson Mandela nahm bereits zum vierten Mal als

Gast an einem OAU-Gipfel teil. Es wurde beschlossen, die weitere Präsenz von OAU-Beobachtern in Südafrika sicherzustellen und einen Finanzfonds für die Unterstützung der Befreiungsbewegungen bei den bevorstehenden Wahlen einzurichten.

Herausragende Bedeutung hatte zweifellos die Diskussion über einen Konfliktlösungsmechanismus, die beim Vorjahresgipfel in Dakar bereits andiskutiert worden war. Hintergrund bildete die Tatsache, daß sich die OAU bisher als weitgehend unfähig für die Beilegung zwischenstaatlicher Konflikte oder gar von bewaffneten Konflikten in einzelnen Mitgliedsstaaten erwiesen hat. Nach umfangreicher Vorarbeit über mögliche neue Kriterien und Instrumente waren erhebliche Erwartungen geweckt worden. Am Ende aber war der tatsächlich erreichte Fortschritt doch nur gering. Zwar wurde die Einrichtung eines „Mechanismus für die Lösung von Konflikten" beschlossen, dessen zentrales Organ das jährlich neu zu wählende Büro der Versammlung der Staats- und Regierungschefs sein soll, wobei die Durchführung beim gestärkten Generalsekretär und seinem Sekretariat liegen wird. Primäres Ziel soll die Verhinderung von Konflikten sowie die Vermittlung von Friedensbemühungen – u.a. durch begrenzte zivile und militärische Beobachtermissionen – sein. Überhaupt nicht mehr die Rede war von einer eigenen afrikanischen Friedenstruppe, die im Falle andauernder Konflikte auch eine aktive Intervention vornehmen könnte. Bei entsprechendem Bedarf soll vielmehr auf Unterstützung durch die UNO zurückgegriffen werden. Zumindest informell wurde dabei davon ausgegangen, daß die gegebene Konstellation mit Mubarak als OAU-Vorsitzendem und dem Ägypter Boutros-Ghali als UN-Generalsekretär für den Augenblick eine günstige Voraussetzung für eine harmonische Zusammenarbeit bietet. Bezüglich des gesamten „Mechanismus" wurde betont, daß er auf den allgemeinen Prinzipien der OAU-Charta (wie Souveränität aller Mitgliedsstaaten, Nichteinmischung in innere Angelegenheiten, Unzulässigkeit der Verletzung der vom Kolonialismus übernommenen Grenzen) beruht. Die weitere Ausgestaltung des vereinbarten „Mechanismus" wurde von der Gipfelresolution noch offen gelassen. Unklar blieb vor allem auch die mögliche Finanzierung von derartigen neuen Aktivitäten. Alles in allem blieb höchst unsicher, wieweit der Beschluß des OAU-Gipfels ein tatsächlich besser handhabbares und effizienteres Instrument für eine aktivere Rolle der OAU bei Konflikten in Afrika bieten kann.

2. Der neue Staat Eritrea – ein Präzedenzfall?

Zwei Jahre nach dem Fall des Mengistu-Regimes in Äthiopien erreichte Eritrea am 24. Mai 1993 die international anerkannte Unabhängigkeit, nachdem ein Referendum vom 23.–25. April 1993 eine überwältigende Mehrheit von 99 % für diesen Schritt gebracht hatte. Dem war ein 30jähriger Befreiungskrieg der Eritreer gegen die Annektierung durch Äthiopien und eine zweijährige Übergangsphase unter einer provisorischen Regierung vorausgegangen. Im Gegensatz zu anderen Befreiungsbewegungen gegen europäischen Kolonialismus und gegen Südafrika hatten die eritreischen Befreiungsbewegungen nie die Unterstützung der OAU erhalten. Noch 1992 war der provisorischen Regierung aus formalen Gründen der Beobachterstatus beim OAU-Gipfel von Dakar verwehrt worden. Kein Wunder, daß Präsident Afewerki nicht gerade gut auf die OAU zu sprechen war. Hinter deren Verhalten stand von Anfang an die Furcht vor der Aushöhlung eines der Grundprinzipien der OAU, nämlich der Unverletzlichkeit der von den Kolonialmächten übernommenen Staatsgrenzen. Obgleich dieses Argument bei genauerer historischer und völkerrechtlicher Betrachtung für Eritrea gar nicht zutraf, da der Anspruch auf Eigenstaatlichkeit eben hieraus wohl begründet war, wurde der Kampf der Eritreer allgemein in Afrika doch üblicherweise so wahrgenommen, als ob es hierbei um die Sezession von dem seit alters her bestehenden Staat Äthiopien ginge. Hieraus begründete sich die Furcht vor den unabsehbaren Folgen einer Präzedenzwirkung für den Fall eines erfolgreichen eritreischen Befreiungskampfes. Die am Ende problemlose internationale Anerkennung war nur der besonderen Konstellation in Äthiopien zu verdanken, wo die neuen Machthaber in Addis Abeba ihren früheren eritreischen Verbündeten die Unabhängigkeit versprochen hatten und dies nun anstandslos akzeptierten.

Anders sieht vorläufig die Entwicklung im nordwestlichen Teil Somalias aus, der am 16. Mai 1991 einseitig die Unabhängigkeit ausrief und sich seither als „Republik Somaliland" bezeichnet. Trotz des ersten Anscheins einer Sezession vom Staat Somalia wird aber auch hier auf eine kolonialhistorische Begründung zurückgegriffen, da das ehemalige britische Protektorat Somaliland 1960 wenige Tage vor der Vereinigung mit den anderen Landesteilen zum neuen Staat Somalia die Unabhängigkeit erreicht hatte. Immerhin gelang es in den letzten zwei Jahren, eine rudimentäre eigene Staatsstruktur aufzubauen und sich aus den allgemeinen Wirren Somalias weitgehend herauszuhalten. Die weiteren Perspektiven bezüglich einer internationalen Anerkennung sind derzeit völlig ungewiß. Bisher gibt es keine Anzeichen für eine Bereitschaft anderer Staaten zu einem derartigen formalen Schritt. Auch um eine Anerkennung durch die OAU hat sich Somaliland – wohl in realistischer Einschätzung der Reaktion – noch nicht bemüht.

3. Die Regionalorganisationen

Im südlichen Afrika ergab sich seit dem Beginn des politischen Reformprozesses in Südafrika im Jahre 1990 die Notwendigkeit zum grundlegenden Überdenken der bisher gewohnten regionalen Kooperationsmuster. Ein weiterer Grund war die schon seit Jahren immer deutlicher werdende Rivalität und Aufgabenüberlappung zwischen der 1980 gegründeten SADCC (Southern Africa Development Coordination Conference) und der 1981 gegründeten, aber erst 1984 in Gang gekommenen PTA (Preferential Trade Area for Eastern and Southern African States). Die SADCC war bewußt als lockeres Dach zur projektbezogenen und selektiven Zusammenarbeit in verschiedenen Sektorbereichen zwischen den Ländern im südlichen Afrika angelegt, wobei ein zentrales Motiv die Reduzierung der wirtschaftlichen Abhängigkeit von Südafrika war. Die SADCC galt lange Zeit als ausgesprochen pragmatische und relativ effektive

Organisation, die in erheblichem Umfang Finanzmittel der internationalen Entwicklungshilfeorganisationen erhielt. Die geographisch wesentlich umfassendere und daher weniger homogene PTA beruhte dagegen auf dem klassischen Freihandelskonzept, d. h. der Erwartung einer Steigerung des Handelsaustausches durch Zollsenkungen und Abbau anderer Handelshemmnisse. Anfänglich gab es viel Skepsis gegenüber der PTA und nur geringe sichtbare Fortschritte. Im Laufe der Zeit erweiterten beide Organisationen ihr ursprüngliches Aufgabenspektrum, so daß zunehmend der Eindruck einer fruchtlosen Überlappung entstand.

Vor diesem Hintergrund kam es am 17. August 1992 bei der Jahreskonferenz in Windhoek (Namibia) zur Umwandlung der bisherigen SADCC in die SADC (Southern African Development Community) mit einem formellen Vertragstext, der noch von den zehn Mitgliedsstaaten ratifiziert werden mußte. Ziel war nun eine wesentlich engere Entwicklungszusammenarbeit. Andererseits hatte die PTA erstmals bei ihrer Jahrestagung im Januar 1992 und erneut beim 11. Gipfeltreffen vom 20.–22. Januar 1993 in Lusaka (Zambia) die Umwandlung in einen Gemeinsamen Markt beschlossen und eine Absichtserklärung über die Zusammenlegung von PTA und SADCC bzw. SADC verabschiedet. In der Folgezeit wurden schon Vertragsentwürfe für einen zukünftigen COMESA (Common Market of Eastern and Southern Africa) ausgearbeitet. Nach dem Beitritt Namibias zur PTA im Januar 1993 gehörten neun der zehn SADC-Mitglieder gleichzeitig der PTA an (einzige Ausnahme: Botswana), die nunmehr 19 reguläre Mitglieder hatte. Ein Beitrittsgesuch Zaires war infolge eines Einspruchs von Angola vorläufig auf Eis gelegt worden. Beitrittsinteresse bestand auch seitens Madagaskars und der Seychellen. Botswana und Ägypten haben schon seit 1992 einen Beobachterstatus inne. Skepsis gegenüber der PTA besteht nach wie vor wegen ihrer ausgesprochen heterogenen geographischen Struktur. Es ist mehr als deutlich, daß die größere PTA am liebsten die SADC schlucken würde, wogegen sich diese vehement wehrt. Die beiden Sitzländer der Sekretariate – Botswana (SADC) und Zambia (PTA) – machen sich jeweils für die eine oder andere Seite stark, während die übrigen acht Länder, die gleichzeitig beiden Institutionen angehören, bisher keine klare Linie haben erkennen lassen. Eine Entscheidung war bis zur Jahresmitte 1993 noch nicht gefallen. Eine wesentliche Rolle wird in Zukunft Südafrika spielen, da bei SADC wie PTA von einem baldigen Beitritt dieses Landes ausgegangen wird. Aus südafrikanischer Sicht dürfte wahrscheinlich die PTA die größere Attraktivität haben, da sie einen erleichterten Zugang zu einer größeren Anzahl von Märkten ermöglicht.

Auch in Westafrika besteht seit längerem die Notwendigkeit zur Bereinigung des Nebeneinanders vieler verschiedener Regionalorganisationen. Die 1975 gegründete ECOWAS (Economic Community of West African States) aller 16 westafrikanischen Staaten hat nach allgemeinem Urteil bisher nur wenig konkrete Fortschritte erreichen können. Eine auf Beschluß des ECOWAS-Gipfels von 1990 in Banjul (Gambia) im April 1991 eingesetzte Gruppe unter Leitung des ehemaligen nigerianischen Staatschefs Yakubu Gowon hatte die Aufgabe erhalten, Empfehlungen für grundlegende Veränderungen des Vertragstextes mit dem Ziel einer größeren Effektivität der Gemeinschaft zu erarbeiten. Nach einer ersten Diskussion der Ergebnisse der Gowon-Kommission beim ECOWAS-Gipfel 1992 in Dakar sollte der überarbeitete Vertrag urspünglich bei einem Sondergipfel in Abuja unterzeichnet werden, um damit die herausgehobene Rolle Nigerias für die ECOWAS zum Ausdruck zu bringen. Doch dieser Termin kam nicht zustande. So fiel diese Aufgabe dem 16. regulären ECOWAS-Gipfel vom 22.–24. Juli 1993 in Cotonou (Benin) zu, bei dem Benins Präsident Nicéphore Soglo für ein zweites Jahr zum ECOWAS-Vorsitzenden wiedergewählt wurde. Es wurde ein ehrgeiziges neues Statut unterzeichnet, das die Schaffung eines gemeinsamen Parlaments, eines Wirtschafts- und Sozialrats und eines Gerichtshofs vorsah, vor allem aber dem Entscheidungsprozeß und der Finanzierung der Gemeinschaft eine wesentlich festere Grundlage geben sollte. Durch einen – allerdings erst noch festzulegenden – Steuermechanismus sollte eine feste Finanzquelle für die ECOWAS gewährleistet werden, außerdem durch für die Mitgliedsstaaten bindende Entscheidungen der obersten ECOWAS-Autorität erstmals ein Element der Supranationalität eingeführt werden. Trotz der Unterzeichnung des neuen Vertrages bestanden aber angesichts der Erfahrungen der Vergangenheit, der weiterbestehenden historischen Differenzen zwischen anglophonen und frankophonen Staaten und der Interessen Frankreichs in der Region weiterhin berechtigte Zweifel, ob mit dem formellen Schritt tatsächlich ein echter Durchbruch erzielt worden ist. Unmittelbar nach dem Gipfel ließ die Regierung der Côte d'Ivoire erklären, Supranationalität sei lediglich ein langfristig realisierbares Ziel. Für eine Auflösung der frankophonen Separatorganisation CEAO (Communauté Economique de l'Afrique de l'Ouest) gab es vorläufig keinerlei Anzeichen. Von entscheidender Bedeutung für die Zukunft werden vor allem die Entwicklungen im Bereich der Währungspolitik sein. Einige zynische Beobachter haben festgestellt, daß der Franc CFA bereits die faktische westafrikanische Währung darstellt und daß die Regionalintegration angesichts des florierenden Schmuggels trotz und durch die ECOWAS vorangetrieben worden ist.

Wegen der seit 1990 anhaltenden Liberia-Krise wurde die ursprünglich rein wirtschaftliche ECOWAS massiv mit der Notwendigkeit einer regionalen Sicherheitspolitik konfrontiert, was sich vor allem in der militärischen Intervention der ECOMOG (ECOWAS Monitoring Group) im liberianischen Bürgerkrieg niederschlug. Die Ansichten darüber gehen auseinander, wieweit diese Erfahrung zu einer Stärkung des politischen Zusammenhalts der ECOWAS oder zu einer Unterstreichung der unterschiedlichen Lagerbildung beigetragen hat. Trotz aller Divergenzen unter den Mitgliedern stellte die ECOMOG-Aktion immerhin den Versuch eines regionalen Beitrags zur Konfliktlösung dar, nachdem keine anderen internationalen Akteure hierzu willens oder in der Lage waren. Auch bei den Diskussionen des OAU-Gipfels in Kairo über einen Konfliktlösungsmechanismus (s. o.) wurde dem Vorgehen der ECOWAS eine wichtige Beispielwirkung zugesprochen. Die nach langwierigen Verhandlungen zunächst im Rahmen des ECOWAS-Gipfels von Cotonou vorgesehene Unterzeichnung eines Friedensabkommens der liberianischen Konfliktparteien kam zwar wegen letzten Verzögerungen nicht mehr während der Konferenz zustande, erfolgte dann aber einen Tag später am 25. Juli 1993. Danach sollte die Beteiligung an der ECOMOG auf mehr westafrikanische Staaten und UNO-Beobachter ausgeweitet werden. Trotz Skepsis bezüglich der Haltbarkeit des Abkommens ist immerhin ein bedeutender Zwischenschritt auf dem Weg zur Beilegung dieses vielschichtigen Konflikts erreicht worden, der sich als wegweisend für zukünftige Konfliktlösungen erweisen könnte.

VI. ANHANG

Chronik der wichtigsten Dritte-Welt-Ereignisse 1992/93

1992

1. Juli	Abschluß des Gipfeltreffens der Organisation für Afrikanische Einheit.
2. Juli	Nach der Ermordung von Präsident Boudiaf ernennt der Hohe Staatsrat Ali Kafi zum neuen algerischen Staatschef.
5. Juli	Bei der zweiten Runde der Präsidentschaftswahlen in Ecuador setzt sich Sixto Duran Ballen als Sieger durch.
2. Aug.	Bei den ersten freien Präsidentschaftswahlen im Kongo wird der amtierende Staatspräsident, Denis Sassou-Nguesso, auf den dritten Platz verwiesen.
12. Aug.	Die Handelsminister Kanadas, Mexikos und der USA besiegeln die Schaffung einer Freihandelszone (NAFTA).
15. Aug.	Die zairische Nationalkonferenz wählt den Oppositionspolitiker Etienne Tshisekedi zum Ministerpräsidenten.
17. Aug.	Zehn Staaten des Südlichen Afrika gründen in Windhuk eine neue Wirtschaftsgemeinschaft (SADC), die die vor zwölf Jahren gegründete Konferenz zur Entwicklungskoordinierung im Südlichen Afrika (SADCC) ersetzt.
24. Aug.	Auftakt der sechsten israelisch-arabischen Gesprächsrunde in Washington.
29. Aug.	Waffenstillstand zwischen der afghanischen Übergangsregierung und der fundamentalistischen Hezb-e-Islami-Miliz.
29. Aug.	Der Sicherheitsrat der Vereinten Nationen billigt die Entsendung zusätzlicher Sicherheitskräfte nach Somalia.
1.–6. Sept.	Zehntes Gipfeltreffen der Blockfreien in Jakarta.
10.–11. Sept.	Jahrestagung der Organisation für Asiatisch-Pazifische Wirtschaftskooperation (APEC) in Bangkok.
12. Sept.	Der Führer der peruanischen Guerilla Sendero Luminoso, Abimael Guzman, wird in Lima gefangengenommen.
13. Sept.	Bei den thailändischen Parlamentswahlen siegt der demokratische Block unter Chuan Leekpai.
23.–24. Sept.	Jahrestagung des Bretton-Woods Institute in Washington.

27. Sept.	Der südafrikanische Präsident de Klerk und der Präsident des ANC, Nelson Mandela, einigen sich auf die Wiederaufnahme der Verfassungsgespräche.
28. Sept.	Parlaments- und Präsidentschaftswahlen in Angola.
30. Sept.	Die Abgeordnetenkammer des brasilianischen Parlaments beschließt mit Mehrheit die Einleitung eines Amtsenthebungsverfahrens gegen Präsident Collor de Mello.
7. Okt.	Parlaments- und Präsidentschaftswahlen in Guyana. Es siegt die bisherige Opposition, die Fortschrittliche Volkspartei (PPP). Ihr Führer, Cheddi Jagan, wird zum neuen Präsidenten gewählt.
11. Okt.	Bei den Präsidentschaftswahlen in Kamerun siegt der bisherige Amtsinhaber Paul Biya.
12.–18. Okt.	14. Parteitag der Kommunistischen Partei der VR China, deutliche Verjüngung des ZK.
16. Okt.	Der Staatspräsident von Mosambik, Joaquim Alberto Chissano, erklärt den 16 Jahre andauernden Bürgerkrieg formell für beendet.
17. Okt.	Bekanntgabe des offiziellen Wahlergebnisses in Angola, nach dem Präsident dos Santos die absolute Mehrheit nur knapp verfehlte, sein Gegenspieler Jonas Savimbi (UNITA) aber nur 40% der Stimmen erhielt. Bei den Parlamentswahlen stimmten knapp 54% für die regierende MPLA und 34% für die UNITA.
21. Okt.	In Washington beginnt die siebte Runde der bilateralen Gespräche zwischen Israel und seinen arabischen Nachbarn.
22.–24. Okt.	Die ASEAN-Wirtschaftsminister beraten auf ihrer Konferenz in Manila über die Schaffung der ASEAN Free Trade Area (AFTA), die ein Gegengewicht zu den Wirtschaftsräumen in Europa und Nordamerika bilden soll.
25. Okt.	Parlaments- und Präsidentschaftswahlen in der Zentralafrikanischen Republik, die am 29. Okt. wegen angeblicher Unregelmäßigkeiten vom Obersten Gerichtshof des Landes für ungültig erklärt werden.
3. Nov.	Aus den ersten freien Präsidentschaftswahlen in Ghana seit der Machtergreifung durch Jerry Rawlings geht dieser als Sieger hervor.
8. Nov.	Staatspräsident Cesar Gaviria von Kolumbien verhängt angesichts des anhaltenden Terrors den Ausnahmezustand.
14.–15. Nov.	In Kuwait kommen fünf Verteidigungsminister der sechs Staaten des Golfrates zusammen (Katar bleibt fern) und sprechen sich für eine engere sicherheitspolitische Kooperation aus.

15. Nov.	Verfassungsreferendum in Panama (Abschaffung der Armee).
3. Dez.	Der Sicherheitsrat der Vereinten Nationen stimmt einer von den USA angeführten militärischen Intervention in Somalia zu. Am 7. Dezember startet die „Operation Hoffnung" in Somalia.
6. Dez.	Fanatische Hindus zerstören die Moschee in Ayodhya (Indien). Die Regierung läßt das Gelände von religiösen Fanatikern säubern und bereitet ein Verbot bestimmter religiöser Gruppierungen vor.
6.–11. Dez.	In Rom findet die von FAO und WHO organisierte Welternährungskonferenz statt.
18. Dez.	Präsidentschaftswahlen in Südkorea. Der Kandidat der Regierungspartei, Kim Young Sam, siegt und wird im Februar die Nachfolge von Präsident Roh Tae Woo antreten.
20. Dez.	Bei den Parlamentswahlen in Taiwan siegen die regierenden Nationalisten erneut, erreichen jedoch das schlechteste Ergebnis seit 1949.
21.–23. Dez.	Gipfeltreffen des Golf-Kooperationsrates in Abu Dhabi, bei dem die schrittweise Einführung einheitlicher Zölle beschlossen wird.
22. Dez.	Die ersten direkten und geheimen (Kommunal-)Wahlen in Kuba bringen bei extrem hoher Wahlbeteiligung ein „Totales Ja zu Kuba".

1993
3. Jan.	Kenya's erste pluralistische Wahlen gehen deutlich zugunsten von Staatspräsident Moi und der Regierungspartei KANU aus.
3. Jan.	Abschaffung des Notstandsregimes in Peru und Zusammentreten des neuen Parlaments.
4. Jan.	Die Delegierten der Schura bestimmen die Mitglieder des zukünftigen afghanischen Parlaments.
9. Jan.	Heftige Kämpfe zwischen Regierungstruppen und UNITA in Angola.
13.–15. Jan.	Unterzeichnung der UN-Konvention über Verbot und Vernichtung von chemischen Waffen durch mehr als 100 Staaten in Paris.
15. Jan.	Einigung der 14 Bürgerkriegsfraktionen Somalias auf ein Abkommen zur Beendigung der Feindseligkeiten.
28.–31. Jan.	Die Friedensgespräche der angolanischen Konfliktparteien unter Vermittlung der Vereinten Nationen in Addis Abeba bleiben ohne Ergebnis.
29. Jan.	Ausschreitungen des Militärs in Zaire, bei denen auch der französische Botschafter getötet wird.

3. Febr.	Die Botschafter der Vereinigten Staaten, von Frankreich und Belgien fordern den Staatspräsidenten von Zaire ultimativ auf, die Macht an Ministerpräsident Etienne Tshisekedi abzugeben.
8. Febr.	Mit einer Großoffensive der Rebellen der Patriotischen Front (FPR) ist in Ruanda erneut der Bürgerkrieg ausgebrochen.
8.–9. Febr.	Auf Initiative der ehemaligen Kolonialmächte Frankreich und Deutschland kommen in Colmar Vertreter von Regierung und Opposition in Togo zu Gesprächen über die Beilegung der innenpolitischen Krise zusammen.
12. Febr.	In Caracas beraten die Präsidenten von Kolumbien, Venezuela und Mexiko (Dreiergruppe) mit ihren Kollegen aus Costa Rica, Guatemala, El Salvador, Honduras, Nicaragua und Panama über die Schaffung einer Freihandelszone und unterzeichnen eine entsprechende Übereinkunft.
12. Febr.	Ministerpräsident Koffigoh von Togo bildet nach Beratungen mit Staatspräsident Eyadema eine Krisenregierung, in der die Anhänger von Eyadema weiterhin die Schlüsselressorts besetzen, ein Verfahren, das vom Hohen Rat der Republik als Staatsstreich bezeichnet wird.
14. Febr.	Aus den ersten freien Parlamentswahlen seit 20 Jahren geht im Niger die „Allianz der Kräfte des Wandels" als Siegerin hervor.
12. März	Nordkorea tritt aus dem Atomwaffensperrvertrag aus.
16. März	Die kubanische Nationalversammlung hat Fidel Castro einstimmig für weitere fünf Jahre als Staatspräsident bestätigt.
25. März	Bei einem bewaffneten Angriff der Opposition wird der togolesische Militärchef getötet.
28. März	Der Nationale Volkskongreß der VR China legt die personelle Zusammensetzung von Staats- und Regierungssitzen neu fest. Erwartungsgemäß werden Jiang Zemin zum neuen Staats- und Li Peng zum Ministerpräsidenten bestellt.
29. März	Bei den Parlamentswahlen in Lesotho erringt die Basutoland Congress Party einen erdrutschartigen Sieg.
30. März	Jamaikas regierende People's National Party behauptet in den Parlamentswahlen ihre Mehrheit.
12. April	Die sieben südasiatischen Staaten der SAARC schließen in Dhaka ein Handelsabkommen, das Zollermäßigungen von 10 % vorsieht.
17. April	Der türkische Staatspräsident Turgut Özal erliegt einem Herzinfarkt.

18. April	Der pakistanische Staatspräsident Ghulam Ishak Khan entläßt die Regierung von Premierminister Nawaz Sharif, dem er Mißwirtschaft vorwirft. Er löst außerdem das Parlament auf und kündigt für Juli Neuwahlen an.
22. April	Die Staatspräsidenten von El Salvador, Guatemala, Honduras und Nicaragua unterzeichnen Vereinbarungen zur politischen Integration und zum wirtschaftlichen Zusammenschluß Mittelamerikas.
23.–25. April	Bei einem Referendum in Eritrea spricht sich die Bevölkerung fast vollständig für die Unabhängigkeit aus. Am 27. April erklärt der Generalsekretär der Provisorischen Regierung, Isayas Afewerki, Eritrea zum unabhängigen Staat.
27. April	Aus den ersten Parlamentswahlen seit der Vereinigung des Jemen geht die Partei von Staatspräsident Ali Abdullah Saleh als Siegerin hervor.
27.–29. April	Regierungsvertreter der VR China und der Rep. China beraten in Singapur über eine Verbesserung der bilateralen Beziehungen.
30. April	Beginn der Frühjahrstagung von IWF und Weltbank in Washington.
1. Mai	Der srilankische Präsident Ramasinghe Premadasa wird bei einem Bombenattentat getötet. Nachfolger wird der bisherige Premier Dingiri Banda Wijetunga.
4. Mai	Die Vereinten Nationen übernehmen von den USA das Kommando über die multinationalen Streitkräfte in Somalia.
9. Mai	Zum ersten Mal in der Geschichte Paraguays finden freie Präsidentschaftswahlen statt. Es siegt der Kandidat der regierenden Colorados, Juan Carlos Wasmosy.
9. Mai	Bei den ersten freien Präsidentschaftswahlen in Djibouti wird der bisherige Präsident, Hassan Gouled Aptidon, in seinem Amt bestätigt.
9.–12. Mai	Konferenz der Blockfreien auf der indonesischen Insel Bali.
14. Mai	Ergebnisloses Ende der neunten Runde der israelisch-arabischen Friedensgespräche in Washington.
16. Mai	Der bisherige türkische Ministerpräsident, Süleyman Demirel, wird als neuer Staatspräsident vereidigt.
19. Mai	In Dschalalabad (Afghanistan) einigen sich die Mujahedin-Führer des Landes auf die Bildung einer Koalitionsregierung.
20. Mai	Die Vereinigten Staaten erkennen nach längerem Zögern die Regierung von Präsident dos Santos in Angola formell an.

20. Mai	Der Oberste Gerichtshof Venezuelas gibt bekannt, daß sich Staatspräsident Carlos Andres Perez wegen Amtsmißbrauchs verantworten muß. Perez wird für zunächst 30 Tage von seinem Amt suspendiert.
21. Mai	In Abidjan (Elfenbeinküste) werden die Verhandlungen zwischen Vertretern der angolanischen Regierung und der UNITA über eine Beendigung der Kämpfe ergebnislos vertagt.
23.–28. Mai	Unter Aufsicht der Vereinten Nationen finden Wahlen für eine Verfassunggebende Versammung in Kambodscha statt, aus denen die Partei der Royalisten als stärkste Kraft hervorgeht.
25. Mai	Mit einem Selbstputsch, unterstützt durch die Streitkräfte, setzt der guatemaltekische Präsident Jorge Elias Serrano die Verfassung außer Kraft und löst das Parlament auf.
26. Mai	Das Oberste Gericht Pakistans annulliert die Entscheidung des Präsidenten vom April, Nawaz Sharif als Regierungschef zu entlassen; dieser übernimmt daraufhin wieder die Amtsgeschäfte.
3. Juni	Erste freie Präsidentschaftswahlen in Burundi, bei denen der bisherige Präsident Pierre Buyoya unerwartet deutlich unterliegt.
6. Juni	Mit der Wahl des Menschenrechtsbeauftragten Ramiro de Leon Carpio zum neuen Präsidenten wird die politische Krise in Guatemala vorläufig beigelegt.
7. Juni	Bei den Präsidentschafts- und Parlamentswahlen in Bolivien siegt die oppositionelle Revolutionäre Nationalistische Bewegung und ihr Präsidentschaftskandidat Gonzalo Sanchez de Lozada.
8. Juni	Die Organisation Amerikanischer Staaten (OAS) verhängt verstärkte Sanktionen gegen Haiti, um das Militärregime zur Wiederherstellung der Demokratie zu zwingen.
11. Juni	Präsidentschaftswahlen im Iran, die der Bestätigung des Amtsinhabers Rafsanjani dienten.
12. Juni	Präsidentschaftswahlen in Nigeria, die der bisherige Amtsinhaber, General Babangida, wegen angeblicher Unregelmäßigkeiten für ungültig erklären läßt. Die Oppositionsparteien werden genötigt, entweder Neuwahlen oder einer Übergangsregierung zuzustimmen.
16.–25. Juni	Erste UN-Menschenrechtskonferenz in Wien.
28. Juni	Bei den Parlamentswahlen in Marokko verzeichnen die beiden wichtigsten Parteien der Opposition erhebliche Stimmenzuwächse.

GESAMTREGISTER 1983–1994

(Die Jahreszahlen 1983 und 1984 beziehen sich auf die Jahrbücher 1 und 2)

ABC-Waffen
ABC-Waffen und Raketen in der Dritten Welt 1990, 130

Ägypten
Die fundamentalistische Bedrohung Ägyptens 1994, 167

Äthiopien
(Karte 1985, 196; 1992, 268)
Zehn Jahre Revolution 1985, 184
Politischer Umbruch am Horn von Afrika 1992, 256

Afghanistan
(Karte 1989, 119)
Afghanistan 1978–1988. Zehn Jahre Revolution, Konterrevolution und Krieg 1989, 117

Afrika
(Karten 1986, 150, 151)
Hunger in Afrika 1985, 164
Regionale Konfrontation und Kooperation im Südlichen Afrika 1985, 224
Politische Systeme und Politische Entwicklung in Afrika 1984/85; 1986, 143
UNO-Sondergeneralversammlung über Afrikas Wirtschaftskrise 1987, 208
22. Gipfelkonferenz der OAU 1987, 213
Die „afrikanische Krise": Afrika zwischen erzwungener Strukturanpassung und beabsichtigter Transformation 1991, 117
Horn von Afrika: Bürgerkrieg, Hunger und Massenflucht 1991, 138
Afrika: OAU-Gipfel und Kooperation in Ostafrika 1991, 236
Afrika: Neue Ansätze für verstärkte wirtschaftliche und politische Zusammenarbeit 1992, 295
Neue Aufgabenbestimmungen für die OAU und für einzelne Regionalorganisationen 1993, 248
Friedensdividende oder Neue Arbeitslosigkeit? Demobilisierungsprogramme im subsaharischen Afrika 1994, 64
Das afrikanische Staatensystem vor neuen Herausforderungen 1994, 279

Aids
　Aids in Entwicklungsländern 1993, 86

Algerien
　Algerien: Auf dem Wege zur bürgerlichen Gesellschaft? 1990, 224
　Islamisten im Maghreb 1992, 164

Amerika
　Regionale Integration und Kooperation in den beiden Amerikas: Auf dem Weg zu einer gesamtamerikanischen Freihandelszone? 1994, 200

Argentinien
　Argentinien und der Krieg im Südatlantik 1983, 134
　Dauerkrise als Normalzustand? 1985, 119

Asien
　(Karte 1987, 92)
　Politische Systeme und politische Entwicklung in Asien 1985/1986; 1987, 84
　South Asian Association for Regional Cooperation (SAARC) 1987, 227
　Asien: Frieden in Südasien – nur zu Indiens Bedingungen 1990, 287
　Asien: APEC. Ein neuer Versuch asiatisch-pazifischer Zusammenarbeit 1991, 252
　Aktuelle Formen regionaler Kooperation in Asien und dem Pazifik 1992, 309
　Bildung regionaler Märkte in Mittelasien 1993, 226
　Regionale Kooperation in Asien-Pazifik 1994, 259

Bangladesch
　(Karte 1992, 210)
　Ethnische Konflikte und Flüchtlingsprobleme im Grenzgebiet zwischen Indien und Bangladesch 1989, 327
　Aufruhr im Armenhaus Asiens 1992, 198

Beschäftigung
　Beschäftigung und Migration in der Dritten Welt 1985, 101

Bevölkerung
　Bevölkerungswachstum und Entwicklung 1985, 41

Bildung
　Schul- oder Bildungsnotstand in der Dritten Welt? 1991, 92

Birma
　(Karte 1990, 189)
　Birma: Das Ende des Sozialismus 1990, 188
　Krisenherd Myanmar 1993, 240

Bolivien
　Brüchige Demokratie im Strudel wirtschaftlicher Strukturkrisen 1986, 166

Brasilien
   Die Zerschlagung des Modells 1984, 170
   Brasiliens Neue Republik 1986, 188
   Brasilien: Kosten des Fortschritts, 1991, 177
   Brasilien: Dauerkrise vor dem Ende? 1994, 221

Burkina Faso
   Burkina Faso in der Ära Sankara: Eine Bilanz 1989, 248

Chile
   Zehn Jahre Militärdiktatur und Neoliberalismus 1984, 159

China
   Wirtschaftsreformen in der VR China 1985, 212
   Industriewirtschaftliche Reformen in der VR China 1989, 296
   VR China: Niederschlagung der Protestbewegung 1990, 276

Demokratie
   Vormarsch der Demokratie in der Dritten Welt? 1986, 63
   Demokratie in der Dritten Welt: Zwischen normativer Zustimmung und praktischen Realisierungsproblemen 1992, 33
   Demokratisierung im frankophonen Afrika 1993, 137

Dritte Welt
   Die Dritte Welt im Berichtszeitraum: in jedem Jahrbuch Frieden – Ökologie – Dritte Welt
   Dritte Welt und Weltfrieden 1987, 25
   Ethnische Konflikte in der Dritten Welt 1987, 69
   Sozialismus in der Dritten Welt 1989, 53
   Dritte Welt im Abseits? Folgen der Ost-West-Entspannung 1991, 35

Drogen
   (Karte 1991, 49)
   Drogenhandel in den Nord-Süd-Beziehungen 1991, 48

ECO
   Bildung regionaler Märkte in Mittelasien 1993, 226

El Salvador
   (Karte 1993, 122)
   Die Beendigung des Bürgerkrieges 1993, 120

Entwicklungspolitik
   Reaganism und Dritte Welt: Neue Rhetorik oder entwicklungspolitische Wende? 1983, 73
   Wende in der deutschen Entwicklungspolitik? 1984, 73
   Zur Kritik von Entwicklungshilfe und zur Denunzierung von Entwicklungshilfekritik 1986, 24
   Welthandel, GATT, Protektionismus und die Entwicklungsländer 1987, 62

Sowjetische Dritte-Welt-Politik unter Gorbatschow 1989, 33
Entwicklung ohne Staat 1990, 51
Entwicklung jenseits des Wachstums 1992, 71
Herausforderung für den Süden: Der Bericht der Süd-Kommission 1992, 287
UN-Konferenz „Umwelt und Entwicklung" 1993, 48
Die deutsche Entwicklungspolitik nach dem Ende des Ost-West-Konflikts 1994, 29
Entwicklungspolitik der Kirchen 1994, 81
Die Sozialen Notfonds der Weltbank: Strukturanpassung mit menschlichem Antlitz? 1994, 91

Ernährung
Hunger in Afrika 1985, 164
Landwirtschaft und Ernährung 1984, 61

Europäische Expansion
Fünfhundert Jahre europäische Expansion 1993, 29

Flüchtlinge
(Karte 1985, 68)
Die Dritte Welt als Flüchtlingslager 1985, 58
Asylrecht gegen Flüchtlinge 1987, 96

Frauen
Frauen und Entwicklung 1986, 49

Fundamentalismus
Die fundamentalistische Bedrohung Ägyptens 1994, 167

Gesundheit
Gesundheitsprobleme in der Dritten Welt 1992, 126
Aids in Entwicklungsländern 1993, 86

Ghana
(Karte 1987, 191)
Ghana: Aufschwung mit IWF- und Weltbankhilfe? 1987, 177

Großstädte
Moloch Großstadt: Metropolisierung in der Dritten Welt 1992, 113

Guatemala
(Karte 1992, 283)
Krieg und Repression in Guatemala 1992, 271

Haiti
Haiti: Politik und Armut 1987, 165

Indien
(Karte 1985, 153; 1992, 195)
Die Krise im Punjab – Zerreißprobe für die Indische Union? 1985, 138

Asien: Frieden in Südasien – nur zu Indiens Bedingungen 1990, 287
Staats- und Wirtschaftskrisen in Indien 1992, 179

Industrialisierung
Industrieproduktion in der Dritten Welt 1984, 65
Neue Multis 1985, 114
Wirtschaftsreformen in der VR China 1985, 212
Technologie und Dritte Welt 1989, 101
Industriewirtschaftliche Reformen in der VR China 1989, 296

Irak
Der iranisch-irakische Konflikt: Krieg am Persisch/Arabischen Golf 1983, 119
Ausweitung des Golfkrieges? 1985, 154
Flottenaufmarsch am Golf 1989, 138
Krieg am Golf – Modellkrieg für die Dritte Welt? 1992, 86
Golfkrieg und Nachkriegszeit: Eine „neue Ordnung" für den Nahen Osten? 1992, 142
Irakisch-Kurdistan und die Unabhängigkeit 1993, 193 (Karte)

Iran
Der iranisch-irakische Konflikt: Krieg am Persisch/Arabischen Golf 1983, 119
Ausweitung des Golfkrieges? 1985, 154
Flottenaufmarsch am Golf 1989, 138

Islam
Islamisten im Maghreb 1992, 164
Islam und Politik in Zentralasien 1993, 176 (Karte)

Japan
Japan und die Dritte Welt 1990, 65

Jemen
(Karte 1987, 137; 1994, 184)
Die Krise im Südjemen 1987, 124
Orient: Zwischenstaatliche Organisationen und Wiedervereinigung des Jemen 1991, 244
Vereinigung und Demokratisierung im Jemen 1994, 183

Kambodscha
(K)eine Lösung für Kambodscha? 1983, 185
Endlich Frieden? 1993, 235
Die UN-Friedensmission in Kambodscha 1994, 262

Karibik
(Karte 1991, 223)
Politische Systeme und politische Entwicklung in Mittelamerika und der Karibik 1991, 206

Kaukasus
(Karte 1994, 268)
Ethnische Konflikte und territoriale Ansprüche im Kaukasus 1994, 267

Kirchen
Entwicklungspolitik der Kirchen 1994, 81

Kolumbien
(Karte 1985, 211)
Frieden in Kolumbien? 1985, 199
Kolumbien im Griff der Gewalt 1989, 228

Korea
Annäherung zwischen Nord- und Südkorea 1993, 243

Krieg
Frieden – Ökologie – Entwicklung 1983, 20
Der Krieg im Libanon und die Entstehung der Zweiten Libanesischen Republik 1983, 101
Der iranisch-irakische Konflikt: Krieg am Persisch/Arabischen Golf 1983, 119
Kein Friede in Nahost 1984, 99
Ausweitung des Golfkrieges? 1985, 154
Frieden in Kolumbien? 1985, 199
Dritte Welt und Weltfrieden 1986, 25
Kriege in der Dritten Welt 1986, 88
Südafrika im Bürgerkrieg 1986, 94
Atomwaffenfreie Zone im Südpazifik 1986, 201
Afghanistan 1978–1988. Zehn Jahre Revolution, Konterrevolution und Krieg 1989, 117
Flottenaufmarsch am Golf 1989, 138
Asien: Frieden in Südasien – nur zu Indiens Bedingungen 1990, 287
Krieg am Golf – Modellkrieg für die Dritte Welt? 1992, 86
Golfkrieg und Nachkriegszeit: Eine „neue Ordnung" für den Nahen Osten? 1992, 142
Humanitäre Intervention, 1994, 47

Kenya
Mühsame Demokratisierung in Kenya 1994, 148

Kuba
Kuba: Dreißig Jahre Revolution 1990, 257

Kurdistan
(Karte 1993, 193)
Irakisch-Kurdistan und die Unabhängigkeit 1993, 191

Kuwait
　Krieg am Golf – Modellkrieg für die Dritte Welt? 1992, 86
　Golfkrieg und Nachkriegszeit: Eine „neue Ordnung" für den Nahen Osten? 1992, 142

Landwirtschaft
　Landwirtschaft und Ernährung 1984, 61
　Agrarentwicklung in der Dritten Welt 1992, 102

Lateinamerika
　Krisenanpassung in Ostasien und Lateinamerika 1985, 87
　Das lateinamerikanische Schuldnerkartell kommt nicht zustande 1985, 236
　Wahlen in Lateinamerika zu Beginn der 90er Jahre 1993, 98
　(Tabelle 1993), 100
　Regionale Kooperation in Lateinamerika 1993, 257
　Regionale Kooperation für die Demokratie in Lateinamerika 1994, 252

Libanon
　Der Krieg im Libanon und die Entstehung der Zweiten Libanesischen Republik 1983, 101

Liberia
　(Karte 1992, 242 u. 251)
　Bürgerkrieg in Liberia 1992, 234

Libyen
　Der Konflikt um Libyen 1987, 110
　Islamisten im Maghreb 1992, 164

Malaysia
　(Karte 1992, 231)
　Der Premier festigt seine Stellung 1992, 215

Marokko
　Islamisten im Maghreb 1992, 164

Meeresordnung
　Die neue Weltmeeresordnung 1983, 57

Menschrechte
　Vereinte Nationen, Menschenrechte und Dritte Welt 1986, 83
　Der Kampf um die Menschenrechte in der Dritten Welt 1990, 106

Mexiko
　Wirtschaftlicher Kollaps in Mexiko 1983, 170
　Mexiko 1986: Das politische System unter dem Druck der Wirtschaftskrise 1987, 153

Migration
　Beschäftigung und Migration in der Dritten Welt 1985, 101

Mittelamerika
  (Karte 1991, 223)
  Politische Systeme und politische Entwicklung in Mittelamerika und der Karibik 1991, 206

Myanmar
  Krisenherd Myanmar (früher Birma) 1993, 240

Nahost
  Kein Friede in Nahost 1984, 99
  Westbank und Gazastreifen: Hintergründe des Aufruhrs 1989, 157
  Politische Systeme und politische Entwicklung im Nahen Osten 1989, 171
  Nahostkonflikt: Die PLO in der Offensive 1990, 153
  Krieg am Golf – Modellkrieg für die Dritte Welt? 1992, 86
  Golfkrieg und Nachkriegszeit: Eine „neue Ordnung" für den Nahen Osten? 1992, 142
  Friedensprozeß 1993, 218
  Bildung regionaler Märkte in Mittelasien 1993, 226

Namibia
  (Karte 1990, 205)
  Die Dekolonisation Namibias 1990, 203

Nicaragua
  (Karte 1984, 95)
  Nicaragua – ein zweites Grenada? 1984, 85

Nigeria
  (Karte 1984, 182)
  Ende der Demokratie? 1984, 178

Nord-Süd-Dialog
  Ruhe vor dem Sturm 1985, 28

Ölmarkt
  Von der Verknappungskrise zur Ölschwemme 1983, 30
  Neuorientierung auf den Weltölmärkten und die Rolle der OPEC 1986, 75

Organisationen
  Afrika-Karibik-Pazifik (AKP)-Staaten (Karte) 1985, 86
  AKP-EG-Abkommen 1991, 104
  Arabischer Kooperationsrat 1990, 298; 1991, 247
  Arabische Liga 1986, 205; 1989, 324; 1991, 244
  Arabische Maghreb-Union 1990, 298; 1991, 248
  Association of South-East Asian Nations (ASEAN) 1985, 233; 1986, 201
  Bandung-Konferenz 1986, 191
  Blockfreie 1984, 37 (Karte 38)
  Blockfreien-Gipfel in Harare: von der Rhetorik zur Aktion? 1987, 51

Die 9. Gipfelkonferenz der Blockfreien in Belgrad 1991, 228
Contadora Gruppe 1984, 215
Golf-Kooperationsrat 1985, 243; 1986, 205; 1990, 298; 1991, 246
Islamische Konferenz 1984, 213; 1985, 243; 1986, 205; 1990, 298
IWF 1990, 119
Lomé-Abkommen 1985, 71
Organisation der Afrikanischen Einheit (OAU) 1983, 221; 1984, 220; 1985, 224; 1986, 195; 1989, 318; 1991, 236; 1993, 248; 1994, 279
PLO 1990, 153
Regional Cooperation for Development 1985, 243
South Asian Regional Cooperation (SARC) 1984, 218
UNCTAD 1984, 51
Krise und Reform der UNESCO 1989, 72
Vereinte Nationen 1986, 37, 83; 1993, 48; 1994, 262
Weltbank 1990, 119; 1994, 91
Wirtschaftsgemeinschaft Zentralafrikanischer Staaten 1984, 218

Orient
Islamische Konferenz/Arabische Liga/Golf-Kooperationsrat 1987, 232
Orient: Alte und neue zwischenstaatliche Organisationen und Gruppierungen 1990, 298
Orient: Zwischenstaatliche Organisationen und Wiedervereinigung des Jemen 1991, 244
Ethnische Konflikte und territoriale Ansprüche im Kaukasus 1994, 267

Ostafrika
Neuansätze regionaler Kooperation in Ostafrika 1984, 219

Ostasien
Krisenanpassung in Ostasien und Lateinamerika 1985, 87

Ost-West-Entspannung
Dritte Welt im Abseits? Folgen der Ost-West-Entspannung 1991, 35

Pakistan
Pakistan zwischen Militärherrschaft und Zivilregierung 1990, 169

Panama
(Karte 1989, 209)
Panama und die USA: Krise um einen General? 1989, 207

Peru
(Karte 1986, 165)
Wende in Peru? 1986, 152
Peru: Zwischen „Liberalisierung" und letzter Hoffnung? 1991, 196

Philippinen
 Abenddämmerung des Marcos-Regimes? Die Krise in den Philippinen 1984, 130
 Der Zusammenbruch des Marcos-Regimes und die Regierung Aquino 1987, 193

Rüstung
 Neue Richtlinien für den Waffenexport aus der Bundesrepublik Deutschland in die Dritte Welt 1983, 87
 Rüstung in der Dritten Welt 1985, 107
 Atomwaffenfreie Zone im Südpazifik 1986, 201
 Abrüstung und Entwicklung 1989, 110
 Deutsche Rüstungsexporte in alle Welt 1990, 83
 ABC-Waffen und Raketen in der Dritten Welt 1990, 130
 Rüstungsaufgaben und Entwicklungshilfe 1993, 61

Sambia
 (Karte 1993, 175)
 Der Sturz Kaundas 1993, 157

Somalia
 (Karte 1992, 268)
 Politischer Umbruch am Horn von Afrika 1992, 256
 Testfall Somalia: Läßt sich Frieden erzwingen? 1994, 99

Soziales
 Soziale Sicherung in Entwicklungsländern 1993, 75

Sri Lanka
 (Karte 1984, 147)
 Verfolgung der Tamilen auf Sri Lanka 1984, 143
 Sri Lanka: Frieden durch Intervention Indiens? 1989, 263

Staat
 Entwicklung ohne Staat 1990, 51

Sudan
 (Karte 1986, 128; 1994, 132)
 Ende der Numeiri-Ära 1986, 107
 Krieg im Sudan: Ein vergessener Konflikt? 1994, 129

Südafrika
 (Karte 1984, 122; 1986, 96)
 Südafrikas unerklärter Krieg 1984, 116
 Südafrika im Bürgerkrieg 1986, 94
 Südafrika: Paria der internationalen Gemeinschaft 1987, 36
 „Runder Tisch" am Kap: Der Dialog zwischen dem ANC und der Regierung in Südafrika 1991, 154

Südkorea
  (Karte 1989, 279)
  Südkorea 1987/88: Der schwierige Weg zur Demokratie 1989, 278

Taiwan
  Taiwan im politischen Umbruch 1994, 233

Tanzania
  „Entwicklungsmodell" oder Entwicklungsbankrott? 1983, 204

Thailand
  (Karte 1993, 208)
  Zwischen militärischer und demokratischer Ordnung 1993, 205

Tropenwälder
  Tropenwälder – „Ökologisches Reservat der Menschheit?" 1990, 30

Tschad
  (Karte 1984, 199)
  Rekolonisierung des Tschad 1984, 193

Tunesien
  Islamisten im Maghreb 1992, 164

Uganda
  (Karte 1986, 142)
  Der Putsch in Uganda: Neue Köpfe, alte Probleme 1986, 129

Umwelt
  Frieden – Ökologie – Entwicklung 1983, 20
  Umweltkrise in den Entwicklungsländern 1984, 24
  Tropenwälder – „Ökologisches Reservat der Menschheit"? 1990, 30
  Gipfelkonferenz Rio 1993, 48

Venezuela
  Die Lateinamerikanisierung Venezuelas 1990, 240

Verschuldung
  Verschuldungskrise der Dritten Welt? 1983, 30
  Verschuldung der Dritten Welt 1984, 69
  Das lateinamerikanische Schuldnerkartell kommt nicht zustande 1985, 236
  Schuldenkrise ohne Ende 1989, 89
  Soziale Folgen von IWF-/Weltbank-Programmen 1990, 119

Wasser
  Lebensressource Wasser: Wasserknappheit und Wasserverschmutzung 1991, 79

Wirtschaft
Der „Informelle Sektor": Schattenwirtschaft oder Wirtschaft der Zukunft? 1991, 61
Die Uruguay-Runde: Krise des GATT? 1992, 49

Zaire
Zaire: Von der Kleptokratie zur Demokratie? 1994, 114

Zentralamerika
(Karte 1987, 225)
Krisenherd Zentralamerika 1983, 150
Frieden in Zentralamerika? Die Contadora-Initiative 1987, 139
Millionen Menschen auf der Flucht 1987, 217
Zentralamerika: Frieden in Sicht? 1989, 187

Zentralasien
(Karte 1993, 185)
Islam und Politik 1993, 185

Die Dritte Welt in der Beck'schen Reihe

Judith Ennew/Brian Milne
Kinder, die nicht Kind sein dürfen
Leben und Überleben in der Dritten Welt
Mit der UNO-Rede Richard von Weizsäckers
1991. 174 Seiten. Paperback
Beck'sche Reihe Band 443

Peter J. Opitz (Hrsg.)
Grundprobleme der Entwicklungsländer
2., unveränderte Auflage. 1993. 336 Seiten mit
zahlreichen Abbildungen und Tabellen. Paperback
Beck'sche Reihe Band 451

Manfred Wöhlcke
Umweltflüchtlinge
Ursachen und Folgen
1992. 132 Seiten mit 4 Tabellen, 4 Schaubildern und 1 Karte. Paperback
Beck'sche Reihe Band 485

Bassam Tibi
Die fundamentalistische Herausforderung
Der Islam und die Weltpolitik
2., unveränderte Auflage. 1993. 274 Seiten. Paperback
Beck'sche Reihe Band 484

Clare Hargreaves
Bitterer Schnee
Eine Reportage aus dem internationalen Kokainkrieg
1993. 310 Seiten, 3 Karten. Paperback
Beck'sche Reihe Band 1033

Peter Waldmann (Hrsg.)
Beruf: Terrorist
Lebensläufe im Untergrund
1993. 200 Seiten. Paperback
Beck'sche Reihe Band 1023

Manfred Wöhlcke
Der ökologische Nord-Süd-Konflikt
1993. 126 Seiten mit 4 Tabellen und 2 Schaubildern. Paperback
Beck'sche Reihe 1031

Verlag C. H. Beck München

Länder der Dritten Welt

Karlheinrich Biermann
Mexiko
1993. 156 Seiten mit 13 Abbildungen und 2 Karten. Paperback
Beck'sche Reihe Band 851

Hans Hecklau
Kenia
1993. 148 Seiten mit 9 Abbildungen und 3 Karten. Paperback
Beck'sche Reihe Band 853

Sabine Bruno / Anette Schade
Fiji, Samoa, Tonga
1993. 158 Seiten mit 7 Abbildungen und 4 Karten. Paperback
Beck'sche Reihe Band 854

Thomas Pampuch / Agustin Echalar A.
Bolivien
2., neubearbeitete Auflage. 1993. 183 Seiten mit 11 Abbildungen
und 3 Karten. Paperback
Beck'sche Reihe Band 813

Manfred Wöhlcke
Brasilien, Anatomie eines Riesen
3., neubearbeitete Auflage. 1991. 183 Seiten mit 10 Abbildungen
und 3 Karten. Paperback
Beck'sche Reihe Band 804

Peter Waldmann / Heinrich-Wilhelm Krumwiede (Hrsg.)
Politisches Lexikon Lateinamerika
3., neubearbeitete Auflage. 1992. 404 Seiten mit 3 Karten. Paperback
Beck'sche Reihe Band 845

Udo Steinbach / Rolf Hofmeier / Mathias Schönborn (Hrsg.)
Politisches Lexikon Nahost/Nordafrika
3., neubearbeitete Auflage. 1993. Etwa 320 Seiten
mit 1 Karte. Paperback
Beck'sche Reihe Band 850

Verlag C. H. Beck München